Vogelgrippe, Acrylamid oder BSE: In immer kürzeren Abständen wird die Öffentlichkeit in Panik versetzt, weil im Essen angeblich der massenhafte Seuchentod lauert: die Pandemie. Im Falle der genannten Beispiele zu Unrecht. Irrtümer mit Methode, wie Lebensmittelchemiker Udo Pollmer und seine Mitstreiterinnen zeigen. Dieses Buch handelt von Medien, die ideologisch unbequeme Fakten geflissentlich verschweigen, einer Gesundheitsbürokratie, die das Schüren von Angst in der Bevölkerung zu einem nützlichen Mittel der Aufklärung erklärt, von NGOs, die wider besseres Wissen Gentechnik verteufeln, ohne ein Wort über das Gen-Crashing in unseren Atomkraftwerken zu verlieren, von Politikern, die Unbedenklichkeitserklärungen aufgrund von Grenzwerten abgeben, obwohl sie genau wissen, dass diese gar nicht korrekt gemessen werden können.

Dieses Buch räumt gründlich auf mit der Vorstellung, dass in der Lebensmittelüberwachung der Verbraucherschutz eine entscheidende Leitlinie wäre. Das Warnverhalten von Verbraucherschützern, Instituten, Ämtern, Politikern und Medien folgt heute Mustern, die von allen möglichen Motiven und Interessen geleitet werden – aber immer weniger dem Verbraucherschutz nutzen. Vom Tierschutz nicht zu reden. Ein Buch mit unangenehmen Wahrheiten über Lebensmittelskandale, Impfskandale, Pflanzengifte, Gentechnik, Biolandbau und Gammelfleisch. Und über das seltsame Verhalten von Greenpeace, Foodwatch & Co.

Angaben zu den Autoren finden sich am Ende des Bandes.

Udo Pollmer, Monika Niehaus,
Andrea Fock, Jutta Muth

Wer hat das Rind zur Sau gemacht?

Wie Lebensmittelskandale
erfunden und benutzt werden

Rowohlt Taschenbuch Verlag

Originalausgabe

Veröffentlicht im Rowohlt Taschenbuch Verlag,

Reinbek bei Hamburg, April 2012

Copyright © 2012 by Rowohlt Verlag GmbH,

Reinbek bei Hamburg

Lektorat Frank Strickstrock

Umschlaggestaltung ZERO Werbeagentur, München

(Abbildung: © FinePic, München)

Satz Rotation PostScript (InDesign) bei

Pinkuin Satz und Datentechnik, Berlin

Druck und Bindung Druckerei C. H. Beck, Nördlingen

Printed in Germany

ISBN 978 3 499 62760 6

Inhalt

Vorwort:
Lebensmittelskandale à la carte

Vor rund 30 Jahren, Anfang der 1980er Jahre, veröffentlichte einer der Autoren dieses Buches, Udo Pollmer, sein Debüt «Iß und stirb – Chemie in unserer Nahrung». Es machte Furore und wurde zum Bestseller, weil es eines der ersten war, die akribisch die skandalösen Praktiken von Agrarwirtschaft und Lebensmittelindustrie aufdeckten, Skandale, die meistenteils systematisch von den Medien vertuscht wurden. Damals war es dringend nötig, die Aufmerksamkeit der Öffentlichkeit dafür zu wecken.

Die Umweltbewegung hat im Laufe der Jahre so ziemlich alle darin enthaltenen Aussagen übernommen. Auch dann, wenn das Problem bereits gelöst war. Die Zeiten haben sich geändert. Inzwischen vergeht kein Jahr, ohne dass einer oder mehrere Lebensmittelskandale von Verbraucherschützern oder Medien angeprangert werden. Die Verunsicherung der Öffentlichkeit scheint oberste Medienpflicht geworden zu sein. So mancher fragt sich längst, was man überhaupt noch mit gutem Gewissen essen oder trinken darf.

Ist das ein Zufall? Und wie kommt es eigentlich, dass man von so manchem Skandal, der den Medien zufolge fast schon Armageddon-Potenzial hat, später nichts mehr hört, wenn er schließlich über uns hinweggezogen ist, ohne größeren Schaden anzurichten? Wir haben eine ganze Reihe der wohl «bedeutendsten» Skandale der vergangenen Jahre einer genaueren Betrachtung unterzogen, haben uns gefragt, wem dieser unentwegte Alarmismus, der in diesem Land spätestens seit der BSE-Krise endemisch geworden ist, eigentlich nützt. *Cui bono?* ist die Standardfrage jedes Kriminalisten. Dabei wechseln die Nutznießer von Fall zu Fall: Mal sind es die Tierschützer und andere Spendensammler, mal die Pharmaindustrie und ein andermal jene Gouvernanten, die unsere freiheitliche Grundordnung am liebsten durch einen Nannystaat ersetzen würden. Die Verlierer stehen hingegen fest: Es sind die Verbraucher, und leider auch ehrliche Erzeuger und Verarbeiter.

Für die Campaigner, also jene Berufsgruppe, die sich ihre Brötchen mit dem Betreiben von Skandalen verdient, empfiehlt sich eine Dramaturgie, wie wir sie schon aus anderen Märchen kennen: Man nehme eine schon lange existente, aber bislang medial noch nicht ausgeschöpfte Bedrohung, ganz gleich, ob sie tatsächlich existiert (wie Räuber im finstren Tann oder BSE im Rinderhirn) oder nur eine Chimäre ist (wie feuerspeiende Drachen oder krebserregendes Acrylamid). Man garniere die Story mit emotionsgeladenen Bildern von halbnackten Hühnern oder Patienten mit Creutzfeldt-Jakob-Symptomen oder einer verzweifelten Mutter, die nach der Lektüre einer Zeitung von Angst erfüllt ist. Nun präsentiere man einen Schuldigen und empöre sich moralisch. Für die Rolle von Räuber und Drache eignen sich profitgierige Großkonzerne oder Landwirte, die sich «an der Natur versündigen». Nun betritt der edle Ritter die Bühne, meist der Dienstherr bzw. Auftraggeber der Campaigner, der mit furchtlosen Worten dem Lindwurm entgegentritt und die «Gerechtigkeitslücken» oder die «noch unbekannten Gefahren» anprangert. Zum Schutz der unschuldigen Maid – der erschrockenen Öffentlichkeit – fordert er nun neue Verbote und die Bestrafung der Sünder.

Vor 30 Jahren mangelte es nicht an krassen Missbräuchen in der Lebensmittelbranche – doch die Medien lehnten damals Berichte darüber meist mit dem Hinweis ab, man dürfe «den Verbraucher nicht verunsichern». War es früher vor allem die Industrie, die den Medien über ihre Anzeigenmacht den Rahmen der Berichterstattung vorgab, so sind es heute der Zeitgeist und dank wachsendem Wohlstand vor allem ideologische Weltbilder, die unter dem Stichwort «Gesundheit», «Ökologie» und «Tierschutz» propagiert werden – ohne jedoch diesen Zielen in der Praxis unbedingt einen Dienst zu erweisen. Es sind oft nur die Fassaden von Geschäftemachern und Spendensammlern, frei nach dem Motto «Vorne hui – hinten pfui».

Heute kommt es für den Bürger darauf an, die Spreu vom Weizen zu trennen und herauszufinden, wo wirklich Gefahren drohen oder wo sie nur herbeigeredet werden, um aus der resultierenden Angst Vorteile zu ziehen. «Es ist gefährlicher, zu heiraten, als Rindfleisch zu essen», spottete der Medienforscher Hans M. Kepperling auf dem Höhepunkt der BSE-Krise, denn die Gefahr sei effektiv größer, vom eigenen Lebenspartner ins Jenseits befördert zu werden, als durch den Genuss von Rindfleisch ums Leben zu kommen.

Bei jedem Lebensmittelskandal gibt es einige publizistische Meinungsführer, zahllose Mitläufer und wenige Skeptiker, die zudem in den Massenmedien kein Forum finden – außer, um als «gefährliche Irrmeinung» widerlegt zu werden. Wir möchten Ihnen in diesem Buch anhand der Skandale aus der jüngeren Vergangenheit zeigen, welche nicht thematisierten Miss- und Notstände und welche kühl kalkulierten Machenschaften hinter so manchem Lebensmittelskandal stehen. Denn meist droht die Gefahr nicht so sehr von den ins Gerede gekommenen Lebensmitteln als von den verbreiteten Fehlinformationen.

Dieses Buch soll Ihnen nicht zuletzt helfen, Risiken im Lebensmittelbereich für sich persönlich besser einzuschätzen. Wer diese Spiele, die medialen Parallelwelten, nicht durchschaut, wird sich über kurz oder lang von diffusen Ernährungsängsten gelähmt fühlen. Dass bald die nächste Sau durchs Internet-Dorf getrieben wird, ist so sicher wie das Amen in der Kirche. In den folgenden Kapiteln möchten wir Ihnen ein paar Instrumente an die Hand geben, echte Wildsäue von virtuellen Schweinereien zu unterscheiden.

1 Schlank durch Pommes – Acrylamid: Viel Rauch um nichts

Erinnern Sie sich noch an die allgegenwärtigen Warnungen vor dem bösen Acrylamid? Im April 2002 hatten schwedische Experten den Gefahrstoff in Kartoffelchips und Pommes frites aufgespürt und diese Entdeckung in einer vielbeachteten Pressekonferenz der Weltöffentlichkeit präsentiert. Eilends griffen die Behörden der deutschsprachigen Länder das Thema auf und überschlugen sich mit Warnungen vor dem «Pommesgift». Auch die Medien waren von der Chemikalie mit dem kurzen Namen angetan, den jeder Fernsehmoderator unfallfrei aussprechen konnte, noch dazu mit einem giftig klingenden Ypsilon in der Mitte. Die Verbraucherschützer nutzten die Gunst der Stunde und forderten, «die Industrie», diese alte Giftmischerin, solle den Acrylamidgehalt in Lebensmitteln gefälligst drastisch senken, denn das Zeug sei schließlich krebserregend.

Seltsam nur, dass eines in den Medien unerwähnt blieb: Die schwedischen Forscher hatten ihre angeblich nagelneue Entdeckung längst in der Fachpresse publiziert. Bereits im Jahr 1999 hatten sie ihr Manuskript bei der Redaktion des Fachblatts *Chemical Research in Toxicology* eingereicht, wo es später unter dem Titel: «Acrylamide: a cooking carcinogen?» erschien.[55] Dort stand zu lesen, dass beim Erhitzen von Lebensmitteln Acrylamid entstehen kann und diese Substanz im Blut der Bevölkerung nachweisbar ist. Es interessierte sich aber niemand so recht dafür, denn damals dominierte der Rinderwahnsinn die Schlagzeilen. Zum Skandal taugte dieser Befund erst Jahre später. Damit bot sich den Politikern die Chance, sich nach dem vergeigten Krisenmanagement bei BSE als rührige Verbraucherschützer zu profilieren.

Zudem war das Acrylamid gleichsam Wasser auf die Mühlen aller, die immer schon wussten, dass Pommes «ungesund» sind, aber keinen stichhaltigen Grund dafür angeben konnten. Der Fettgehalt gibt leider nichts her; schließlich stecken in Backofenpommes nur magere fünf Prozent, und selbst bei McDonald's-Fritten entspricht er mit 16 Prozent gerade einmal dem einer Butterstulle. Dank Acrylamid konnten die notorischen Bedenkenträger endlich die Zeigefinger heben und den Kindern eine ihrer Lieblingsspeisen vermiesen. Hatten die «Wissenden» nicht schon seit Jahren gepredigt, statt traditioneller Grundnahrungsmittel wie Bratkartoffeln mit Buletten – vulgo Pommes mit Hamburger – lieber ballaststoffhaltige Magenfüller zu mümmeln, wie Knäckebrot an Halbfettmargarine?

Als später durchsickerte, dass Sesamknäcke indessen deutlich stärker mit Acrylamid belastet ist als Chips oder Fritten, herrschte bei Ernährungsberatern, in den Verbraucherzentralen und den Medien Funkstille. So wurde jedenfalls das Flaggschiff der Gesundkost, Knäckebrot mit Magerquark und Radieschen, vor dem Absaufen bewahrt. Mit «Krebs durch Acrylamid» wurde erst wieder gedroht, als es auch Bratkartoffeln und Röstis erwischt hatte. Prompt konnten die AufklärerInnen beliebte und nahrhafte Kartoffelgerichte wieder durch angesäuerte Salatvariationen ersetzen.

Pommesgift im Muckefuck

Inzwischen nahte die Adventszeit, und die Weihnachtsbäckerei ließ nicht nur Kinderherzen höherschlagen. Bis das Bundesinstitut für Risikoforschung (BfR) die unfrohe Botschaft verkündete: In Vanillekipferln und braunen Lebkuchen steckt weitaus mehr Acrylamid als in Chips. Da drehte das Verbraucherministerium in Anbetracht des Lebkuchenstandorts Deutschland kurz entschlossen eine 180-Grad-Pirouette und mühte sich redlich, bei den verunsicherten Bürgern alle Befürchtungen zu zerstreuen, an deren Entstehen es zuvor tatkräftig mitgewirkt hatte: Es gab «Entwarnung».

Spätestens jetzt musste aufmerksamen Verbrauchern klarwerden, dass die ganze Aufregung ums Acrylamid so künstlich war wie dritte Zähne und so glaubwürdig wie Politikersprüche à la «Die Rente ist sicher!». Mittlerweile war die Fahndung nach dem «Pommesgift» in den Labors aber schon in vollem Gange, und so entdeckten die Analytiker den Stoff in immer mehr Lebensmitteln.[9, 53] Nach dem Gebäck traf es die Frühstückscerealien, dann folgten Schokolade, Kaffee und Pflaumensaft.[59] Dass auch Oliven reichlich Acrylamid enthalten, beunruhigte jedoch weder Italiener noch Griechen oder Spanier, und genauso gelassen reagierten die Japaner, als heimische Forscher vom «Bundesinstitut für Gemüse- und Teewissenschaften» «beachtliche Gehalte» in ihrem Nationalgetränk fanden, dem grünen Tee.[33]

Die deutschen Aufklärer unterdessen ließen sich von solchen Fakten nicht beeindrucken und hackten unbeirrt weiter auf Chips und Fritten herum. Sie hätten Grund genug gehabt, ihren Blick ein wenig weiter schweifen zu lassen, denn die höchsten Acrylamidgehalte überhaupt wurden in einem typisch deutschen Produkt ermittelt: im Kaffee-Ersatz.[4] Wer andere Menschen verunsichern will, um Macht über sie auszuüben oder Spenden zu schnorren, braucht aber ein politisch korrektes, heiles Weltbild als ideologische Tapete. Deshalb warnte die Gesundkost- und Surrogatefraktion eben nicht vor Muckefuck, sondern unverdrossen vor Chipstüten und Pommesbuden.

Dabei wird Getreidekaffee täglich von einem «besonders empfindlichen» Personenkreis konsumiert, nämlich von Kindern.

Nichts wäre einfacher, als ihren Müttern einen ordentlichen Mokka zu empfehlen und ihrem Nachwuchs heiße Schokolade. Kaffee enthält zwar auch Acrylamid, aber weit weniger. Den Röststoffwarnern war dies ebenso gleichgültig wie die Tatsache, dass sich selbst bei Kindern, die keinen Muckefuck trinken, nicht etwa Pommes, sondern vor allem Brot, Backwaren und Kekse als wichtigste Acrylamidquelle erwiesen haben – insbesondere in der «gesunden» Vollkornvariante.[2]

Wasserschäden

Das Erfinden von tödlichen Risiken gehört zum Verbraucherschutz wie der schwarze Anzug zum Bestatter: Acrylamid ist «100-mal gefährlicher als das Schimmelgift Aflatoxin und 1000-mal schlimmer als Benzo(a)pyren» sowie «für Tausende von Krebstoten verantwortlich», schrieb die Ökopresse.[23] Damit der Leser nicht schon übermorgen die Kartoffeln von unten begucken muss, bekam er einige praktische Tipps mit auf den Weg: «Beim Braten und Frittieren runter mit den Temperaturen.» Wer keine bleichen Pfannengerichte mag, solle einfach «eine Messerspitze Margarine hinzugeben», denn «durch den Wasseranteil wird die Temperatur gesenkt». Da bieten sich auch ein paar Eiswürfel fürs Backblech oder die Denkerstirn an. Und das Acrylamid im Knäckebrot? Sollen wir das etwa mit einem Flöckchen Halbfettbutter bestreichen – wegen des höheren Wassergehaltes? Nicht nötig, hier wird anders entgiftet, nämlich durch «wertvolle Antioxidantien», die in der Brotkruste enthalten sind. Woher soll der geneigte Leser auch wissen, dass diese bei sämtlichen Bräunungsreaktionen entstehen? Statt Vollkornbrötchen könnte er also genauso gut eine Tüte Chips futtern, sofern der Hersteller die Temperatur seiner Fritteuse nicht auf Druck der Verbraucherzentralen oder von Foodwatch gesenkt hat.

Angesichts des Ratschlags «Kochen in Wasser ist gefahrlos» empfehlen wir, politisch korrekte Ratgeber in sprudelndes Wasser zu geben, sparsam zu salzen und kurz garziehen zu lassen. Und ja nicht die Messerspitze Margarine vergessen!

Der Test macht das Gift

Wie giftig ist dieser Stoff wirklich, der bis dato eigentlich nur aus der Kunststoffindustrie zur Herstellung von Polyacryl bekannt war? Experimente an Labornagern bescheinigen Acrylamid ein erbgutveränderndes bis krebsförderndes Potenzial. Deshalb wurde die Substanz von Toxikologen durchaus kritisch gesehen. Dafür sprachen zudem die Erfahrungen aus der Kunststoffverarbeitung: Einige Arbeiter, die in chemischen Fabriken mit Acrylamid hantierten, entwickelten vor allem neurotoxische Symptome, die glücklicherweise meist reversibel waren, also nach der Versetzung an einen anderen Arbeitsplatz wieder verschwanden.

Im Tierversuch führt die Zufuhr erhöhter Mengen gewöhnlich zu Gewichtsverlust, der Toxikologen stets als Warnsignal gilt. Auf die naheliegende Schlagzeile «Schlank durch Pommes» haben die Medien dann aber doch verzichtet. Lieber verwiesen sie darauf, dass Acrylamid im Tierversuch auch Krebs auslösen kann. Das stimmt zwar, aber wohlweislich wurde verschwiegen, dass die erforderliche Dosis um Zehnerpotenzen höher liegt als die Acrylamidmengen, die man mit dem Essen zu sich nimmt.[10, 15, 57]

Es stimmt natürlich auch, dass für echte Kanzerogene kein unbedenklicher Schwellenwert existiert. Andererseits werden vier von zehn getesteten Stoffen in irgendeinem Testsystem immer als kanzerogen eingestuft, weil *In-vitro*-Tests nun mal sehr ungenau sind. Dabei ist es sogar egal, ob man Chemikalien testet oder Naturstoffe, wie sie in Äpfeln und Karotten vorkommen. Selbst Tierversuche sind weniger eindeutig, als man meinen sollte: Der amerikanische Krebsforscher Bruce Ames, Erfinder des weltweit angewandten Ames-Tests zur Mutagenitätsprüfung, kam zu dem Ergebnis, dass von 392 an Nagern geprüften Substanzen jeweils 96 entweder nur bei der Maus oder nur bei der Ratte kanzerogen wirkten. Allein bei Nagern fand Ames Empfindlichkeitsunterschiede, die bis zu einem Faktor von 10^7 reichten, das heißt, eine Art reagiert zehn Millionen Mal empfindlicher als andere.[1] Mit ein paar simplen Tests und Tierversuchen lässt sich daher nicht nur jedes Rösti, sondern auch jedes Radieschen dämonisieren, wenn man nur den richtigen Stoff herausgreift und am passenden Versuchstier testet.

Wie krebserregend ist Acrylamid in Lebensmitteln für den Menschen? Heute braucht niemand mehr auf Tierversuche zurückzugreifen, da hier inzwischen zahlreiche epidemiologische Studien vorliegen. Die allererste, eine schwedische Fall-Kontroll-Studie, erschien bereits im Januar 2003 und kam anhand von 1000 Krebsfällen zu einem überraschenden Ergebnis: Menschen, die zeit ihres Lebens reichlich Acrylamidhaltiges verzehrt hatten, erkrankten *seltener* an Darmkrebs als diejenigen, die sich solche Genüsse lieber versagt hatten. Das Resultat war signifikant, die Krebsrate sank durch acrylamidhaltige Speisen um satte 40 Prozent. Auf andere Krebsarten des Verdauungstraktes hatte der Stoff keinen Einfluss.[37]

Kurz darauf folgte eine Studie mit 10 000 Probanden. Diesmal wurden gezielt erhitzte Kartoffelprodukte wie Chips, Bratkartoffeln, Rösti und Pommes getestet. Doch wie man die Statistiken auch drehte und wendete: Die Krebsrate blieb unverändert.[42] Im Mai 2004 wurde die Bedeutungslosigkeit von Acrylamid für Nierenkrebs erneut bestätigt.[38] Eine weitere Studie aus dem

Jahr 2005 fand zudem auch keinen Zusammenhang mit Brustkrebs.[36] Nummer fünf befasste sich wieder mit Darmkrebs, diesmal prospektiv und mit 60000 Frauen. Ergebnis: wieder kein negativer Einfluss.[39] Und so ging es Jahr für Jahr weiter.[29, 30, 21, 22] Zwischenzeitlich musste auch die Hauspostille des Bundesamtes für Verbraucherschutz und Lebensmittelsicherheit eingestehen: «Die bislang vorliegenden epidemiologischen Studien zur Aufnahme von Acrylamid mit der Nahrung und dem Krebsrisiko fanden bei den Personen mit höherem Verzehr keine signifikant erhöhten Risiken für die untersuchten Krebsarten.»[59]

Und im *Deutschen Ärzteblatt* berichteten 2005 Ärzte und Biometriker der Medizinischen Hochschule Hannover von umfangreichen Messungen, um den Einfluss der Ernährung auf den Acrylamidgehalt des Blutes zu ergründen. Nüchternes Fazit: «Ein Zusammenhang zwischen der Acrylamidbelastung und dem Ernährungsverhalten konnte nicht festgestellt werden.» Die Autoren werfen stattdessen die höchst peinliche Frage auf, ob das Acrylamid nicht vielleicht vom Körper selbst gebildet wird. Dies sei schließlich auch von anderen vergleichbaren Stoffen bekannt, und die körpereigene Produktion von Acrylamid wurde jüngst auch bei Mäusen bestätigt.[3, 56] Merke: Acrylamid ist überall.

Mit der Fritteuse dem Krebs vorbeugen?

Warum aber ist ein Stoff, der für Ratten krebserregend ist, für Menschen auf einmal harmlos? Weil im menschlichen Körper praktisch keine Umwandlung in Glycidamid stattfindet, also in jenen Metaboliten, der im Tierversuch für die Kanzerogenität verantwortlich ist. Glycidamid reagiert bis zu tausendmal bereitwilliger mit der DNA als Acrylamid.[13, 46] Dies wird durch Beobachtungen an Arbeitern bestätigt, die vermehrt mit Acrylamid in Kontakt kamen. Auch bei ihnen war keine Zunahme von Chromosomenbrüchen zu verzeichnen.[25]

Der Mensch ist für Stoffe, die durch Erhitzen von Nahrungsmitteln entstehen – egal, ob durch Backen, Braten, Kochen oder Frittieren –, grundsätzlich unempfindlicher als die üblichen Versuchstiere. Schließlich haben sich die Vorfahren der Menschheit im Lauf ihrer Evolution das Feuer zunutze gemacht, insbesondere, um Nahrung zuzubereiten. Damit konnte, ja, musste sich unser Stoffwechsel im Laufe von Hunderttausenden Jahren an Röststoffe anpassen. Wer damit nicht zurechtkam, wurde über kurz oder lang aus unserer Ahnengalerie «herausgemendelt». Ganz anders sieht es bei Mäusen, Ratten und Kaninchen aus, die ja eher selten zündeln. Röststoffe in Kaffee, Pommes oder Brot sind für unsereins daher wesentlich harmloser als für Labornager, und darum sind Tierversuche, mit denen ihr krebserregendes Potenzial ermittelt werden soll, wenig aussagekräftig.

Die Tatsache, dass die Menschheit Röststoffe über alles liebt, spricht dafür, dass damit auch ein Nutzen verbunden sein dürfte. Schließlich entstehen beim Frittieren, Backen oder Kochen zahllose Substanzen und nicht etwa nur Acrylamid. Als im Zuge der aufgeflammten Acrylamidangst weitere Röstprodukte geprüft wurden, stellte sich heraus, dass einige von ihnen sogar vor Krebs schützen, und zwar schon in minimalen Konzentrationen. Dieser Effekt war umso stärker, je dunkler die Produkte ausfielen, je stärker sie also erhitzt worden waren.[18]

Damit besteht Grund zu der Befürchtung, dass die Maßnahmen zur Senkung des Acrylamidgehalts – «Vergolden statt Verkohlen» lautete die Parole der damaligen Verbraucherschutzministerin – in Wirklichkeit zu einer Erhöhung des Krebsrisikos beitragen könnten. Denn die Branche hat auf Druck von Foodwatch und Co. ihre Frittiertemperaturen gesenkt.

Natürlich giftig: die Kartoffel

Aber in Sachen «Pommesgift» gestaltet sich die Situation noch viel abstruser. Denn die Anti-Acrylamid-Aktionisten haben das Wichtigste schlicht übersehen: Kartoffeln haben immer wieder zu Vergiftungen geführt. Aber nicht etwa wegen ihrer Zubereitung in der Frittcuse, sondern wegen ihres natürlichen Gehalts an Toxinen. Meist waren überlagerte Knollen bzw. der Verzehr von Schalen und Keimen die Ursache. Immerhin ist die Kartoffel *(Solanum tuberosum)* ein Nachtschattengewächs, und diese Pflanzenfamilie *(Solanaceae)* zeichnet sich durch eine Vielzahl wirksamer Gifte aus; man denke nur an die Tollkirsche oder das halluzinogene Bilsenkraut. Auch Kartoffeln enthalten in ihren grünen Teilen erkleckliche Mengen dieser natürlichen Toxine, namentlich die hochgiftigen Alkaloide Solanin und Chaconin.[28, 32, 49] Und darum verschmäht man das Kraut.

Was in den Blättern steckt, findet sich auch in den unterirdischen Knollen, glücklicherweise in geringerer Menge. Bei den Alkaloiden handelt es sich um Schutzstoffe, pflanzeneigene, sogenannte primäre Pestizide (siehe Kapitel: Gebundene Rückstände), die die Pflanze vor Schädlingsfraß bewahren sollen. Darum konzentrieren sie sich vor allem in und dicht unter der Schale. Wenn so ein Erdapfel keimt oder dem Licht ausgesetzt wird, steigt sein Giftgehalt rapide an. Deshalb werden Kartoffeln ja traditionell geschält, die «Augen» entfernt und grüne Stellen weggeschnitten. Schon Heinrich Böll verewigte dies in seiner Kurzgeschichte «Die Waage der Baleks», in der die Kinder einer bettelarmen Familie stets die dünnen Kartoffelschalen vorzeigen mussten, um ihre Eltern davon zu überzeugen, dass nichts verschwendet wurde. Mit Pellkartoffeln hätte es zwar noch weniger Abfall gegeben, aber selbst die ärmsten Schlucker wollten in puncto Kartoffelgifte offenbar auf Nummer sicher gehen.

Nun senkt das Schälen das Vergiftungsrisiko zwar deutlich, aber ein bisschen Solanin und Chaconin ist auch im essbaren Knollenfleisch enthalten. Im ungünstigsten Fall kann dies immer noch zu Vergiftungen führen.[19, 32] Wie viel Gift in Fleisch und Schale steckt, hängt von vielen Faktoren ab, beispielsweise von der Sorte, also, ob man Bamberger Hörnchen, Linda oder Sieglinde auf den Tisch bringt. Die Züchter konnten die Alkaloidgehalte moderner Sorten gegenüber den Wildkartoffeln zwar deutlich verringern, im Gegenzug verloren diese Kartoffelsorten aber ihre Widerstandskraft gegen Schädlinge. Da Pflanzenschutzmittel mittlerweile kritisch betrachtet werden, kreuzte man neben älteren Sorten auch wilde Kartoffelarten in die gängigen Kultivare ein, um resistente Pflanzen zu erhalten.[27, 28, 43] Dadurch stieg die Menge an Gift wieder an. Da der Biolandbau auf resistente Sorten angewiesen ist (siehe Kapitel: Biologische Landwirtschaft), enthalten Bioknollen oft mehr Solanin als Kartoffeln aus konventionellem Anbau.[6, 27]

Die jeweilige Giftmenge hängt aber auch davon ab, ob die Erdäpfel von Schädlingen oder Krankheiten heimgesucht worden sind. Denn bei Stress bilden die Knollen natürlich vermehrt Abwehrstoffe.[35] Auf dem Acker sorgen daher Pilz- oder Bakterieninfektionen für stark erhöhte Alkaloidgehalte. Auch bei der Ernte oder Lagerung lässt sich vieles falsch machen. In beschädigten Knollen steigt die Toxinmenge an, ebenso bei hoher Luftfeuchtigkeit und zu hoher oder zu niedriger Temperatur.[7, 32] Besonders riskant ist das Lagern der Kartoffeln im Supermarkt unter weißem Neonlicht.[17, 20] Das wäre leicht zu vermeiden, würde man wieder lichtundurchlässige Verpackungen verwenden, wie es früher üblich war.[7]

Gefährlich wie Strychnin

Die Giftigkeit von Solanin ist lange bekannt. Bereits 1924 wurde für Kartoffelalkaloide eine vorläufige Höchstgrenze von 20 Milligramm pro 100 Gramm Frischgewicht vorgeschlagen.[5, 7, 26, 51] Dieser Richtwert war im wahrsten Sinne des Wortes eine Geschmacksfrage: Die meisten Menschen nehmen ab dieser Konzentration den bitteren und kratzenden Geschmack von Solanin und Chaconin wahr.[43, 51, 61] Obwohl sich viele Länder an diesem Wert orientieren, ist er rechtlich unverbindlich geblieben.[17, 52] Heute halten sowohl die Welternährungsorganisation FAO als auch die Weltgesundheitsorganisation WHO noch nicht einmal die Hälfte davon für unbedenklich.[24] Aus toxikologischer Sicht sind höchstens sechs bis sieben Milligramm dieser Glycoalkaloide vertretbar.[8, 47]

Die Giftigkeit von Solanin ist durchaus mit Strychnin oder Arsen vergleichbar, denn es ist nun mal ein natürliches Pestizid, das nicht nur Insekten und Pilze, sondern auch Säugetiere wie Menschen abhalten soll.[34] Dennoch gibt es für Solanin bis heute weder ein NOEL (No Observed Effect Level; kein beobachteter Effekt) noch ein ADI (Acceptable Daily Intake; zulässige tägliche Aufnahme), Grenzwerte, wie sie für wesentlich harmlosere Stoffe im Essen selbstverständlich sind.[32, 51] Dasselbe gilt für Chaconin, das inzwischen sogar als noch toxischer eingestuft wird als Solanin.

Nach dem Verzehr von Kartoffeln mit höheren Alkaloidkonzentrationen kommt es zu Durchfall, Erbrechen und Krämpfen, Atemnot und Koma. Ab welcher Menge sich die ersten Symptome einstellen, ist individuell verschieden, doch 2 bis 5 mg Glycoalkaloid/kg Körpergewicht gelten allgemein als toxische Dosis, 3 bis 6 mg/kg Körpergewicht als tödlich.[24, 34, 51, 60] *Homo sapiens* reagiert damit empfindlicher auf die Kartoffelalkaloide als Affen, bei denen erst 40 bzw. 50 Milligramm pro Kilo zum Tode führen.[34, 51] Dieses Beispiel zeigt wieder einmal, wie vorsichtig man Daten zur Toxizität interpretieren muss. Umgekehrt steckt der Mensch von Acrylamid und anderen Röststoffen ja erheblich höhere Dosen problemlos weg als Labornager.

Da Solanin und Chaconin fettlöslich sind, können sie sich im Organismus ebenso anreichern wie chlororganische Pestizide à la DDT oder Lindan.[16, 32, 44] Insofern erscheint selbst der Grenzwert von 20 Milligramm Alkaloiden pro 100 Gramm Kartoffeln als problematisch. Er liegt damit um Zehnerpotenzen über den Grenzwerten für die meisten Pestizide. Zur Orientierung: Unsachgemäß gelagerte und so ergrünte Knollen können es locker auf 1 Gramm Alkaloide pro Kilo bringen. Legt man aktuelle Berechnungen zugrunde, genügt bei einem 20 Kilo schweren Kind schon eine Schalenkartoffel (ca. 100 Gramm) mit dem zulässigen Höchstgehalt, um eine mutmaßlich toxische Konzentration von 1 mg/kg Körpergewicht zu erreichen.[11]

Außerdem gibt es große individuelle Unterschiede in der Empfindlichkeit.[32, 51] Da die unverbindlichen Grenzwerte oft überschritten werden,[32, 51, 52] sind Vergiftungen bei Kindern nach dem Verzehr von Kartoffeln nichts Ungewöhnliches. Dabei ist mit einer hohen Dunkelziffer zu rechnen, weil die Beschwerden häufig als Magen-Darm-Infekt fehldiagnostiziert werden.[24, 31] Wie oft wohl werden statt des Kartoffelsalats die Würstchen verdächtigt, die ja aus der Massentierhaltung stammen und gefährliche Bazillen enthalten?

Schale Schalen

Dessen ungeachtet empfehlen dieselben Verbraucherschützer und Ernährungsberaterinnen, die vor Acrylamid warnen, Kartoffeln mitsamt ihrer Schale zu verzehren. Dabei sollten sie wissen, dass die Korkschicht ernährungsphysiologisch nicht nur völlig wertlos ist, sondern vor allem bei älteren Knollen oft beachtliche Mengen dieser giftigen Alkaloide aufweist. Solche «Ernährungstipps» sind dennoch mittlerweile Legion: Sie finden sich auf Websites von Frauenzeitschriften, und ein Internetportal für werdende Eltern gibt sogar ein Rezept für knusprige Kartoffelschalen zum Besten. Wahrscheinlich wird auch bald die Kartoffelschalensuppe, mit der man einst die Insassen von Gefangenenlagern abspeiste[12], ihr kalorienarmes Comeback feiern.

Werdende Mütter sind durch Empfehlungen dieser Art besonders gefährdet: Wurden Kartoffelalkaloide an Hamster, Ratten und Mäuse, aber auch an Hühner, Frösche und Fische verfüttert, traten Missbildungen bei der Nachkommenschaft auf.[14, 40, 43, 58] Bei Affen unterdrückten die Gifte die Schwangerschaft oder erhöhten die Sterblichkeit der Föten.[54] Dazu genügte bereits eine einmalige erhöhte Dosis.[34] Schon seit langem wird beim Menschen ein Zusammenhang zwischen dem Auftreten von Gaumenspalten bzw. Spina bifida und dem Verzehr angegammelter Kartoffeln angenommen.[45] Daher warnen die Toxikologen Schwangere und Frauen mit Kinderwunsch grundsätzlich vor dem unbekümmerten Verzehr angegrünter und beschädigter Knollen.

Wenn in Unkenntnis einfachster biologischer Zusammenhänge «vitaminreiche» Kartoffelschalen zum Verzehr empfohlen werden, ist es wohl nur eine Frage der Zeit, bis in Internetforen auch Kartoffelkeime als biologisch vollwertige Sprossenkost gehandelt werden. Würden sich die Anhänger einer «naturbelassenen» Nahrung ein klein wenig mehr mit Ökologie befassen, so dämmerte ihnen, was Kartoffelkäfer schon immer wussten: Die sowohl unverdauliche als auch giftige und alles andere als vitaminhaltige Korkpelle soll die nahrhaften Erdäpfel nicht nur vor dem Austrocknen schützen, sondern auch vor naschhaften Mäulern, seien es die von Kakerlaken, Kellerasseln oder Rohköstlern.

Verschärft wird das Problem durch den verständlichen Wunsch der Verbraucher nach dünnschaligen Kartoffeln, denn sie waren früher ein Hinweis auf frisch geerntete Ware und damit auch auf niedrige Solaningehalte. Den Züchtern gelang es, diesen Kundenwunsch zu erfüllen, allerdings mussten sie dafür ausgerechnet die Gehalte an Alkaloiden erhöhen. Nur so ließ sich der fehlende Schutz der Knolle durch die ehemals dickwandige Schale ausgleichen. Außerdem gibt es einen Trend zu immer kleineren Kartöffelchen – einerseits, weil sie auf dem Teller hübscher und kalorienärmer wirken, andererseits, weil sie schneller gar sind. Dadurch steigt die Alkaloidzufuhr erneut, da kleine Kartoffeln bei gleicher Menge mehr Oberfläche aufweisen und damit mehr Gift liefern. Wer auf Nummer sicher gehen will, bevorzugt heute größere Erdäpfel mit dicker Schale.

Leider sind die Kartoffelalkaloide sehr stabil und werden durch Kochen nicht zerstört. In Pellkartoffeln bleiben sie weitgehend erhalten. Weshalb man für diese Zubereitungsart junge, frische Kartoffeln nutzt. Während der Lagerung steigen die Giftgehalte, deshalb werden sie geschält und als Salzkartoffeln serviert. Das Kochen kann den Alkaloiden nichts anhaben, allerdings laugt man damit einen Teil der Giftstoffe aus. Sie verschwinden mit dem Kochwasser im Ausguss. Für Kinder, die auf die Alkaloide empfindlicher reagieren als Erwachsene, eignen sich Pommes am besten, da Solanin und Co. beim Frittieren größtenteils entfernt werden. Da die Gifte aber ins Frittierfett übertreten und sich dort ansammeln, muss es rechtzeitig gewechselt werden.[41, 43, 48, 50]

Und wie reagiert die Lebensmittelindustrie? Sie bietet Kartoffeln mit Schale für Kinder an! Ob «Naturchips» oder «Country Wedges», Hauptsache, es klingt ökologisch, gesund oder vollwertig. Sie handelt damit genauso skrupellos wie die «Experten» der Verbraucherzentralen oder die Redakteure der Frauenzeitschriften. Solche «naturbelassenen» Produkte haben es nämlich in sich: Chips mit Schale wiesen bis zu 72 Milligramm Alkaloide pro 100 Gramm auf.[50] Angesichts solcher Giftgehalte wirken Diskussionen über Höchstmengenüberschreitungen von Pestiziden geradezu lächerlich.

Wo bleibt da die vielbeschworene Verantwortung der Hersteller? Was wurde aus dem «vorbeugenden Gesundheitsschutz», dem sich die Behörden verpflichtet sehen? Und warum schweigt Foodwatch? Statt ihre bizarren Spiegelfechtereien gegen das Acrylamid fortzusetzen, täten Industrie, Staat und Verbraucherorganisationen gut daran, Produkte mit hohen Gehalten an gesundheitsschädlichen Inhaltsstoffen nicht als Gesundkost zu bewerben, sondern sie aus dem Verkehr zu ziehen. So, wie es das Gesetz vorschreibt.

Kurz gesagt ...

lassen Sie sich nicht die Freude an wohlschmeckenden, traditionellen Gerichten nehmen. Solange diese in bewährter Weise hergestellt sind, sind sie auch für die allermeisten Menschen unseres Kulturkreises sicher. Die Erfahrung im Umgang mit unseren Lebensmitteln bietet weitaus mehr Sicherheit als Tests mit Zellkulturen oder biochemische Spekulationen. Die Nutzung des Feuers, das Erhitzen von Nahrung, unterscheidet den Menschen vom Tier. Wir sind an menschliche Nahrung angepasst und nicht an das Futter von Labornagern.

2 Dioxin im Ei: Ultraschwindel mit Ultragift

Beim Dioxin-Skandal 2011 mangelte es nicht an Absonderlichkeiten. Zur Erinnerung: Das war der Skandal mit den «verseuchten Eiern». Am sonderbarsten war, dass er quasi über Nacht in der Versenkung verschwand, zumindest vorläufig. Denn zufällig war ein bisher unbeachtetes Detail bekannt geworden: In den Fall war auch ein ehemaliger Umweltminister verwickelt. Die breite Öffentlichkeit erfuhr davon allerdings nichts.

Aber schön der Reihe nach: Bekanntlich war das Dioxin über sogenannte Mischfettsäuren ins Futter geraten. Mischfettsäuren sind ein Abfallprodukt der Biodieselproduktion. Zur Gewinnung von «Diesel» werden die Fette in sogenannte Methylester umgewandelt, die nach einer Destillation in reiner Form vorliegen. Der versiffte Destillationsrückstand heißt «Mischfettsäuren». Um den Hunger unserer Biodieselanlagen zu stillen, verwendet man nicht nur heimisches Rapsöl, sondern auch Palmöl. Für den Ölpalmenanbau werden Wälder und Torfmoorgebiete in Südostasien brandgerodet. Dort herrscht an Dioxinquellen kein Mangel: Das Gift steckt in den Rauchschwaden, die über die Palmenplantagen ziehen, und in der Asche auf den Böden, es entsteht bei der Verbrennung des europäischen Plastikmülls (der sinnigerweise dorthin exportiert wird), und es verteilt sich über die Abgase der Motoren. Da Dioxine fettlöslich sind, sammeln sie sich im Öl an.

Die Verlockung, Mischfettsäuren an Nutztiere zu verfüttern, ist übrigens eine Spätfolge des BSE-Wahnsinns. Früher nahm man dafür tierische Fette, gewonnen aus Vieh, das nicht für die menschliche Ernährung geeignet war. Dank der BSE-Angst werden heute aber nicht nur die kranken Tiere ausgemustert, sondern auch etwa die Hälfte eines jeden gesunden Schlachtkörpers wird nicht mehr verwertet, sondern verbrannt. Wertvolles Eiweiß und nahrhaftes Fett lösen sich in Rauch auf, geopfert auf dem Altar des Verbraucherschutzes. Nach geltendem Recht sind Leber, Niere oder Knochen als Lebensmittel zwar für den Verbraucher und seine Haustiere in der Wohnung geeignet – nicht aber für Schweine, Geflügel oder Rinder im Stall. An unsere Nutztiere verfüttern wir jetzt Pflanzenfettreste und lassen Brasiliens Urwälder roden, um das fehlende tierische Eiweiß durch Soja zu ersetzen.

Es ist schon bizarr: Mit unseren Steuergeldern wird Speiseöl auf dem Weltmarkt eingekauft, aufwendig raffiniert und von Schadstoffen befreit – und anschließend verdieselt. Das hochwertige, verzehrfertige Speiseöl kommt in die Zapfsäule, und der belastete Rückstand aus der Raffination gelangt dann übers Hintertürchen in die Nahrungskette statt wie geplant in die Chemieindustrie. So wollen wir die Welt vor dem Klimakollaps retten! Ganz nebenbei treibt diese Praxis die Weltmarktpreise für Grundnahrungsmittel in die Höhe, was in Gesellschaften mit geringen Einkommen verheerende Folgen hat. Zu den lachenden Dritten gehören auch unsere Landwirte, sie erhalten endlich den geforderten «gerechteren Lohn». Denn die Subventionen für Biodiesel landen über die steigenden Preise für Raps- oder Sonnenblumenöl auch in den Taschen der Bauern.

Natürlich gibt es noch weitere Quellen für Mischfettsäuren. In NRW arbeitet ein Recyclingunternehmen jährlich 100 000 Tonnen Schmiere aus den Fettabscheidern von Großküchen, Dönerbuden oder Zerlegebetrieben zu 20 000 Tonnen Mischfettsäuren auf. Selbst Spülwasser ist ein lohnender Rohstoff – daraus entstehen dann ebenso wie aus den Rückständen der Biodieselproduktion Schmierfette für Maschinen oder wohlriechende Schönheitscremes für Möchtegernmodels.[1] In den Kläranlagen fallen ebenfalls Fette an. Diese haben bereits reichlich Dioxine aus dem Regenwasser bzw. dem Abwasser aufgesogen – denn im Straßenstaub und Abwasser steckt besonders viel Dioxin.[2, 11, 26] Selbstverständlich lässt sich die eklige Brühe für «saubere Energie» recyceln, vor allem, weil man auf diese Weise den aufwendigen Abbau des Fettschlamms in den Faultürmen der Kläranlage vermeiden kann. Nach einer etwaigen Verwertung des noch brauchbaren Fettanteils bleiben reichlich «Mischfettsäuren» übrig.

Minister in der Recycling-Falle

Dieselben Probleme bereitet der dioxinhaltige Kalk, der beim Entschwefeln der Industrieschlote anfällt. Wer ihn nutzbringend verwenden kann, ist ein gemachter Mann. Schon bei einem großen Dioxineier-Skandal im Jahr 1999 lag es auf der Hand, dass belasteter Kalk aus der Rauchgasentschwefelung ins Legemehl für die Hühner gemischt wurde.[22] Als sich zehn Jahre später auffällig hohe Dioxinrückstände in Milch und Butter fanden, entpuppten sich gekalkte Zitrusschalen aus der brasilianischen Orangensaftkonzentrat-Herstellung als Ursache.[17] Diese für den Menschen ungenießbaren Reste sind ein wertvoller Bestandteil unseres Rinderfutters – sofern sie frei von Entschwefelungskalk sind.

Der kritische Punkt ist seit jeher die Müllentsorgung, die Recyclingbranche.[21] Nicht, weil diese Branche eine höhere kriminelle Neigung hätte als andere, sondern weil die Verlockung wächst, Nebenprodukte des Recyclings nicht zu vernichten, sondern wieder in die Stoffkreisläufe einzuschleusen. Und das ist ganz einfach: Die Abfälle werden beim Verkauf noch korrekt deklariert, aber dann geht die Ware auf dem Papier an einen Kollegen in China. Der verkauft sie weiter an eine belgische Firma und die wiederum an ein deutsches Futtermittelwerk. Jetzt kommt der Spediteur und fährt die Ware von A-Dorf nach B-Dorf. Inzwischen hat sich die Auslobung der Ware durch einen kleinen Übersetzungsfehler der in China ausgefertigten Papiere – zumindest auf dem Lieferschein – ein wenig verbessert.

Zurück zu den Mischfettsäuren und der Sache mit dem Minister: Deren Belastung mit Dioxinen ist der Fachwelt seit langem bekannt. So war es höchst verdienstvoll, dass an der Universität Oldenburg ein Verfahren entwickelt wurde, um Dioxine per Aktivkohle abzutrennen und dann zu Kochsalz und Wasser abzubauen.[13] Die Erfinder wandten sich an den damaligen Umweltminister Jürgen Trittin, um für ihre Technik zu werben, stießen jedoch auf Ablehnung. Der grüne Politiker vermochte sich nicht für die rückstandsfreie Entsorgung des «Ultragiftes» zu erwärmen[7] – über seine Gründe kann nur gerätselt werden: Ob ihm eine öffentliche Diskussion darüber, dass bei der Erzeugung «grüner Energie» Dioxine anfallen, zu heiß war? Wir wissen es nicht. Aber als seine Mitverantwortung für die Ablehnung des Oldenburger Verfahrens erkennbar wurde, verloren die Medien jedenfalls schlagartig ihr Interesse an dem brisanten Thema. Wer wollte schon statt eines Futtermittelwerks einen grünen Verbraucherschützer an den Pranger stellen?

Das ist sehr bedauerlich, denn mit der fraglichen Technik hätten sich nicht nur Dioxine elegant aus Recyclingabfällen entfernen lassen, sondern auch zahlreiche andere Schadstoffe.[14] Damit wäre eine neu entstandene Lücke im Verbraucherschutz wirksam geschlossen worden. Bisher waren die Maßnahmen zur Minimierung der Dioxinbelastung ja recht effektiv. Nimmt man den Dioxingehalt im Körperfett als Maßstab für die Belastung des Menschen, darf sogar entwarnt werden: Er ist in den letzten zwanzig Jahren um mehr als die Hälfte gesunken. Insofern waren wir auf einem guten Weg.[3, 24]

Feuer und Flamme für einen Schlankmacher

So erfreulich die Gesamtentwicklung ist, so diffus ist das Bild, das sich im Detail zeigt. Da Dioxine bei Verbrennungsprozessen jeglicher Art entstehen, gibt es unzählige Quellen, die für Eintrag in die Umwelt sorgen. Denn irgendwo brennt immer etwas – seien es Zigaretten, Heizungen, Krematorien, Wälder, Dieselmotoren, Vulkane oder Müll. Eine der vielfältigen Quellen von Dioxinbelastungen wurde 1991 auf Sport- und Spielplätzen ausgemacht: Das als Belag verwendete «Kieselrot» – insgesamt 800 000 Tonnen Schlacken aus den Kupferhütten – war randvoll mit Dioxinen; es enthielt das Millionenfache dessen, was in den «dioxinverseuchten» Eiern unserer Tage steckt.[20]

Neben Verbrennungsprozessen gibt's auch allerlei chemische Reaktionen zwischen Phenolen und Chlor, die Dioxine erzeugen. Eine davon ist die früher übliche Chlorbleiche von Papier. Wir wollen lieber nicht wissen, was der Mensch über Recyclingpapier an Dioxinen aufgenommen hat – vor allem dort, wo Ökokarton als Lebensmittelverpackung verwendet wurde. Die wohl kurioseste Dioxinquelle ist ein beliebtes Desinfektionsmittel, das Triclosan. Es ist ein typischer Bestandteil besserer Reinigungsmittel von der Sorte «nicht sauber, sondern hygienisch rein». Gelangt Triclosan in die Kanalisation und von dort in die Umwelt, verwandelt es sich bei Sonnenschein im Wasser in ein Dioxin.[19]

Es gibt viele solche kuriosen Dioxineinträge – beispielsweise über Tonerden. Obwohl sie aus Erdschichten stammen, die sich gebildet haben, bevor es Menschen auf der Erde gab, können sie ganz erhebliche Dioxinfrachten vulkanischen Ursprungs mit sich führen.[27] Wer Angst vor Dioxin im Essen hat, bekommt im Internet Heilerde vertickert, um «Sevesogifte» aus dem Darm zu filtern. Unter uns: Auch Heilerde ist Tonerde. Ein Blick in das Schnellwarnsystem der EU zeigt, dass bei Kontrollen natürlich dioxinbelastete «Heilerde» entdeckt wurde. Doch von den Medien wurden bisher nur Fälle aufgegriffen, in denen dioxinhaltige Tonerden als technische Hilfsstoffe eingesetzt wurden und so ins Tierfutter gelangten.

Nicht minder tückisch ist die Analytik. Denn die (chlorierten und bromierten) Dioxine sowie die mit ihnen nahe verwandten Furane umfassen etwa 5000 Substanzen. Rechnet man die ähnlich wirkenden halogenierten Naphthaline hinzu, dann sind es noch ein paar tausend mehr. Es geht hier wohlgemerkt um echte Spurenanalytik, also nicht mehr um ein millionstel Gramm wie bei den meisten anderen Schadstoffen, über die sich die Öffentlichkeit echauffiert. Es geht um ein Millionstel des Millionstels – es geht um Nanogramm pro Kilogramm.

Da es aussichtslos ist, die Stoffe in ihrer Fülle zu erfassen und zu bewerten, wird nur eine Handvoll von ihnen analysiert, darunter auch die toxischste Substanz, das «Sevesogift» TCDD (3,4,7,8-Tetrachlordibenzo-p-Dioxin). Wie giftig die übrigen Stoffe tatsächlich sind, liegt noch im Dunkeln – auch wenn die meisten bei weitem harmloser sind als TCDD. Zudem ist «Giftigkeit» kein verbindlicher mathematischer Wert, sie hängt davon ab, was man untersucht. Ist ein Dioxin, das Diabetes verursacht, gefährlicher als eines, das zu Leberschäden führt? Und welchen Giftigkeitswert bekommt das Sevesogift TCDD, wenn man weiß, dass es im Tierversuch die von vielen Menschen sehnlichst herbeigewünschte Gewichtsreduktion herbeiführt?[24]

Und wenn's nur das wäre! Bei der Bewertung von Dioxinen wachsen die Schwierigkeiten schnell ins Uferlose: Denn selbst die Giftigkeit des Ultragiftes TCDD schwankt in einem weiten Bereich – je nachdem, mit welchem Versuchstier sie bestimmt wird. Schon die üblichen Labornager unterscheiden sich in ihrer Empfindlichkeit um den Faktor 5000. Einen Hamster bringt erst eine Dosis von einem Milligramm Dioxin pro Kilogramm Körpergewicht um.[9] Bezieht man das auf die «dioxinverseuchten Eier» der «kriminellen Futterpanscher», so müsste das niedliche Fellknäuel viele hundert Millionen solcher Eier verputzen, um zuverlässig eine letale Dosis Dioxin aufzunehmen.

Hütchenspieler mit Risiken

Um die Gefährdung des Menschen zu ermitteln, werden nur ein paar dieser 5000 dioxinartigen Stoffe gemessen und die Gehalte mit aus Tierversuchen geschätzten Umrechnungsfaktoren multipliziert, die ihre Giftigkeit für den Menschen widerspiegeln sollen.[23] Die Werte werden addiert und ergeben die Belastung mit «Dioxin» – auch dann, wenn das «Sevesogift» gar nicht dabei war. Es handelt sich also um einen imaginären Wert, der sich zwar in der Zeitung wie eine objektive wissenschaftliche Zahl ausnimmt,[27] aber nichts anderes als das Ergebnis wilder Spekulationen eines Personenkreises ist, dessen Einkommen letztlich von der aufgebauten Drohkulisse abhängt. Je furchterregender, desto mehr Analysen und desto mehr Gutachten.

Dabei können wir beim Dioxin die Tierversuche sogar beiseitelassen. Denn nicht nur Hamster im Labor, sondern auch Menschen im wirklichen Leben wurden schon mit TCDD vergiftet. Beispielsweise beim Chemieunfall in Seveso oder in Vietnam mit dem Entlaubungsmittel Agent Orange. Leider ist unbekannt, was in diesen Chemikaliengemischen sonst noch alles enthalten war. Selbst in Seveso konnte der Verdacht nicht ausgeräumt werden, dort wären Chemiewaffen produziert worden. Der hochgiftige Inhalt der Fabrikanlage ist jedenfalls auf ungeklärte Weise komplett verschwunden. Im Blut der Anwohner fanden sich aber deutlich erhöhte TCDD-Werte. Inzwischen wurden auch die arbeitsmedizinischen Daten von Chemiewerken ausgewertet, in denen die Mitarbeiter erheblichen TCDD-Belastungen ausgesetzt waren.

Bei den Langzeitbeobachtungen fand man Unerwartetes. Denn das «Ultrakrebsgift» erhöhte die Krebsrate offenbar nur wenig: «Eine Zunahme von Tumoren ist epidemiologisch kaum zu beobachten», fasst beispielsweise der Lebensmitteltoxikologe Dieter Schrenk von der TU Kaiserslautern 2011 die Datenlage ebenso knapp wie präzise zusammen. Die gern zitierten Krebsfälle dioxinbelasteter Fabrikarbeiter hatten einen anderen Hintergrund: Denn nicht die Krebsrate war es, die zunahm, sondern ganz spezifische, seltene Krebsformen. Und die waren anderen, längst etablierten Kanzerogenen geschuldet, denen die Männer in erheblichem Umfang ausgesetzt waren.[4, 28, 35] Doch das haben die Forscher damals unterschlagen.

Wie hoch die Belastung der Menschen in den Feuerstürmen des Zweiten Weltkriegs war, lässt sich nur noch grob abschätzen. Zig Kilometer zogen die giftigen Rauchschwaden übers Land. An den Rückständen ist noch heute die Hauptwindrichtung während der Bombennächte erkennbar. Wie gefährdet waren wohl die Trümmerfrauen, die den rußverschmierten Schutt mit den bloßen Händen aufgeräumt haben, die Kinder, die tagtäglich darin gespielt haben? Auch in Gegenden, die vom Bombenkrieg verschont blieben, gibt es teilweise erhebliche Belastungen, beispielsweise an der Küste, wo einst mit Torf geheizt wurde.

Beim Verbrennen bildet das salzhaltige Material Dioxine. Mit der Asche wurde dann der Gemüsegarten gedüngt.[18]

TCDD ist natürlich alles andere als harmlos – es ist und bleibt für zahlreiche Tierarten ein potentes Gift. Ob es jedoch der giftigste jemals von Menschen hergestellte Stoff ist, darf stark bezweifelt werden. Nicht einmal bei schweren Vergiftungen sind Todesfälle bekannt geworden.[24] Vielmehr kommt es zu einer jahrelang andauernden, schweren Akne, der so genannten Chlorakne oder wie sie früher hieß: Pernakrankheit. Denn die Erfahrungen mit Dioxinvergiftungen am Arbeitsplatz reichen fast 100 Jahre zurück.[29] Aufschlussreich ist auch jene Vergiftung, die dem ukrainischen Politiker Wiktor Juschtschenko während des Wahlkampfes 2004 beigebracht wurde. In seinem Blut wurde 50 000-mal mehr Dioxin nachgewiesen als bei der Normalbevölkerung.[34] Er ist im Gesicht davon schwer gezeichnet, hat den Anschlag aber überlebt.

Offenbar gehört der Mensch in puncto Dioxine zu den unempfindlicheren Säugetierarten. Das hat einen simplen Grund: Die Menschwerdung ist von der Nutzung des Feuers gekennzeichnet. Eine Spezies, die ihre Mahlzeiten seit Äonen über dem offenen Feuer erzeugt, die Tag für Tag dem Rauch der Feuerstelle erst in der Höhle oder später im Zelt ausgesetzt war, sollte nach einigen hunderttausend Jahren ein wenig robuster sein als Tiere, die den Flammen eher skeptisch gegenüberstehen. Eine evolutionäre Anpassung daran ist unvermeidlich. Deshalb sind viele Substanzen, die beim Erhitzen entstehen – wie auch das Acrylamid –, für uns Menschen weit weniger gefährlich als für die einschlägigen Labornager. Bleibt zu hoffen, dass sich eines schönen Tages auch die Toxikologen diese banale Einsicht zu eigen machen.

Ein Stück aus dem Tollhaus

Die Höchstmengenregelungen wiederum orientieren sich nicht an der «Giftigkeit» – wozu auch, es sind doch eh alles Phantasiezahlen. Da unsere Lebensmittel unterschiedlich stark mit Dioxinen belastet sind, passte man die Grenzwerte an die vermuteten Rückstandsgehalte an. Seither darf ein Fischstäbchen für Kinder weitaus mehr TCDD enthalten als ein Liter Öl im Schweinefutter. Die genaue Zahl lässt sich nicht angeben, da die Grenzwerte beim Fisch mal aufs Frischgewicht und mal auf den Fettgehalt umgerechnet werden.[5] Außerdem hängt es von der Fischart ab und wo und von wem sie gefangen wurde. Ein Schwede, der in der Ostsee fischt, durfte seine Mitbürger laut EU jahrelang einer deutlich höheren Belastung aussetzen als ein Deutscher. So wird den nationalen Besonderheiten, Ängsten und Wünschen im «Europa der Regionen» politisch Rechnung getragen.

Doch damit nicht genug: Auch bestimmte Weichmacher, die PCBs, werden in TCDD umgerechnet – und dann dazugezählt. Das ist etwa so, als ob Sie Flöhe in Kängurus umrechnen, weil beide große Sprünge machen. So steigt der «Dioxingehalt» in Umwelt und Nahrung, auch dann, wenn gar keiner da ist. Dafür fehlen in der Kalkulation aber Substanzen wie Indol-3-Carbinol. Das ist ein typischer sekundärer Pflanzenstoff im Brokkoli. Da er an die gleichen Rezeptoren wie TCDD andockt, gilt er als «natürliche TCDD-artige Substanz».[32] Aus Sicht vieler Toxikologen sind die Ähnlichkeiten zwischen «Seveso» und «Brokkoli» so groß, dass sie beides einfach in einen Topf werfen.

Unbeeindruckt davon werden Brokkoli und Indol-3-Carbinol von Ernährungsberatern, Apothekern und Frauenzeitschriften als «Krebsschutz» bzw. Nahrungsergänzungsmittel beworben – ein ziemlich fragwürdiges Attribut. Nicht zuletzt könnte sich damit sogar das Sevesogift schmücken. Denn das

«Ultrakrebsgift» wurde, um das Panoptikum der Absurditäten abzurunden, wiederholt als Krebstherapeutikum patentiert.[15, 25] Getoppt wird dieses durch ein noch bizarrer erscheinendes Detail: Der Mensch bildet in seinem Körper selbst Dioxine. Niemand weiß, warum. Die Ausscheidung des vollständig chlorierten Dioxins OCDD ist dadurch sogar um ein Vielfaches höher als die Aufnahme.[12, 33]

Maulkorb für Rinder

Wie riskant waren die «dioxinverseuchten Eier» tatsächlich? Der Grenzwert wurde rein rechnerisch um ein paar Millionstel eines millionstel Gramms pro Kilo Ei überschritten. Die paar verseuchten konventionellen Eier enthielten jetzt genauso viel Dioxin, wie es in Bioeiern aus Freilandhaltung sowieso völlig normal war.[10, 16] Aber das wurde wohlweislich verschwiegen. Die Absicht der Redaktionen war klar: Die Kunden sollen endlich mehr «bio» kaufen, denn das ist das politische Credo der Mehrzahl der Umwelt-, Gesundheits- und Verbraucherredaktionen. Und so war die belastete Bioware bald ausverkauft, während die große Masse an dioxinarmen konventionellen Eiern aus Angst vor einem imaginären Schaden in den Regalen liegenblieb.

Das Futter im Stall wird auf Rückstände überprüft, nicht aber, was ein Tier auf der Weide so alles finden kann: Pflanzenteile aller Art, Regenwürmer, Insekten, Spinnen und natürlich Erdreich. Und all dies kann reichlich Dioxine enthalten – denn das Dioxin lagert sich partikelgebunden am Boden ab.[24] Das liegt eher weniger an irgendwelchen Müllverbrennungsanlagen oder an Grillstationen. Früher wurden auf dem Lande das Abfallholz und die alten Plastikkanister mitsamt den Pestizidresten plus den zerfetzten schwarzen PVC-Folien irgendwo auf der Wiese abgefackelt. Diese Praxis hat Spuren hinterlassen – Dioxinspuren.

Doch auch diese Belastung der Weideflächen und damit von Fleisch, Milch und Eiern ist bedeutungslos im Vergleich zu einem anderen Grundnahrungsmittel, das den Nimbus der Gesundkost umweht: Wer Fisch aus der Ostsee verzehrt, nimmt ganz legal weitaus mehr Dioxin zu sich als mit einem Bio-Omelett oder einem argentinischen Steak – ohne dass der Fisch «verseucht» wäre. Hier halten Gesetzgeber und Medien schützend die Hand über Produkte, deren Rückstandsgehalte ansonsten zu Rückrufaktionen und zur Sperrung der Herstellerbetriebe führen würden. Bei Bedarf werden die Campaigner dieses Thema aus ihrem Zettelkasten holen, um daraus einen neuen Skandal zu generieren.

Dass es sich beim Dioxineier-Skandal 2011 keinesfalls um eine Meldung handelt, die aus Gründen der Chronistenpflicht mitgeteilt wurde, zeigt die Tatsache, dass ein anderer «Dioxin-Skandal» 14 Tage vorher praktisch keine mediale Resonanz erfuhr. Das Veterinäruntersuchungsamt Münster hatte Rindfleisch überprüft und dabei in jeder vierten Probe aus Freilandhaltung erhöhte Werte gefunden – was naturgemäß vor allem die Biobauern traf. Der WDR hatte darüber sogar berichtet, aber der Fernsehbeitrag verpuffte ohne jede mediale Resonanz.[31] Denn das hätte ja an «bio» gekratzt. Das Gleiche traf ein paar Monate vorher für einen Dioxinskandal bei Bioeiern zu, dessen Hintergründe nicht aufgeklärt werden konnten. Angeblich waren belastete Maisspelzen aus der Ukraine die Ursache, die über holländische Futtermittelhändler an deutsche Biobauern geliefert wurden.

Die ganze Absurdität des Dioxin-Hypes wird an dem Vermarktungsverbot deutlich, das die Behörden in NRW für die

Biorinder aussprechen mussten. Die Landwirte dürfen ihr Vieh nicht mehr schlachten, sondern müssen ihre Tiere bis zu deren Ableben auf der Weide halten. Das hängt damit zusammen, dass man Nutzvieh nur schlachten darf, um Gefahren abzuwehren oder um es zu essen. Essen darf man es nicht, weil die Höchstmengen überschritten wurden. Gefahr besteht natürlich auch keine, da im Fisch ein Vielfaches mehr enthalten sein darf als in einem Biorind.

Durch den Dioxin-Lärm in den deutschen Medien wurde die EU hellhörig und erwog, die Grenzwerte weiter zu senken, um sich so vor der Öffentlichkeit als Schutzpatron der Verbraucher zu präsentieren. Agrarexperten befürchten nun, dass dies langfristig zu einem Verbot der Freilandhaltung in Deutschland führen könnte – und damit auch zum Ende der Biolandwirtschaft in ihrer bekannten Form. Es sei denn, die Bauern füttern die Tiere im Stall und lassen sie nur mit Maulkorb auf die Weide.

Wer den Schaden hat, spottet jeder Beschreibung

Empört über die «finsteren Machenschaften krimineller Futtermittelpanscher», forderten die Medien von den Futtermittelhändlern Schadensersatz für die über 4000 Landwirte, deren Betriebe dank der Medienkampagnen geschlossen wurden. Der Bauernverband, der sich auf dem öffentlichen Parkett gern als dickfelliger, tapsiger Bär präsentiert, griff den Vorschlag dankbar auf und bezifferte die Verluste auf 100 Millionen Euro. Fürderhin sollten alle Futtermittel genau kontrolliert und nur mit Rückstandsanalysen gekauft und verkauft werden.

Was die Agrarfunktionäre natürlich nicht wissen konnten, war, dass die Landwirte selbst die wichtigsten Lieferanten der Futtermittelwirtschaft sind, denn von ihnen kommen letztlich die meisten der Rohstoffe, zum Beispiel Futtergetreide. Würde die Futtermittelwirtschaft beim Einkauf von ihnen jene Zertifikate verlangen, die die Landwirte ihrerseits von der Futtermittelwirtschaft fordern, dann hätten vor allem die Tierhalter den Schaden.

Ohnedies ist bereits ein massiver Schaden entstanden. Viele Familienbetriebe, deren Hof bereits zur Hälfte der Bank gehörte, arbeiteten durch den massiven Preisverfall bei Schlachtschweinen und Eiern endgültig für die Katz. Der Preisverfall war eine Folge der Kaufzurückhaltung der Verbraucher. Sie hatten sich wiederum auf die Lügenbarone und -baronessen in den Redaktionen verlassen. Diese haben das böse Wort von der «Verseuchung» in Umlauf gebracht. Damit haben sie den Landwirten die Geschäfte ruiniert – und nicht so sehr einer vermeintlich kriminellen Futtermittelbranche, die den Umstand ja immerhin selbst aufgedeckt hat.[8] Durch die Futtermittelbranche wissen wir überhaupt erst von dem Vorfall.

Sind die über tausend Betriebe, die wegen Dioxin geschlossen werden mussten, etwa ohne Grund aus dem Verkehr gezogen worden? Im Prinzip ja. Hätte «bio» an der Stalltür gestanden, dann hätten sie vermutlich weitermachen können, denn korrekt mit Freilandfütterung erzeugte Eier enthalten genauso viel Dioxin wie die «verseuchte» konventionelle Ware, ohne dass sich irgendjemand darüber aufregt. Doch diesmal erzwang der Druck der Öffentlichkeit populistischen Aktionismus, um in Sachen Image noch zu retten, was zu retten war. Mit dem gleichen Recht könnte man auch alle Redaktionen vorsorglich schließen, die Falschmeldungen über Dioxine in der Nahrung verbreiten. Dabei ließen sich die GEZ-Gebühren sinnvoll verwenden, nämlich zur Entschädigung der Opfer. Dies wäre zugleich aktiver Verbraucherschutz.

Kurz gesagt ...

Wer Angst vor Dioxin hat, sollte Produkte meiden, die recycelte Komponenten enthalten, wie Hautcremes mit Mischfettsäuren oder Müsli im Ökokarton, und sollte auch auf alle Zündeleien verzichten, die zu einer unverhältnismäßig hohen Belastung führen. Dazu gehört namentlich die Pelletheizung. Wer sich jedoch nicht so leicht ins Bockshorn jagen lässt, wird auch weiterhin entspannt ins Kamin-feuer statt in die Glotze blicken. Wie wär's mit einem guten Buch, von Wilhelm Busch beispielsweise? «Das weiß ein jeder, wer's auch sei, gesund und stärkend ist das Ei.»

3 Von Schwänen, Schweinen und Schützern: Die Grippegewinnler

Es gab einmal eine Zeit, da schmetterten die Redaktionen angebotene Storys über Missbräuche und Skandale im Agrar- und Lebensmittelsektor reflexartig ab. Das Thema BSE beispielsweise, das die Fachwelt und die britischen Medien schon vor über 20 Jahren umtrieb, wurde damals mit der Bemerkung quittiert: «Was wollen Sie denn mit Ihren blöden Kühen aus England? Glauben Sie wirklich, das interessiert hier irgendein Schwein?» Und das war's dann.

Heute genügt schon ein toter Vogel am Wegesrand, um viele Menschen in Angst zu versetzen. Wenn die Medien die Vogelgrippe ausrufen, wandern die Chicken-Nuggets vom Kühlschrank in die Biotonne, und wer kann, der bunkert stattdessen Impfstoffe im Kühlfach. Anderswo sind die Menschen pragmatischer: In Kambodscha, beispielsweise, hat die Vogelgrippe 2004 dazu geführt, dass frisch gefangene Ratten das Geflügel vom Speiseplan verdrängten.[4] Wildfänge sind ja auch bei uns beliebte Alternativen zum Fleisch aus der Nutzviehhaltung. So fand das Fraunhofer-Institut bei einer Überprüfung von Rindsrouladen aus dem Handel verblüffenderweise Taubenfleisch.[14] Zum Glück hat das aber niemand mitbekommen.

So wie bei marinierten Grillhähnchen bedarf es auch bei der Inszenierung von Lebensmittelskandalen ein wenig Geschick und Erfahrung, damit beim Leser/Zuschauer Panik aufkommt. Das offizielle Management der Vogel- und Schweinegrippe-Epidemien zeigt geradezu musterhaft, wie man sein Süppchen auf der Angst der Öffentlichkeit kocht, wie man diese so verunsichert, dass sie nicht mehr danach fragt, wer gerade versucht, seine Schäfchen ins Trockene zu bringen. Dabei pflegen die

Nutznießer durchaus zu variieren. Mal sind es Spendensammler, (vulgo «Schützer»), mal politische Grüppchen, die ihren gesellschaftlichen Einfluss mehren wollen, und in deren Gefolge spezifische Wirtschaftsgruppen.

Die Partei hat immer recht

Werfen wir einen kurzen Blick zurück: Im Jahr 1997 wurden in einer Wildente in Hongkong Antikörper des inzwischen berüchtigten Virus-Subtyps H5N1 entdeckt. Der Erreger war bereits 1959 isoliert worden, hatte in der Zwischenzeit aber nur relativ selten zu Problemen beim Hausgeflügel geführt. Es mangelte damals noch an geeigneten Laboratorien und Spezialisten, sodass entsprechende Befunde höchst selten waren. Mit dem zügigen Ausbau analytischer Einrichtungen in den Schwellenländern, aber auch in der Dritten Welt, werden Risiken nicht nur schneller erkannt, sondern können auch gezielter für Kampagnen eingesetzt werden.

Zunächst sah es so aus, als würden die Hongkonger Behörden die Geflügelpest mit einer Notschlachtung rasch in den Griff bekommen. Menschen galten als ungefährdet – bis am 21. Mai 1997 ein kleiner Junge an einer Lungenentzündung starb. Bei ihm wurde der Subtyp H5N1 nachgewiesen; der Erreger war also offenbar auch für den Menschen pathogen.[12] Als durchsickerte, dass weitere Personen erkrankten und starben, begann sich Panik in der Stadt auszubreiten. Hongkong war damals gerade erst an China zurückgefallen, die Presse wurde noch nicht zensiert und konnte Druck auf die Behörden ausüben. Noch vor Jahresende wurden 1,6 Millionen Stück Geflügel in Stadt und Umland getötet, jede Geflügeleinfuhr verboten und die Geflügelmärkte geschlossen.

Während in Hongkong die Aufregung immer größer wurde, herrschte auf der anderen Seite des Perlflussdeltas, in Guangdong, Grabesstille. Die Provinz ist einer der größten Geflügelproduzenten Chinas, hier drängen sich mehr als 700 Millionen Hühner. Doch «dank der korrekten Linie der Kommunistischen Partei Chinas gibt es keine Vogelgrippe in Guangdong», so die dortige Presse – die chinesische Variante von «wir dürfen den Verbraucher nicht verunsichern».

Im Jahr 2003 tauchte dann in Hongkong ein neuer, offensichtlich eingeschleppter H5N1-Subtyp auf, aber die Volksrepublik China blieb bei ihrer Linie: Es gebe keine Vogelgrippefälle in Guangdong, und für alle weiteren Informationen sei «die Propagandaabteilung der Partei» zuständig. Jedem, der über Fälle in China berichtete, drohte eine Anklage wegen Landesverrats. Hinter diesem Vertuschungsversuch steckten wohl nicht nur der alte stalinistische Reflex des Totschweigens unangenehmer Wahrheiten, sondern auch massive ökonomische Interessen. Denn andere asiatische Geflügelproduzenten, allen voran Thailand, verhielten sich nicht anders.[13]

Politik und Wirtschaft: Eine Hand wäscht die andere

Weltweit werden jährlich an die zehn Milliarden Hühner «produziert», und daran ist an vorderster Front das Unternehmen Charoen Pokphand (CP) mit Sitz in Bangkok beteiligt. CP produziert «ab ovo» in einer geschlossenen Kette: von den Brut- und Zuchtanlagen über Tierfutter bis zur Schlachtung und Verarbeitung von Geflügel. Als Ministerpräsident Deng Xiaoping den chinesischen Markt für ausländische Investoren öffnete, erhielt CP die Lizenznummer 001. Das war wie eine Lizenz zum Gelddrucken. Und CP kleckerte nicht, sondern klotzte.

Schmiergelder zur Beziehungspflege strömten nicht nur in den asiatischen Raum, sondern auch gen Westen (so flossen z. B. «Wahlkampfspenden» in Höhe von 250 Millionen Dollar an George W. Bush sen., aber auch Bill Clinton ging nicht leer aus).[13] Das könnte erklären, warum Vogelgrippe-Ausbrüche in Thailand im Herbst 2003 zunächst verschwiegen wurden. Unterdessen arbeiteten die thailändischen Schlachtbetriebe der Geflügel-Megafarmen von CP mit Hochdruck: von 90 000 Hühnern wurde die Tagesleistung auf 130 000 hochgeschraubt – ein Arbeiter dazu: «Es war offensichtlich, dass sie krank waren, ihre Organe waren geschwollen … Im Oktober hörten wir auf, Hühner zu essen.» In China sah es nicht anders aus. Erst als die 2003er Epidemie schließlich nach Südkorea vordrang, informierten die dortigen Behörden die zuständigen internationalen Stellen.[13]

Thailand und China mauerten weiter; hohe CP-Vertreter versicherten unverdrossen, es gäbe keine Vogelgrippe in Thailand, und spielten auf Zeit, um sämtliche Spuren der Infektion zu verwischen. Erst als mehrere Menschen, die intensiv mit den erkrankten Hühnern Kontakt hatten, an H5N1 erkrankten, ließ sich die Infektion der thailändischen Geflügelbestände nicht länger leugnen. Die EU und Japan verhängten daraufhin (im Gegensatz zu den USA) sofort ein Importverbot für thailändisches Geflügel.

Thailands Regierung reagierte auf die Epidemie mit der Forderung, die «rückständige Freiland-Hühnerhaltung», wie sie fast alle Kleinbauern betrieben, einzustellen, und entschied, nur diejenigen für ihre toten Hühner zu entschädigen, die ihre «Fleischware» in modernen Aufzuchtanlagen produzierten.[13] Durch seine Lobbyarbeit gewann CP daher nicht nur Zeit, um seine Bestände notzuschlachten und noch vor offizieller Bekanntgabe der Infektion zu exportieren, sondern nutzte die Krise offenbar gleichzeitig, um sich lästige «Hinterhofproduzenten» vom Hals zu schaffen. So stiegen die CP-Aktien nach einem kurzen Einbruch denn auch rasch auf ein neues Hoch.

H5N1 – der Name ist Programm

«Vogelgrippe» steht für eine Erkrankung bei Vögeln, die von Influenzaviren hervorgerufen wird. Veterinäre sprechen beim Hausgeflügel von der Geflügelpest. Sie forderte vor allem Anfang des 20. Jahrhunderts hohe Verluste in den Geflügelbeständen Europas. Bei wildlebenden Vögeln ist sie bis heute mit knapp 150 virulenten Grippestämmen weit verbreitet.[19] Die Medien meinen mit dem Schlagwort «Vogelgrippe» meist den Virus-Subtyp Influenza A/H5N1. Hinter diesem Buchstaben- und Zahlenkürzel versteckt sich ein nur 0,1 millionstel Meter großes Virus, dessen Erbinformation in RNA (statt wie üblich in DNA) gespeichert ist. Seine Oberfläche ist mit «Proteinstacheln» aus Hämagglutinin-Molekülen und Neuraminidase-Enzymen besetzt. Die Hämagglutinin-Moleküle – auf sie geht das H im Namen zurück – wirken wie Dietriche, die die Wirtszelle aufknacken. So kann das parasitische Genom eindringen und die DNA des Wirtes dazu bringen, neue Viren zu produzieren. Diese knospen wie Stecknadeln aus der Hülle der befallenen Zelle, werden von dem vireneigenen Enzym Neuraminidase – sie liefert das N – «abgezwickt» und können dann weitere Zellen infizieren. Wird dieses Enzym gehemmt, kommen die neugebildeten Viren nicht frei, und das Virus kann sich nicht vermehren.

Um die verschiedenen Subtypen zu bezeichnen, wurde die Formel HxNy entwickelt. Diese unterscheiden sich nicht nur in ihrer Spezifität für bestimmte Wirte und Wirtszellen – für eine Entendarmzelle ist ein anderer H-«Dietrich» nötig als für eine menschliche Atemwegszelle –, sondern auch in ihrer Fähigkeit, durch eine hohe N-Aktivität rasch neue Zellen zu infizieren. Diese Fähigkeiten könnte das Virus im Prinzip durch Mutationen erlangen oder dadurch, dass es genetisches Material mit einem menschlichen Influenzavirus austauscht.

Lizenz zum Gelddrucken

Was die Aktienkurse betraf, so stand *ein* Profiteur der Vogelgrippe von vornherein fest: das Schweizer Pharmaunternehmen La Roche, Alleinhersteller des Grippemittels Tamiflu (Oseltamivir). Während man in Asien durch Stillschweigen die Umsätze der Geflügelindustrie zu retten versuchte, schürte man im Westen die Angst der Menschen vor dem Grippetod. Die Ankündigung von Präsident George W. Bush, für 1,4 Milliarden US-Dollar Tamiflu einzukaufen, wirkte wie eine Vitaminspritze für das Präparat, dessen Absatz zuvor arg geschwächelt hatte: Der globale Umsatz des Mittels verdreieinhalbfachte sich 2005 gegenüber dem Vorjahr.

Dass aus dem lahmen Gaul praktisch über Nacht ein Goldesel geworden war, dürfte wiederum den damals amtierenden US-Verteidigungsminister Donald Rumsfeld gefreut haben, der bis 2001 im Aufsichtsrat von Gilead saß und auch zu den Hochzeiten der Vogelgrippe zu den Hauptaktionären des Unternehmens gehörte. Von Gilead nämlich hatte HoffRoche 1996 die Lizenz zur Herstellung von Tamiflu erworben, wofür es vertragsgemäß zehn Prozent seiner Tantiemen an den Biotechnologiekonzern abführen musste. Im Aufsichtsrat von Gilead war Rumsfeld keineswegs allein, denn damals saßen dort auch der frühere US-Staatssekretär George Shultz, der Bush-Wahlberater Etienne Davignon sowie mehrere Mitglieder des Verteidigungsausschusses – eigentlich hätte man die Kabinettssitzungen gleich im Sitzungsraum von Gilead abhalten können.[3, 13, 16, 18]

Aber nicht nur die USA horteten Tamiflu in Milliardenwert, auch die deutsche Bundesregierung orderte nach den ersten Antikörper-Nachweisen in Deutschland im Frühjahr 2006 das Präparat in großem Stil. Und während auf der einen Seite in den Medien laut darüber geklagt wurde, dass nicht genügend Tamiflu für alle da sei, gaben Journalisten und Politiker auf der anderen Seite zu, «privat vorgesorgt» zu haben, sprich, das verschreibungspflichtige Tamiflu im Kühlschrank zu bunkern.[25] Wie meinte doch Napoleon, das Oberschwein in Orwells ‹Farm der Tiere›, so richtig: «Alle Tiere sind gleich, aber manche sind gleicher.»

Während die mediale Empörung über die putative Versorgungslücke der Bevölkerung mit Tamiflu groß war, kümmerte sich kaum ein Journalist um die Frage, wie es eigentlich um die Wirksamkeit des so begehrten Grippemittels bestellt war. Dabei hätte schon ein Blick auf die Internetseite von La Roche genügt: Danach kann Tamiflu die Krankheitsdauer einer «normalen» Virusgrippe lediglich um durchschnittlich 1,3 Tage abkürzen. Bei einer Grippe, deren «Ende» wohl kaum jemand auf einen Tag genau angeben kann, ein höchst fragwürdiger Therapieerfolg. Und damit nicht genug: Kurz darauf wiesen MedWatch (Informationsdienst der US-amerikanischen Gesundheitsbehörde FDA) und die Roche Laboratories Inc. die Ärzteschaft auf potenzielle neuropsychiatrische Risiken hin. Danach besteht besonders für Kinder und Jugendliche bei Tamiflu-Einnahme eine erhöhte Gefahr von Selbstverletzungen bis hin zum Suizid.[28]

Dass Tamiflu weitgehend wirkungslos und unter Umständen schlimmere Symptome als die Krankheit hervorrufen kann, gegen die es eingesetzt wird, war jedoch weder für Gesundheitspolitiker noch Medien ein Thema; die Öffentlichkeit erfuhr nichts darüber.

Zugvögeleien

Ebenso umstritten wie die Wirksamkeit von Tamiflu ist in der Fachwelt der Ursprung der Vogelgrippe. Verfolgte man die Berichte in den Medien, so drängte sich der Eindruck auf, alle offiziellen Stellen seien sich einig, dass Zugvögel aus Asien für die Vogelgrippe auf Rügen verantwortlich sind. Die sogenannte Zugvogelhypothese des Friedrich-Loeffler-Instituts ist von verblüffender Schlichtheit.[21] Schon die meisten Grundschulkinder wissen, dass Zugvögel in der Regel nicht von Ost nach West fliegen und ganz bestimmt nicht von Thailand nach Deutschland. Und sie wissen auch, dass Zugvögel für ihre Wanderungen nicht den tiefsten Winter wählen.

Wer ernsthaft behauptet, todkrankes Federvieh hätte seine angestammte Heimat verlassen, um im Januar um den halben Globus ins unwirtliche Rügen zu jetten und, dort angekommen, mit den Schwänen zu kuscheln, bis sie die Seuche bekommen, dem dürfte auch der Glauben an Osterhasen und Wolpertinger nicht fremd sein. Auffällig ist hingegen, dass eine Ausbreitungslinie der Vogelgrippe erstaunlich genau dem Verlauf der Transsibirischen Eisenbahn folgte. Demnach wäre die Ausbreitung durch den Transport von Nutzgeflügel entlang der Schienen erfolgt, also durch eine ganz andere Art von «Zugvögeln».

Und in Deutschland? Die berühmten Höckerschwäne, in denen das Friedrich-Loeffler-Institut am 15. Februar 2006 H5N1 nachgewiesen hatte, sind Standortvögel. Wie sie sich angesteckt haben sollen, ist schleierhaft. Oder vielleicht doch nicht? Im Institut auf der Nachbarinsel Riems «experimentiert man seit Jahrzehnten mit Tierviren herum, was der Insel zu DDR-Zeiten den Spitznamen ‹Seucheninsel› eingebrockt hat», berichtet der Fernsehjournalist Thomas Hein, der auch fürs ZDF tätig ist. «Hier befindet sich auch – inmitten eines Vogelschutzgebietes –, für die Öffentlichkeit aus gutem Grund unzugänglich und nur wenige Kilometer von der Insel Rügen entfernt, die größte Virengiftküche Deutschlands sowie ein Produktionsbetrieb für Tierimpfstoffe!»[17]

Im Tal der Ahnungslosen

Es mangelt in Deutschland nicht an erfahrenen und unabhängigen Journalisten. Doch ihre Expertise ist immer dann nicht mehr gefragt, wenn es darum geht, Propaganda zu verbreiten – in Fragen der Ernährung funktioniert die Selbstkontrolle der Medien im vereinten Deutschland besser als früher in der DDR. Da gab es die korrekten Infos wenigstens noch zwischen den Zeilen. Gegen die Masse des Infomülls in Medien und Internet hat der Einzelne kaum eine Chance. Hein und Kollegen mussten die Ergebnisse ihrer Recherchen anderweitig veröffentlichen.[17]

Hein: «Erschreckend war es für mich, dass es über die Massenmedien möglich ist, die Bewohner einer gesamten Insel für dumm zu verkaufen und dem Rest der Bevölkerung zu vermitteln, es hätte auf der Insel Rügen ein nie da gewesenes Massensterben stattgefunden. Redakteure aller großen Fernsehsender, Tageszeitungen und Zeitschriften waren vor Ort und hätten sich mittels einer einzigen Frage bei Anwohnern, Naturschützern oder Vogelkundlern informieren können.»

Das Friedrich-Loeffler-Institut experimentierte, wie es sein Auftrag ist, mit Impfstoffen, unter anderem mit dem Subtyp H5N1. Für eine vermurkste Impfaktion gäbe es sogar einen historischen Präzedenzfall: Da Doktor Loefflers Untersuchungen der Maul- und Klauenseuche um 1900 mehrfach zum Ausbruch der Seuche in der Nähe von Greifswald geführt hatten, musste er

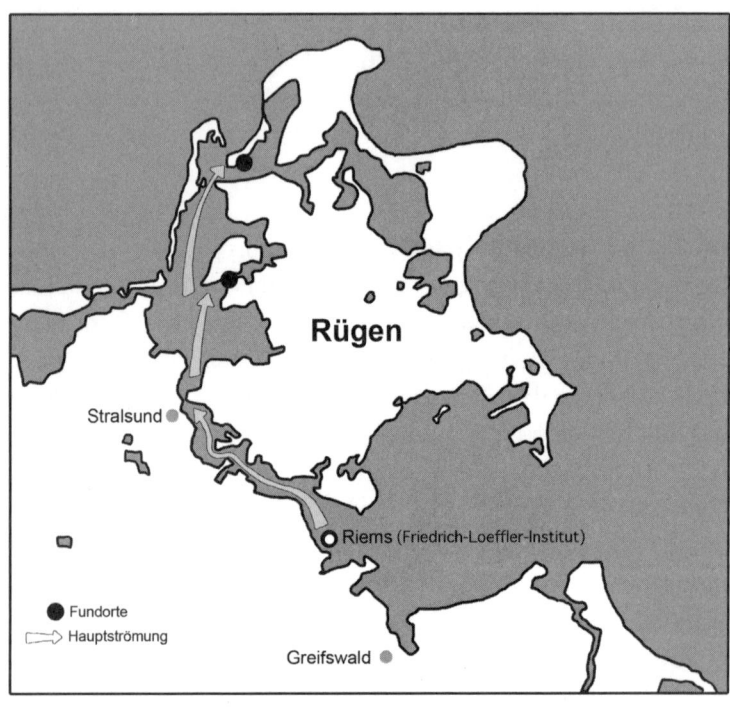

Fundorte und Strömungsverhältnisse in Bezug auf an Vogelgrippe
erkrankten Schwänen im Februar 2006. Nach: Zentralverband
Europäischer Laufentenhalter, in: Mehr wissen, besser leben.
Michael Kentz Depesche für Zustandsverbesserer 05/28.2.2006.
Zeichnung: Karl-Ludwig Leiter

mit seinem Institut auf die Insel Riems umziehen. Auch andernorts sorgt die Impfstoffentwicklung für Aufregung: Nach einem
Bericht des *New Scientist* hat sich in Asien eine neue, für Geflügel besonders virulente Variante des H5N1-Virus entwickelt –
gefördert, so vermuten Forscher, durch eine nicht sachgemäß
durchgeführte Impfaktion.[20]

Die Tatsache, dass ein Tier oder Mensch Antikörper gegen ein Virus aufweist, heißt nicht, dass es oder er an dem Virus ernsthaft erkrankt oder gestorben ist. Es heißt nur, dass irgendwann einmal Kontakt zum Erreger bestanden hat. Die allermeisten dieser «Kontakte» verlaufen symptomlos. Deshalb besagen die Antikörper gegen den Erreger H5N1 in den toten Schwänen auf Rügen zunächst nichts über die Todesursache. Aber woran starben die Schwäne tatsächlich? Im Winter sterben nun einmal viele Vögel; viele Singvögel werden nicht älter als wenige Jahre. Die üblichen Todesursachen sind Kälte, Hunger und Parasiten.

Selbst wenn die neue Vogelgrippe für Schwäne tödlich gewesen wäre, wäre sie insgesamt dennoch bedeutungslos: Bei den vom Landesamt für Landwirtschaft, Lebensmittelsicherheit und Fischerei und vom Friedrich-Loeffler-Institut getesteten 8244 toten Vögeln wurden lediglich in 194 Fällen Antikörper gegen H5N1 nachgewiesen, also bei gut zwei Prozent.[24] Von diesen 194 positiv getesteten toten Vögeln stammen übrigens 158, also über 80 Prozent, von der Insel Rügen, die meeresströmungstechnisch direkt hinter der Insel Riems liegt … Dieses Vogelgrippevirus war also, epidemiologisch gesehen, für Wildvögel nicht besonders gefährlich. Und noch weniger gefährlich war es offenbar für Menschen (s. u.).

Verdächtige Federbetten

Die Tatsache, dass sporadisch H5N1-Antikörper beim Menschen gefunden werden, bestätigt die längst bekannte Erfahrung, dass die Erreger der Vogelgrippe ein großes Reservoir haben, in dem sie überleben und gelegentlich auch Säugetiere einschließlich des Menschen erreichen.[26, 27, 30] Doch viele verunsicherte Menschen verzichteten nicht nur auf Brathähnchen und Putenbrust, sondern ließen sich zudem mit einem unsicheren Impfstoff gegen eine in der Regel harmlose Infektion impfen. Es kam so weit, dass aufgeregte Anrufer wissen wollten, ob man sich an seinen Federbetten infizieren könne, und andere in ihrer Panik sogar die Schwäne auf der Alster totschlugen.

Weltweit gab es nach Angaben der WHO bisher 322 Todesfälle durch das Vogelgrippevirus (Stand: April 2011)[28], eine Zahl, die, so bedauerlich sie auch ist, sicherlich nicht rechtfertigt, von einer die Menschheit bedrohenden Seuche zu sprechen. Mittlerweile lässt sich der Erreger nicht einmal mehr in der Vogelwelt blicken: An der Universität Heidelberg wurden zwischen 2006 und Mitte 2010 rund 4000 Wildvögel verschiedener Arten untersucht, ohne H5N1 zu finden.[31]

Aber vielleicht lag es ja nur daran, dass sich die Tierwelt durch die bereitwillige Einnahme von Grippemitteln selbst schützen kann: Wie sich herausgestellt hat, gelangen Oseltamivir (Tamiflu) und sein Metabolit, ein Carboxylat, trotz Kläranlagen unverändert in die Gewässer. Und während die Ruhr und das Hessische Ried nur mäßig belastet sind, sind die Mengen im Rhein so hoch, dass sie nur durch Produktionsabwässer zu erklären sind (an den Messgeräten wurden bis zu 1,8 kg pro Tag registriert). Also bei der nächsten Grippeepidemie einfach ein leckereres Tässchen Rheinwasser schlürfen![22]

Déjà-vu: Die Schweinegrippe

Kaum hatte das für die Vogelgrippe gebunkerte Grippemittel das Verfallsdatum erreicht, wurde eine neue Sau durchs Dorf getrieben: Nun bedrohte das Schweingrippevirus H1N1 Leib und Leben. Dabei handelte es sich eigentlich um einen alten Bekannten, denn H1N1 zirkulierte bereits zwischen 1918 und

1957 in der menschlichen Bevölkerung, um anschließend für 20 Jahre zu verschwinden und 1977 als «russische Grippe» wiederaufzutauchen. Fachleute vermuten, dass das Virus diese Zeit im Tiefkühlschlaf überdauert hat und dann durch einen Laborunfall (kommt Ihnen das nicht bekannt vor?) ein fröhliches Erwachen feierte.[26, 32]

Die 2009 in Nordamerika (Mexiko, USA, Kanada) aufgetretene H1N1-Variante erhielt den offiziellen Titel S-OIV (für *swine-origin influenza virus*)[32], und als sei nichts geschehen, spulte man dasselbe Muster ab wie bei der Vogelgrippe, nur diesmal eine Nummer größer, professioneller, skrupelloser. War die Vogelgrippe 2006 nach Definition der Weltgesundheitsorganisation WHO wegen der wenigen Todesopfer nur eine schnöde Epidemie gewesen, so rief das Gremium diesmal gleich eine Pandemie aus – eine die Menschheit bedrohende Seuche.

Möglich wurde dieses Upgrading zur Pandemie, weil der Passus «eine sehr große Zahl von Toten und Kranken» klammheimlich aus der Definition einer Pandemie gestrichen worden war. Zu der Expertengruppe, die die WHO zum Thema Schweinegrippe beriet, gehörten wohl nicht ganz zufällig Vertreter der beiden Impfstoffhersteller Novartis und GlaxoSmithKline (GSK). Unterstützung erhielten sie vom Berater der britischen Regierung, Sir Roy Anderson, der bereits wenige Tage nach den ersten Schweinegrippefällen eindringlich vor einer Pandemie warnte, gegen die man sich jedoch zum Glück mit «zwei effektiven antiviralen Mitteln» (Relenza und Pandemrix) schützen könne.

Der Produzent dieser besagten Mittel ist GlaxoSmithKline, dem die Lobbytätigkeit des adligen Gentlemans jährlich immerhin umgerechnet 136 000 Euro wert ist, was dieser vor der Presse jedoch unter den Tisch fallen ließ. So viel Vorarbeit an höchster Stelle dankten die Kurse von Pharmaaktien denn auch mit einem raketenhaften Höhenflug. So stieg allein der Umsatz von Novartis im 1. Quartal 2010 durch die Verkäufe des Grippeimpfstoffes um satte 1,1 Milliarden Dollar.[2, 8]

Lasst Zahlen sprechen

Die Pandemie wurde von der WHO am 11. Juni 2009 ausgerufen und am 10. August 2010 für beendet erklärt. Nach WHO-Angaben starben während der Pandemie mehr als 18 400 Menschen an den Folgen der neuen Grippe.[29] Die Zahl ist schon allein deshalb unglaubwürdig, weil der Schnelltest auf das Virus reichlich unzuverlässig ist. In Deutschland sollen es 258 Menschen gewesen sein, davon allerdings viele mit Vorerkrankungen – also Kranke, die mehr oder weniger zufällig auch Antikörper gegen das Virus aufwiesen. Wenn solche Patienten im Krankenhaus versterben, dann werden in der Statistik aus Krebstoten, Simsalabim, auf einmal Grippetote. Das verbessert nebenbei die Krebsstatistik des jeweiligen Krankenhauses.

Besonders betroffen sollen kleine Kinder gewesen sein. Eine Analyse der Todesursachen von Schweinegrippeopfern in US-amerikanischen Krankenhäusern wirkt da ziemlich ernüchternd. Denn die Kinder waren offenbar gar nicht an der Schweinegrippe gestorben, sondern an Infektionen mit *Haemophilus*, Streptokokken und Staphylokokken – namentlich am Hospitalismuskeim MRSA. Viele hatten sich offenbar erst im Krankenhaus die tödlichen Keime eingefangen – und wurden aber aus Gründen der Haftung den Eltern als Opfer der Schweinegrippe dargestellt.[23] Um das Gesicht nicht zu verlieren, heißt es nun, dass erst das Zusammenwirken von Schweinegrippe mit den MRSA die Todesfälle verursacht hätte.

So hält man das Geschäft am Laufen. Verstorbene Patienten

mit Vorerkrankungen, bei denen das H1N1-Virus nachgewiesen wurde, werden als «Schweinegrippeopfer» gezählt, während der Tod von vorerkrankten Patienten, der in engem zeitlichen Zusammenhang mit der Impfung steht, regelmäßig auf die Vorerkrankung zurückgeführt wird. Damit lässt sich die Nutzen-Schaden-Abwägung bei einer Entscheidung für oder gegen eine Impfung problemlos in die gewünschte Richtung manipulieren.[7]

Dabei hatte bereits 1976 die Schweinegrippeimpfung in den USA Hunderte von Todesopfern gefordert. Damals hatten sich nach einem beschwörenden Aufruf der US-Regierung Millionen Amerikaner impfen lassen, obwohl der Impfstoff entgegen offiziellen Zusagen nicht ausreichend getestet war. Die Grippeepidemie fand dann doch nicht statt. Zusätzlich zu den Todesfällen blieben bei ca. 4000 Menschen schwere, vorwiegend neurologische Schäden zurück (z.B. Guillain-Barré-Syndrom, eine Krankheit etwa vergleichbar der Kinderlähmung). Das führte zu Schadensersatzforderungen in Höhe von 3,5 Milliarden Dollar.[15]

Aktuell wird Europa im zeitlichen Zusammenhang mit einer Pandemrix-Impfung gehäuft über Fälle von Narkolepsie (einer Schlaf-Wach-Störung) bei Kindern und Jugendlichen berichtet.[5] Doch auch wenn sich ein Kausalzusammenhang herausstellen sollte, können die Opfer kaum auf Schadensersatz hoffen (s.u.).

Im Dunkeln ist gut munkeln

Trotz dieser Erfahrungen wurden in Deutschland (im Gegensatz zu den USA) Impfstoffe mit neuartigem Wirkstoffverstärker (wie Pandemrix von GSK und Focetria von Novartis) eingesetzt. Wirkstoffverstärker oder Adjuvanzien sind Stoffe, die dem Immunsystem des Körpers Beine machen – weil sie beispielsweise giftig sind oder einen Angriff durch Erreger vortäuschen.

Typische Adjuvanzien sind Quecksilber (Thiomersal), Aluminium (Aluminiumtrichlorid) oder Squalen – nicht unbedingt Stoffe, die der Patient in Impfstoffen erwarten würde. Im Folgenden ergab sich die groteske Situation, dass gerade Schwangeren dringend zur Massenimpfung geraten wurde, obgleich der Impfstoff «aus ethischen Gründen» an ihnen nicht getestet werden durfte. Um wenigstens den Hersteller vor Risiken zu schützen, ließ sich GSK von den Abnehmern vertraglich eine weitgehende Haftungsfreistellung zusichern. Die Sache mit den 3,5 Milliarden war also nicht vergessen.

Der Deal war offenbar so brisant, dass über die Verträge zur Lieferung von Pandemrix zwischen Bund, Ländern und Hersteller Geheimhaltung vereinbart wurde. Zumindest so lange, bis *das arznei-telegramm*, ein unabhängiger Informationsdienst für Ärzte und Apotheker, sie in die Hände bekam und ins Internet stellte.[6] Patienten, die Impfschäden erleiden, haben danach kaum Chancen, Schadensersatzforderungen gegenüber dem Hersteller durchzusetzen – ein Skandal, ein großes Medienthema? Fehlanzeige.[9] Beabsichtigt war übrigens, Bundeswehrangehörige und Politiker mit Celvapan (Firma Baxter) zu impfen, das keinen Wirkstoffverstärker enthält.[1] Wie war das doch? … Manche sind eben gleicher.

Außer Spesen nichts gewesen?

Fassen wir zusammen: Nach der nicht eingetretenen Vogelgrippeepidemie hat die Weltgesundheitsorganisation 1999 mit Hilfe von Pharmaunternehmen den Begriff «Pandemie» so umformuliert, dass die Schweinegrippe ins Raster passte. Und damit niemand auf dumme Gedanken kommt, «vergaß» die WHO, die Interessenkonflikte ihrer Berater zu veröffentlichen, obwohl ihre eigenen Richtlinien dies ausdrücklich vorsehen. Diese Pandemiewarnung und die damit einhergehende Hofberichterstattung der Medien waren gleichbedeutend mit einer milliardenschweren Konjunkturspritze für die Pharmaindustrie. Die in Deutschland verwendeten Impfstoffe waren ungenügend getestet, schlecht verträglich und teuer; eine Haftung der Hersteller für Impfschäden wurde weitgehend ausgeschlossen, saubere Statistiken wurden nicht geführt.

Der Bürger wird gleich mehrfach zur Kasse gebeten: Zu Steuern und Krankenkassenbeiträgen kommt noch ein hübsches Sümmchen für Lagerung und schließlich Entsorgung des Impfstoffs. Im August 2011 berichtete die *Süddeutsche Zeitung*, dass das Verfallsdatum des Schweinegrippe-Impfstoffs Pandemrix erreicht sei und nun nicht abgerufene Vorräte im Wert von mehreren hundert Millionen Euro entsorgt würden. Dazu kommen die zwar abgerufenen, aber nicht benutzten Ampullen. Fast die gesamten Bestände gingen in Flammen auf. Nur 6 Prozent des «gemeinen Volkes» und 13 Prozent der Ärzteschaft hatten sich impfen lassen.[10]

Es wirkt wie eine Episode aus abergläubischen, mittelalterlichen Zeiten: Die Angst vor einer unsichtbaren Bedrohung und die Hoffnung auf eine magische Handlung (Impfung) sorgen dafür, dass sich Menschen ohne Murren unsichere Arzneimittel spritzen lassen. Im Unterschied zum Mittelalter wird die neue «Heilsbotschaft» nicht mehr von der Kanzel gepredigt, sondern vom Fernsehen und neuerdings per Internet verbreitet. Ein solches Vorgehen erfordert allerdings neue Sozialtechniken. Die psychologischen und medialen Grundlagen für derartige Kampagnen ließ die *Bundeszentrale für gesundheitliche Aufklärung* erarbeiten.

Wir zitieren aus den Schlussfolgerungen der Studie «Prävention durch Angst? Stand der Furchtappellforschung»: «Furchtappelle haben in jedem Fall ihre Bedeutung und Berechtigung in der gesundheitlichen Aufklärung und Prävention. ... Der Einsatz von Furchtappellen in präventiven Kampagnen ist sinnvoll. Durch Furchtappelle können Einstellungsänderungen erzeugt werden, die sich in kognitiven, affektiven und verhaltensbezogenen Reaktionen manifestieren. In zahlreichen experimentellen Arbeiten konnten positive Effekte von Furchtappellen auf gesundheitsbezogene Einstellungen nachgewiesen werden.»[11] Und nicht zu vergessen: «Die im Rahmen einer Maßnahme zur Gesundheitsaufklärung formulierten Botschaften können beim Empfänger stets den Charakter eines Furchtappells annehmen.»[11] Na also – *Mission accomplished*!

Furchtappelle bewirken vor allem eins: Sie lösen Angst aus. Wer Angst hat, kann nicht mehr logisch denken. Er wird das tun und vor allem kaufen, was seine Angst mindert. Das meint der von der Behörde apostrophierte «positive» Effekt. Ob die ständige Angst um die Gesundheit ebendieser nützt, sei dahingestellt. Schon der griechische Philosoph Platon betonte, dass die stete Sorge um die eigene Gesundheit pathologisch ist – aber wenn sie schon nichts nützt, so beflügelt sie doch die Geschäfte. Ob sich eine Bevölkerung vor Schnüffeleien des Großen Bruders fürchtet oder von der allgegenwärtigen Gesundheitsaufklärung in Angst und Schrecken versetzt wird – stets kommt es zu einer Einschränkung von Lebensqualität und Freiheit. Eine schöne neue Vorsorgewelt von der Wiege bis zur Bahre – wollen wir das wirklich?

Kurz gesagt ...

lässt die Tatsache, dass sich nur ein derart kleiner Teil des «gemeinen Volkes» und der Ärzteschaft hat impfen lassen, erkennen, dass uns der gesunde Menschenverstand trotz aller «Furchtappelle» im Fernsehen, im Internet und in den Tageszeitungen noch nicht abhandengekommen ist. Fakt ist: Schweine können an Schweinegrippe erkranken – Menschen erkranken in der weit überwiegenden Zahl der Fälle an Menschengrippe.

Die wichtigste Maßnahme, um die Entstehung neuer virulenter Erregerstämme zu verhindern, ist die Trennung der Geflügel- von der Schweinehaltung. Denn erst diese Form der Tierhaltung ermöglicht den Austausch der Virulenzfaktoren zwischen den verschiedenen Virustypen. Dabei kann sich durchaus ein bedrohlicher Erreger entwickeln. Wer jedoch mit der berechtigten Angst davor dubiosen Impfstoffen das Wort redet, um unser ausuferndes Gesundheitssystem auszuplündern, bewirkt nur, dass die Öffentlichkeit im Falle einer echten Pandemie nicht mehr bereit ist, begründete Warnungen ernst zu nehmen.

4 Nadel oder Keule?
Die Impfkatastrophe bei der Maul- und Klauenseuche

«Aufgrund eines erfolgreichen Impfprogramms, das nach 1989 in Westeuropa zum Erlöschen der [Maul- und Klauenseuche-] Ausbrüche führte», lobt das US-Landwirtschaftsministerium die EU, «ging die Europäische Union 1992 zu einer Nicht-Impf-Politik über.»[15] Europäische Fachleute pflichten dem bei: Nach 1990 konnte man wegen des Erfolgs der Vorsorgeimpfungen endlich auf weitere Impfungen gegen MKS verzichten.[26] Offiziell ließ sich nun ein weiterer Erfolg kluger Vorsorgepolitik feiern. – Bis heute beherrscht diese Lesart die öffentliche Diskussion, doch sie ist frei erfunden. Die Realität sieht anders aus: Die MKS-Impfung lief 1992 in der EU nicht etwa aufgrund des großen Erfolgs aus, sondern wurde aufgrund des wirtschaftlichen Drucks aus den USA verboten. Die Gründe, die die amerikanischen Experten dafür vorbrachten, waren für die Impfländer so blamabel, dass man sie vor der breiten Öffentlichkeit keinesfalls erörtern wollte.

Die Maul- und Klauenseuche gehört zu den ansteckendsten Tierseuchen, die wir kennen, und wurde bereits im 16. Jahrhundert beschrieben. Ihr Erreger wurde 1898 von dem Mediziner Friedrich Loeffler und dem Bakteriologen Paul Frosch entdeckt.[15] Das zu den Picornaviren zählende MKS-Virus gehört auch in der modernen Ära der Veterinärmedizin zu den Erregern, die ein besonders großes Risiko für Nutztiere darstellen.[4] An MKS können Rinder, Schafe, Schweine und Ziegen erkranken. Speichel und Milch, aber auch Lymphe und Fäkalien der Tiere sind infektiös, ebenso die Stallluft, und bei geeigneter Witterung wird das MKS-Virus über weite Strecken mit dem Wind verbreitet.

Die Infektion verläuft bei erwachsenen Tieren nur selten tödlich und heilt normalerweise nach wenigen Wochen aus. Bei Jungtieren kann das Virus jedoch auch den Herzmuskel befallen, die Sterberate kann dann bis zu 70 Prozent betragen. Weil die Tiere wegen der sehr schmerzhaften lymphgefüllten Blasen im Maul, der sogenannten Aphthen, kaum fressen können, verlieren sie stark an Gewicht. Bei Kühen geht die Milchleistung zurück, und es kann zu bakteriellen Sekundärinfektionen kommen. Der wirtschaftliche Schaden ist daher häufig immens. Für den Menschen ist das MKS-Virus kaum infektiös; kommt es dennoch zu einer Ansteckung, so äußert sich dies in Fieber, Übelkeit, Kopfschmerzen und später unter Umständen durch Aphthen im Mund sowie an den Händen und Füßen, die in der Regel problemlos abheilen.

Von der Pflicht ...

In der Vergangenheit war es immer wieder zu großen Seuchenzügen gekommen, etwa in den Jahren 1920/21 und 1937/38. Nach dem Zweiten Weltkrieg wütete das Virus in Deutschland besonders schwer 1951/52, 1962 und 1965, die britischen Viehbestände litten vor allem 1966/67. Damals währte die Nutzungsdauer der Tiere länger, und die Immunität der Tiere hielt entsprechend lange vor.[28] Dennoch kam es Jahr für Jahr auf Tausenden von Höfen zu lokalen Ausbrüchen. Aus diesem Grund wurde 1966 gesetzlich verfügt, jährlich alle Rinder gegen MKS zu impfen. Einige europäische Nachbarländer, wie Belgien, Italien und Frankreich, folgten dem (deutschen) Beispiel, doch die Mehrheit der Staaten entschied sich dagegen.

Mit Einführung der Impfpflicht kam die Seuche keineswegs zum Erliegen, sondern trat sogar gehäuft auf – bis einigen klugen Köpfen die enge zeitliche Korrelation zwischen Impftermin und Ausbruch der Infektion auffiel: Exakt drei Wochen nach der Impfung trat in den Rinderbeständen MKS auf.[31] Zudem war die Zahl von MKS-Ausbrüchen in Ländern, in denen kranke Tiere sofort getötet (gekeult) wurden, deutlich geringer als in Impfländern. Und zu allem Überfluss konnten die meisten Ausbrüche auf die Einschleppung aus einem der impfenden Länder zurückgeführt werden.[31]

Aus diesem Grund untersagten wichtige Abnehmerländer, darunter die USA, die Einfuhr von Fleisch aus impfenden Ländern. Und nicht nur das: Das Risiko einer MKS-Einschleppung als Folge der Impftätigkeit wurde so hoch eingeschätzt, dass die Amerikaner auch den Import aus Ländern verboten, die ihrerseits Fleischwaren aus impfenden Ländern wie Deutschland bezogen. Aus gutem Grund, denn das Virus lässt sich weder durch Austrocknung (luftgetrocknete Ware wie Bündnerfleisch) noch durch Kälte oder hohe Salzkonzentrationen beeindrucken. In Pökelware kann es bis zu 42 Tage lang infektiös bleiben, in Gefrierfleisch sogar 80 Tage.[37] Dieses Handelsverbot bedeutete für die deutsche Fleischwirtschaft hohe finanzielle Verluste.[32]

... zum Verbot

Die meisten MKS-Infektionen von Rindern waren eindeutig das Ergebnis der Impfungen. Der abgeschwächte (attenuierte) Impfstoff enthielt immer noch genügend infektiöse Viren, um die Seuche auszulösen. In Italien lösten die Impfungen 1984 beispielsweise einen landesweiten Seuchenzug aus.[10] Das Problem der «gesunden» Virusüberträger (s. o.) blieb natürlich ebenfalls bestehen. An zweiter Stelle stand das Entkommen von MKS-Viren aus den Anlagen der Impfstoffhersteller.[27, 28] Diese Problematik war eigentlich schon lange bekannt; so musste bereits Friedrich Loeffler (1852–1915) mit Sack und Pack auf die Insel Riems umziehen, weil es im Umland seines Greifswalder Labors immer wieder zu MKS-Ausbrüchen gekommen war.[16]

Erst an letzter Stelle kam die Verfütterung nicht ausreichend erhitzter, infektiöser Speiseabfälle an Schweine[20, 32] – woher diese Erreger stammten, blieb offen. Nach dem Urteil des Friedrich-Loeffler-Instituts – und wer sollte es besser wissen! – war jedenfalls ein Großteil der MKS-Ausbrüche «hausgemacht»![21] Fazit: «In einem seuchenfreien Gebiet ist eine Impfstoffproduktion oder -anwendung die gefährlichste Infektionsquelle.»[30]

Aber das ist nur ein Aspekt des Impfgeschehens. Ein weiterer betrifft den versprochenen Nutzen. War die Impfung denn überhaupt wirksam? Auch damit stand es nicht immer zum Besten: Eine fachgerechte Impfung bot den Rindern keinen vollständigen Schutz, und dieser Teilschutz erlosch – genau wie bei natürlichen MKS-Infektionen – innerhalb weniger Monate. Zudem klagten die Bauern über Totgeburten und schwere Allergien bei ihren Tieren, von denen mehr als 40 Prozent eingingen.[10, 32, 36] Die MKS-Impfung war in jeder Hinsicht ein Schuss in den Ofen. Ohne den wirtschaftlichen Druck der Amerikaner wären diese Zusammenhänge wohl niemals aufgedeckt worden.

Wer diesen Hintergrund kennt, wird die öffentliche Diskussion beim letzten MKS-Ausbruch im Jahr 2001 in einem ganz anderen Licht sehen. Natürlich ist das blanke Entsetzen der Bürger über die von der EU geforderte Keulung der Tiere, statt einer Impfung, leicht nachvollziehbar – umso mehr, wenn man die skandalösen Umstände betrachtet, unter denen in England die Keulungen im Jahr 2001 durchgeführt wurden (siehe Seite 67 ff.). Doch die EU hatte für ihr Handeln gute Gründe – Gründe, die der Öffentlichkeit wohlweislich verschwiegen wurden.

Die Vertuschungspolitik von Ministerien und Medien nahm der MKS-Experte Karl Strohmaier zum Anlass, 2001 in einem offenen Brief[33] an die damalige Landwirtschaftsministerin von Nordrhein-Westfalen, Bärbel Höhn (Die Grünen), wie seine englischen Kollegen[18] die «überwiegend ohne Sachkenntnis» geführte öffentliche Diskussion zu geißeln. Er resümierte nochmals die Fakten, die auch den Fachleuten im Landwirtschaftsministerium längst bekannt waren: Es gab nur einen unvollständigen und kurzfristigen Impfschutz für Rinder und dadurch die Notwendigkeit von teuren Zweitimpfungen, dazu ein ständiges Infektionsreservoir bei Schweinen, für die gar kein Impfstoff existierte. Und auch bei einer Impfung hätte im Falle eines Ausbruchs auf Keulungen nicht verzichtet werden können, weil Milch und Fleisch der geimpften Tiere unverkäuflich gewesen wären – einfach deshalb, weil keine Möglichkeit bestand, erkrankte und geimpfte Rinder analytisch voneinander zu unterscheiden.

Damit nicht genug: Schweine oder Schafe wurden nicht geimpft, weil es für sie keinen passenden Impfstoff gab und auch die Kosten viel zu hoch gewesen wären, denn das Impfen kleinerer Tiere ist genauso arbeitsaufwendig wie bei Großvieh, ihr Wert jedoch viel geringer. Solange das Virus jedoch von Schweinen weitergegeben werden kann, ist der Nutzen des Impfens von Rindern fragwürdig. Nach eingehender Beratung und Kosten-Nutzen-Analyse kam die EG-Kommission damals zu dem einzig vernünftigen Schluss, «daß die Gemeinschaft zur Erreichung der Ziele des Binnenmarktes auf die Nichtimpfpolitik umstellen muß».[31]

Im Jahr 1991 erließ die EG-Kommission im Zuge der europäischen Harmonisierung das Impfverbot gegen MKS, das bis heute

DIE APOKALYPTISCHEN REITER   (SEHR FREI NACH A. DÜRER)

Karikatur: Horst Haitzinger

gilt; erlaubt sind unter bestimmten Bedingungen lediglich Not-
impfungen rund um den Seuchenherd, in der Hoffnung, damit
zumindest einen kurzfristigen Impfschutz zu erzielen, der eine
weitere Ausbreitung verhindert.[34] Doch auch diese Maßnahmen
führen nicht immer zum Ziel: Die Niederlande entschieden sich
2001 für eine Notimpfung zur Eindämmung der Seuche, nach der
jedoch alle 200 000 geimpften Tiere gekeult werden mussten.[7, 15]

Die üblichen Verdächtigen

Der Paradigmenwechsel zum Verzicht auf die Impfungen hatte
viele erbitterte Gegner. Selbstredend plädierte die Pharmaindustrie vehement für die Beibehaltung der Impfpflicht. Ebenso
die Tierärzte, in deren Taschen rund zwei Drittel der gesamten
Impfkosten flossen, die ihnen ein erkleckliches Zubrot sicherten –

kein Wunder, dass die Mitgliederversammlung bayerischer Tierärzte noch zwei Jahre nach dem Impfverbot in einer Resolution heftig dagegen protestierte. Und die Veterinärämter konnten bei jedem Ausbruch darauf verweisen, dass doch alles getan worden sei, um den Schaden in Grenzen zu halten. Dass die Impfung die Seuche eher auslöste, als sie zu verhindern, wurde nicht thematisiert.[32]

Auch internationale Organe wie die Welternährungsorganisation FAO sprachen sich zunächst für die Beibehaltung der Impfstrategie aus, saßen doch in ihren Reihen Vertreter aus Regierung und Wissenschaft, die am Aufbau der Impfpolitik mitgearbeitet hatten, und selbstverständlich auch Vertreter der Impfstoffindustrie (erinnert das nicht fatal an die so erfolgreiche Lobbyarbeit bei der Schweinegrippe?). Deutschland war denn auch das letzte EG-Land, das die Richtlinien zum MKS-Impfverbot umsetzte, hatten sich die Abgeordneten doch zunächst von Sachverständigen informieren lassen, die selbst an MKS-Impfstoffpatenten mitgearbeitet hatten.[32]

Während in der Fachpresse über die verheerenden Folgen der MKS-Impfung berichtet wurde, blieben die Publikumsmedien seltsam stumm. So gut wie nichts über die Risiken des Impfstoffs und seiner Herstellung drang an die Öffentlichkeit. Als die MKS-Problematik durch den Ausbruch in England 2001 bei uns wieder aktuell wurde, war es daher kein Wunder, dass die deutsche Öffentlichkeit, vor die Alternative «Impfen oder Töten» gestellt, fürs Impfen plädierte. Und dass Politiker wider besseres Wissen erwogen, diesem Wunsch zu folgen.

Eine Impfung hätte, so Strohmaier, eine reine «Alibifunktion».[33] Selbst Thomas Mettenleiter, der Leiter des Friedrich-Loeffler-Instituts, an dem das erste MKS-Vakzin entwickelt worden war, pflichtete dem bei und erklärte: «Impfung löst das

Problem nicht, Impfung deckt es zu.»[21] Doch weder reagierte die Politik auf Strohmaiers Brief, noch hakten die Medien nach. «Krank durch Impfen» war kein Thema – sonst wären womöglich auch noch andere Impfungen kritisch hinterfragt worden. Das Vertrauen in die Impfmedizin wäre in ihren Grundfesten erschüttert worden.

Lizenz zum Töten: Der Griff zur Keule

Das Keulen zur Bekämpfung der MKS im Jahr 2001 in England (die sogenannte *Stamping-out*-Politik) war eine veterinärpolitische Strategie ohne Beispiel: getötet wurden insgesamt 5,5 Millionen Schafe, rund 760 000 Rinder und 430 000 Schweine, also insgesamt mehr als 6 Millionen Tiere.[7] Dazu kamen rund drei bis vier Millionen ungeborene bzw. neugeborene Lämmer, denn der MKS-Ausbruch fiel in die Hauptlammzeit. Tag für Tag wurden 100 000 Tiere (!) getötet, und die Scheiterhaufen zur Verbrennung der Kadaver loderten tage- und nächtelang.[7, 18] Der gesamtwirtschaftliche Schaden betrug rund 13 Milliarden Euro.[2]

Laut Gesetz hätten die Tötungen unter tierärztlicher Aufsicht und von Fachpersonal durchgeführt werden müssen, doch seit dem letzten MKS-Ausbruch 1967/68 war die Zahl der staatlichen Tierärzte in Großbritannien um mehr als die Hälfte reduziert worden. So kam es, dass ein Tierarzt gleichzeitig die Tötungen an zehn verschiedenen Orten beaufsichtigen sollte.[7] Nicht einmal die bitteren Erfahrungen mit BSE hatten die Politik zur Vernunft gebracht.

Zudem wurde das häufig nicht fachkundige Personal, das die Tiere mit Bolzenschüssen, Gewehrkugeln und Injektionen tötete, nicht etwa nach Stunden, sondern nach Stück bezahlt.[7] Das Arbeiten im Akkord führte dazu, dass Rinder durch den Bolzenschuss zunächst nur betäubt wurden und sich anschließend wieder aufrappelten – Ausblutenlassen war keine Option, weil das MKS-Virus mit dem Blut weitergegeben werden kann. Das Durchtrennen des Rückenmarks (*pithing*), das früher üblich war, durfte wegen der BSE-Gefahr nicht mehr angewandt werden. In diesem Fall galt das Verbot des *pithing* nicht, weil die Tiere ja gerade nicht verzehrt werden sollten, doch wer wusste das schon so genau?[7] Schafe wurden im Freien nur angeschossen und entkamen zunächst verwundet, die Tiere gerieten in Panik, hochträchtige Mutterschafe, die eigentlich nicht transportiert werden dürfen, kamen auf dem Transport zur Schlachtstätte oder während der Schlachtung nieder[7] ...

Die Tierschutzprobleme durch die häufig nicht fachgerechte Tötung wurden durch die sogenannte Veränderungssperre – Vieh durfte seine Weiden, Bauern durften ihren Hof nicht verlassen – verschlimmert. Das führte zu Futtermangel; besonders in Schweinebeständen nahm der Kannibalismus stark zu,[18] und Weideschafe, die sich in ihrer Not beim Fressen an stacheligen Hecken Verletzungen im Maulbereich zuzogen, wurden im Eifer des Gefechts deshalb fälschlicherweise als MKS-infiziert gedeutet. Das wiederum zog die Schlachtung der Herde und aller potenziell gefährdeten Tiere in einem Umkreis von 3 km nach sich.[7, 15]

Die zahlreichen zusätzlichen Bewegungen von Personal und Fahrzeugen, die durch diese unnötigen Tötungen erforderlich waren, trugen zweifellos zur Weiterverbreitung der Krankheit bei, was zu erneuten Keulungen führte – ein Teufelskreis.[16] Zudem konnte aufgrund begrenzter Kapazitäten nur ein geringer Teil der Tiere wirklich serologisch getestet werden, und wie sich später herausstellte, ließ sich rund ein Viertel der positiven Diagnosen mit modernen Methoden nicht bestätigen.[13] Aufgrund all dieser Mängel schoss die Keulung in diesem Fall weit übers Ziel hinaus. Viele Tiere wurden offenbar ohne guten Grund getötet;[18] bei raschem und konsequentem Handeln wäre das Ausmaß der Epidemie Schätzungen zufolge um 30–50 Prozent geringer ausgefallen.[27]

Dazu der MKS-Experte Otto C. Straub von der Bundesforschungs-anstalt für Viruskrankheiten der Tiere in Tübingen: «Der Willkür war Tür und Tor geöffnet. Es war schlicht die Unfähigkeit der Adminis-tration, eine sinnvolle Bekämpfung durchzuführen.»[27] Und auch eine Expertengruppe des britischen Umweltministeriums sieht das Vorgehen der Behörden in der Rückschau selbstkritisch: «Es muss ein Gleichgewicht gefunden werden zwischen der Kontrolle der Krankheit und dem Tierschutz, aber der Tierschutz darf selbst in einer Notfallsituation nicht unberücksichtigt bleiben.»[7]
Ob diesen Worten auch die entsprechenden Taten folgen, bleibt abzu-warten ...

Während der MKS-Ausbruch 2001 in Großbritannien vermutlich durch infiziertes Schweinefutter ausgelöst worden war, konnte der Ausbruch 2007 aufgrund serologischer Merkmale definitiv auf ein Laborvirus zurückgeführt werden, das in der Nähe von Pirbright aus einer Rohrleitung entkommen war. Es ließ sich jedoch nicht feststellen, ob das Labor des US-amerikanischen Impfstoffherstellers Merial Animal Health (ein Joint Venture von Merck und Sanofi-Aventis) oder das auf demselben Gelände gelegene staatliche Institute for Animal Health, das Weltrefe-renzlabor für MKS, der Verursacher war, da beide Labore sich das Leitungssystem teilten. Also wurde von Schadensersatzfor-derungen abgesehen – die Kosten blieben wie üblich am Steuer-zahler hängen.[9]

MKS-Viren: Ein Fass ohne Boden

Seit Jahrzehnten wird versucht, bessere MKS-Impfstoffe herzu-stellen. Das ideale MKS-Vakzin sollte oral verabreicht werden und Vermehrung sowie Ausbreitung des Virus sofort stoppen, am besten, ohne die behandelten Tiere nach der Schlachtung für den menschlichen Verbrauch ungenießbar zu machen.[24] Doch das ist derzeit nichts als ein Traum. Neu entwickelte Lebendimpfstoffe behielten ihre Virulenz nicht selten bei oder gewannen sie wieder zurück, d. h., sie förderten letztlich die Verbreitung der MKS, statt sie zu bekämpfen. Vakzine, die zur Verbesserung der Sicherheit nur Untereinheiten des Virus enthielten, erwiesen sich als nicht wirksam genug.[7, 26]

Doch das sind nicht die einzigen Hürden. Da es mindestens sieben Serotypen und mehr als 80 Subtypen des MKS-Virus gibt, ist es ohnehin unmöglich, sämtliche gefährdeten Nutztiere vorsorglich mit einem Kombiimpfstoff gegen alle Typen zu immunisieren.[26] Angesichts dieser Antigenvielfalt des MKS-Virus sind keine geeigneten und kommerziell verfügbaren Vakzine für alle Erregerstämme in Sicht.[24] Bei MKS bleibt jede Impfung Flickwerk.

Selbst wenn es einen solchen Impfstoff gäbe, würde er vermutlich nicht viel nützen. Denn es müssten ja alle empfänglichen Nutztiere – also nicht nur Rinder, sondern auch Schweine, Schafe und Ziegen – geimpft werden, womöglich mehrfach: also allein in der Europäischen Union über 300 Millionen Tiere.[16] Das brächte nicht nur horrende Kosten mit sich, sondern auch hohe impfimmanente Risiken. Durch Fehler in der Produktion oder der Anwendung solcher Impfstoffe können durchaus neue Risiken entstehen.[24] Beispielsweise ist es immer wieder vorgekommen, dass mit verunreinigten Impfstoffen riskante Viren verbreitet wurden. Keulung und Quarantäne sowie die Einrichtung von Sperrgebieten werden auf absehbare Zeit die sicherste, billigste und schnellste Methode zur Eindämmung von MKS bleiben.

Eine gewisse Hoffnung wecken allenfalls sogenannte Paramunitätsinducer[1], also Präparate, die das unspezifische Immunsystem stimulieren. (Die entwicklungsgeschichtlich ältere, unspezifische Immunität wird fachsprachlich als Paramunität bezeichnet.) Das allerdings würde dem Geschäft der Impfindustrie schaden. Denn die Branche lebt von der Vorstellung, Infektionskrankheiten konnten nur durch Stimulierung der spezifischen Immunität bekämpft werden, was für jeden Erreger einen eigenen Impfstoff erfordert.

Da die Zahl der Erreger praktisch unbegrenzt ist, braucht sich die Branche um ihre Zukunft nicht zu sorgen. Deshalb werden Paramunitätsinducer zur Stimulation des unspezifischen Immunsystems, die gleichzeitig gegen viele Erreger wirken, kaum verfolgt. Zwar hält die Wirkung eines solchen Inducers nicht lange vor, aber im Fall eines Ausbruchs würde sein Einsatz vermutlich völlig ausreichen. Außerdem ließen sich infizierte Tiere problemlos von behandelten unterscheiden.

Nach Risiken und Nebenwirkungen fragen Sie lieber nicht …

Seit Einführung der Pockenimpfung vor mehr als 200 Jahren (die aufgrund der hochgradig verunreinigten Präparate damals wohl gleichzeitig eine Paramunisierung war) wird die Prophylaxe durch aktive Immunisierung als Durchbruch in der Seuchenbekämpfung beim Menschen gefeiert. Nebenwirkungen und Impfdurchbrüche (d. h. Erkrankung trotz Impfung) wurden in Kauf genommen: «Um eine Verunsicherung der Bevölkerung nicht aufkommen zu lassen, wurde auf die Risiken von Impfungen meist nicht hingewiesen», klagten Strohmaier und Straub 1995, obwohl Impfschäden aller Art beim Menschen bereits seit 1912 gut dokumentiert waren.[32]

Statt offen zu sagen, was eigentlich eine Selbstverständlichkeit ist: dass es eine Impfung ohne Risiko nicht gibt, ganz gleich, ob gegen Windpocken, Influenza oder MKS, gehört es zur offiziellen Politik, abzuwiegeln und Impfrisiken nach dem Motto «Impfstoffe sind sicher. Basta!» unter den Teppich zu kehren – gerade so, wie es vor Harrisburg oder Tschernobyl bei den Atomkraftwerken der Fall war. Tatsache ist jedoch, dass eine Unbedenklichkeitsgarantie bei Impfstoffen unmöglich ist; überall wo Menschen arbeiten, passieren Fehler – noch dazu, wenn man es mit großen Mengen unsichtbarer infektiöser Partikel zu tun hat, die sich gleichermaßen als biologische Waffe eignen.

Dabei ist es nichts Neues, dass Impfungen zu Epidemien führen können: So wurden im April 1955 mehr als hunderttausend amerikanische Schulkinder mit einem Polio-Lebendimpfstoff einer Charge der Cutter-Werke geimpft, deren Erreger nur ungenügend inaktiviert worden waren. Dieser Vorfall, der als «Cutter-Zwischenfall» in die Geschichte einging, lähmte nicht nur viele Kinder und tötete etliche von ihnen, sondern löste auch eine veritable Polio-Epidemie unter den Kontaktpersonen der geimpften Kinder aus.[8, 22, 23, 24]

Zudem gab es in den 1950er Jahren in den USA nachweislich Polioimpfstoff, der mit Affentumorvirus SV40 verseucht war. Dieses Virus kann bei verschiedenen Labortierarten seltene Krebsformen auslösen und wird auch beim Menschen mit Erkrankungen in Zusammenhang gebracht.[11, 12] Wer weiß, was auf diesem Wege noch so alles an Erregern unter die Menschheit gebracht wurde.[3, 6, 14, 35] Schließlich wurden die Erreger für Impfstoffe in der Vergangenheit auf hygienisch äußerst riskanten biologischen Materialien gezüchtet, darunter Affenorgane[19] einschließlich Hirngewebe – eine Praxis, die unter dem Eindruck der BSE-Krise sicherlich an Zustimmung verloren haben dürfte.

Außerdem schaffen Impfungen ökologische Nischen für andere Erreger, die sich dann bereitwillig unter den Geimpften verbreiten.[5]

«Primum nihil nocere» – vor allem nicht schaden – war das Motto des antiken griechischen Arztes Hippokrates. Impfungen werden an gesunden Menschen und Tieren vorgenommen, daher sind an sie besonders hohe Anforderungen zu stellen. Hier muss der Nutzen mögliche Schäden eindeutig überwiegen. Daher ist es unser gutes Recht als Bürger, dass alle wesentlichen Fakten auf den Tisch kommen. Im Fall der Maul- und Klauenseuche ist dies nicht geschehen, offenbar um die «Impfbereitschaft» der Bevölkerung nicht zu schmälern. Die soll sich schließlich noch gegen Gebärmutterhalskrebs oder Vogelgrippe impfen lassen – und die nächste Sau, die durchs Dorf gejagt wird.

Kurz gesagt ...

Es würde den Rahmen eines Buches über Lebensmittelskandale sprengen, den Sinn des Impfens allgemein zu diskutieren. Die Ergebnisse von individuellen Nutzen-Schaden-Abwägungen können sehr unterschiedlich ausfallen, man denke nur an Impfungen vor Tropenreisen. Dieses Kapitel handelt von der MKS – und von Informationen, die jedem Interessierten, ob Veterinär oder Journalist, leicht zugänglich sind. Auf dem Prüfstand steht damit die Glaubwürdigkeit von Impfärzten, Impfstoffherstellern und Gesundheitspolitikern, die heute mit zweifelhaften Kampagnen und der Verheißung einer Erlösung von Krankheit vor allem auf den Umsatz schielen. Halten wir es mit Eugen Roth: «Was bringt den Doktor um sein Brot? a) die Gesundheit, b) der Tod. Drum hält der Arzt, auf daß er lebe, uns zwischen beiden in der Schwebe.»

5 Gebundene Rückstände: Geheime Gifte in der Pflanze

Hauptsache, gigantisch, egal, ob gigantisch groß und gigantisch klein: Gigabyte und Megawatt, Nanogramm und Picometer gehören schon zum Sprachschatz mancher Grundschulkinder. Dabei können sich nicht einmal ihre Lehrer vorstellen, wie ein Picogramm, also ein Millionstel vom millionstel Gramm, wirklich aussieht. Wie hausbacken nehmen sich dagegen Kilometer und Milligramm aus, Größenordnungen aus dem Zeitalter der Dampflok! Wenn Politiker, wie jüngst der Grünenchef Çem Özdemir, AKWs schon mal Gigabyte statt Gigawatt erzeugen lassen[3], dann ist diese Vorstellung einfach nur «megageil».

Nicht nur das Spiel mit den unvorstellbar großen, auch das mit den unermesslich kleinen Zahlen ist heute «in». Staunend vernimmt der Verbraucher, dass die Chemiker mit ihren hochempfindlichen Messmethoden im Einzelfall noch Picogramm von Pestiziden, Tierarzneimitteln und Umweltgiften in Schnitzel und Schnittlauch nachweisen können. So werden in schöner Regelmäßigkeit Eier, Erdbeeren und Elchsteaks präsentiert, die mit irgendetwas «Krebserregendem» oder gleich mit ganzen «Pestizidcocktails» belastet sind.

Doch kaum jemand hat eine Vorstellung davon, um wie wenig oder um wie viel es sich bei diesen Rückstandsmengen tatsächlich handelt, noch, ob davon wirklich eine Gefahr ausgeht. Was beim Bürger hängenbleibt, ist das diffuse Gefühl: Da wurde wieder alles Mögliche drin gefunden, die wollen uns wohl langsam alle vergiften.

Gift im Obst – frisch serviert von Greenpeace

Als 2008 die deutsche Höchstmenge von maximal 10 Mikrogramm Pestizid pro Kilogramm Lebensmittel im Zuge der europäischen Harmonisierung gekippt wurde, fanden die Kritiker in der Öffentlichkeit ein offenes Ohr.[20] Diese pauschale Höchstmenge – dabei wäre der Begriff «Niedrigmenge» angemessener – galt bis dahin für allerlei Pestizide, die im Ausland aufgrund anderer Erntegüter und klimatischer Bedingungen eingesetzt wurden und bei uns überflüssig und damit verboten waren. Diese 10 Mikrogramm haben auch nichts mit der Schädlichkeit zu tun, sondern spiegeln nur die Grenzen der Analytik wider. Nun war auf einmal ein Vielfaches an Rückständen legal. Der Protest der Verbraucherschützer folgte auf dem Fuß.

Geändert hat sich dadurch an der Belastung aber kaum etwas. Wer in tropischen Breiten Reis oder Bananen anbaut, braucht nun mal andere Pflanzenschutzmittel als ein Erzeuger von Weizen oder Äpfeln in Norddeutschland. Sonst gibt's eben keine Südfrüchte. Mit der EU-Angleichung wurde nur die bisher übliche Praxis legalisiert. Mit dem gleichen Recht könnten die Bewohner Mallorcas fordern, dass endlich die Pestizide verboten werden, die unsere Landwirte benötigen, die aber im Süden überflüssig sind.

Greenpeace & Co. ließen sich die Chance auf eine Kampagne nicht entgehen. Mit Erfolg. Die Handelskonzerne Edeka und Rewe versprechen seitdem, dass ihre Produkte maximal 70 Prozent der (neuen) gesetzlichen Höchstmenge ausschöpfen.[2] Der Kunde darf – zumindest bis zur nächsten Kampagne – beruhigt sein: Der Lebensmittelhandel hat sogar strengere Auflagen als das Gesetz geschaffen. Vorbildlich!

Was auf den ersten Blick nach «Verbraucherschutz, ernst genommen» aussieht, ist letztlich ein undemokratischer Vorgang. Greenpeace und andere NGOs üben über die Medien Druck auf den Handel aus, und der akzeptiert ab dann kein Obst und Gemüse mehr, das die gesetzlichen Vorschriften erfüllt. Eine demokratische oder auch nur fachliche Kontrolle dieser willkürlichen und machtpolitisch motivierten «Grenzwerte» gibt es nicht; nach Lust und Laune können die NGOs missliebige Unternehmen schurigeln, indem sie deren Produkte besonders «streng» bewerten. Die Wirtschaft schluckt's und denkt darüber nach, ob sie ihre Parteispenden fürderhin nicht besser andernorts platziert. Ein Schuft, wem dabei das Wort Schutzgeld in den Sinn kommt.

Der Handel profitiert trotzdem von dem Deal und kann sich im Wohlwollen von Umwelt- und Verbraucherschutzorganisationen sonnen. Wie sein neues positives Image umgesetzt wird, ist ihm nämlich schnurz: Er reicht die Wünsche der NGOs einfach an seine Lieferanten weiter und diese wiederum an die Erzeuger. Und die dürfen dann sehen, wie sie damit zurechtkommen.

Da der Landwirt seine Pflanzenschutzmittel nicht aus Jux und Tollerei verwendet – sie kosten schließlich Geld –, hat er die Wahl zwischen verschiedenen Möglichkeiten: Wenn er die erforderlichen Spritzmittel trotzdem einsetzt, riskiert er, erwischt zu werden und den Großkunden zu verlieren. Oder er nimmt deutliche Ernteeinbußen hin und stellt damit die eigene Existenz in Frage. Oder aber er weicht auf illegale Mittel aus, die bei den Routineanalysen im Labor gar nicht untersucht und miterfasst werden. Dreimal dürfen Sie raten, wofür er sich entscheidet …

Grundsätzlich setzt der Landwirt Pestizide so früh wie möglich ein, damit er die sogenannte Wartezeit zwischen Spritzung und Verkauf einhalten kann. Je mehr Zeit vergeht, desto weniger Rückstände vermag das Labor noch aufzuspüren. Denn die Hersteller von Pflanzenschutzmitteln beteuern, dass ihre

Produkte sowohl in der Pflanze als auch in der Umwelt zuverlässig abgebaut werden. Dasselbe gelte für Tierarzneimittel: Sie würden von Rind, Huhn und Schwein eilends verstoffwechselt und wieder ausgeschieden. Halte der Landwirt die gesetzlich vorgeschriebene Wartezeit zwischen der Pestizidausbringung oder der Medikamentengabe ein, dann könne der Kunde Salat samt Schnitzel bedenkenlos verzehren.

Einem findigen Händler eröffnet sich hier zugleich ein Schlupfloch, das ihm einen kleinen Extraprofit verspricht: Wenn man nur lange genug mit dem Verkauf seiner Produkte wartet, beispielsweise, indem man sie im Herbst einlagert, braucht man die Analysen im Frühjahr bei der Probenziehung im Supermarkt nicht mehr zu fürchten. Wenn Bioäpfel oder Öko-Kohl im Frühjahr ausverkauft sind, merkt niemand, wenn die Gemüsekisten unauffällig mit konventioneller Ware «ergänzt» worden sind. Denn in Sachen Pestizidrückstände gibt es jetzt auch mit empfindlichen Methoden keine messbaren Unterschiede mehr.

Blinde Kuh

Wo aber sind die Pflanzenschutzmittel wirklich hin? Haben sie sich in Luft oder in Kohlendioxid und Wasser aufgelöst? Etwa rückstandsfrei abgebaut? Nein, die Lebensmittelchemiker konnten sie nur nicht finden! Kaum vorstellbar, wo doch inzwischen jeder Bundesbürger weiß, dass diese Zunft mit moderner Analytik selbst noch ein Stück Würfelzucker im Bodensee nachweisen kann. Nun gibt es für den Chemiker zwischen dem Bodensee und einem Kohlkopf aber einen gewaltigen Unterschied. Nein, nicht in der Größe, sondern im Zustand: Das Zuckerstück ist im Wasser gelöst, und daher schwimmen die Zuckermoleküle in der Wasserprobe frei herum. Aus diesem Grunde kann der

Chemiker darin den Zucker und auch jede andere Substanz bis in den Ultraspurenbereich hinein verfolgen. Aber Rotkohl und Radieschen bestehen bekanntlich aus Zellen – und deshalb verhalten sie sich ganz anders als eine Wasserprobe.

Kein Lebewesen kann es sich erlauben, in seinem Organismus tagelang körperfremde Stoffe ihr Unwesen treiben zu lassen. Pflanzen können unerwünschte Substanzen natürlich nicht wie Mensch und Tier mit dem Harn oder Kot ausscheiden. Daher binden sie sie an Fasern, Zellwände oder, allgemeiner ausgedrückt, an Ballaststoffe wie Cellulose, Pektin oder Lignin. Mit diesem Trick verwandelt die Pflanze die freien Pestizide in gebundene. Sie zieht sie also vorläufig aus dem Verkehr und blockiert auf diese Weise ihre Wirkung.

Leider kann der Analytiker gebundene Pestizide in der Regel nicht mit den täglich im Labor angewendeten kostengünstigen Routinemethoden herauslösen und erfassen. Darum ist die von den Pflanzen eifrig betriebene «innere Entsorgung» für ihn außerordentlich lästig. Mit der üblichen Analytik erfasst er nämlich in erster Linie die «nackte», die gelöste Ausgangssubstanz. Auch wenn er weiß, dass im Gemüse noch irgendetwas zu finden sein müsste – die Pflanze hat den gesuchten Substanzen eine Tarnkappe übergestülpt.

Lebensmittel stellen den Analytiker also vor völlig andere Aufgaben als Wasserproben aus einem See, in dem irgendwelche gelösten Substanzen schwimmen – sei es nun Zucker, Urin oder E 605. Der Chemiker findet mit seinen Routinemethoden im Gemüse oder im Brot nur den «freien» Anteil des Stoffes, also jenen Anteil, der noch nicht «gebunden» wurde. Daraus folgt auch: Je länger er mit der Untersuchung wartet, desto mehr entzieht sich die Substanz seinem analytischen Blick. Der Anteil der «sichtbaren» freien und damit löslichen Wirkstoffe nimmt

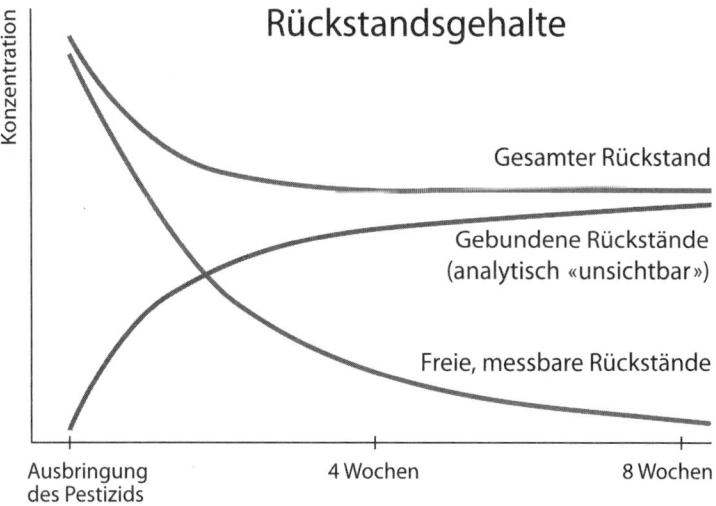

Rückstandsgehalte

Konzentration

Gesamter Rückstand

Gebundene Rückstände
(analytisch «unsichtbar»)

Freie, messbare Rückstände

Ausbringung   4 Wochen   8 Wochen
des Pestizids

Konzentrationen von freien, gebundenen und Gesamtrückständen über die Zeit. Graphik: Ute Düll

immer weiter ab, während der nicht «sichtbare», also der gebundene Anteil immer weiter ansteigt. Dies gilt nicht nur für Pestizide, sondern auch für Schimmelgifte, Arzneimittel und andere organische Substanzen.

Darum findet das Labor nach ein paar Tagen Wartezeit selbst mit den modernsten, extrem empfindlichen Analysemethoden immer weniger und schon nach zwei Wochen praktisch überhaupt keine Pestizide mehr. Damit sind alle zufrieden: die Landwirte, die Verbraucher und die Politiker. Denn die Höchstwerte wurden ja eingehalten, wenn nicht gar unterschritten! Für teures Geld messen die Labors also präzise jenen Anteil des Pestizids, auf den es letztlich gar nicht ankommt. Die tatsächliche Pestizidbelastung der Lebensmittel liegt oft um ein Vielfaches höher, als es die Messwerte suggerieren.[1, 27, 31, 51] Damit gerät jegliche Diskussion um Grenzwerte zur Farce – und wenn diese noch so «streng» sind. «Höchstmengen» sind in diesem Falle kein Instrument des Verbraucherschutzes, sondern der Politik.

Auf die Schliche gekommen ...

Von der Existenz gebundener Rückstände wissen die Analytiker bereits seit den 1970er Jahren.[7, 35] Damals begannen ihre Kollegen in den biochemischen Labors, Stoffwechselvorgänge mit radioaktiv markierten Molekülen aufzuklären. Der Weg der markierten Substanz durch Tier oder Pflanze und gegebenenfalls auch der Verbleib von Pestiziden in Obst und Gemüse, von Arzneimitteln in Schlachtvieh oder in der Umwelt lässt sich damit recht genau verfolgen. Die Hersteller von Pestiziden oder Arzneimitteln kosten solche meist sehr aufwendigen und langwierigen Untersuchungen Millionen von Euro. Insofern sind auch Daten über die Höhe des Anteils von gebundenen Rückständen vorhanden, aber sie bleiben meist unter Verschluss.

Manchmal werden die Gebundenen jedoch unverhofft und ungewollt sichtbar: So fanden Lebensmittelchemiker in Zuchtchampignons massive Rückstände des Halmverkürzers CCC. Halmverkürzer sind im Pilzanbau ungefähr so nützlich wie Mottenkugeln; es ist völlig sinnlos, damit Champignons behandeln zu wollen. Wie sich herausstellte, stammte das CCC aus dem Stroh, auf dem man die Pilze gezüchtet hatte. Das Getreide war auf dem Feld damit behandelt worden. Im Stroh selbst konnten die Analytiker jedoch nichts finden, es galt als «sauber». Aber Champignons haben ja die Angewohnheit, ihr Kultursubstrat mit Hilfe von Enzymen zu zersetzen, da sie sich von den Abbauprodukten ernähren. Und so setzten sie das im Stroh gebundene CCC wieder frei, das bis dahin unsichtbar für die Fachwelt in den Halmen schlummerte.[55]

Entsprechend groß fallen auch die Mengen an gebundenen Rückständen in unseren Lebensmitteln aus. Ein Beispiel: Nachdem man Radieschen mit radioaktiv markiertem Dieldrin, Permethrin und Carbofuran behandelt hatte, ließen sich darin 24, 29 bzw. 92 Prozent der ursprünglich aufgebrachten Menge in gebundener Form als Rückstände anhand ihrer Markierung nachweisen. Das ist ein Vielfaches dessen, was an freien Rückständen gefunden wird, denn diese Werte liegen meist nur bei wenigen Promille. Nicht anders sieht es bei vielen anderen wichtigen Pestiziden aus, die bei allen möglichen Lebensmitteln ermittelt wurden, darunter phosphororganische Gifte wie Malathion und Primiphos, chlororganische wie DDT, aber auch Carbamate, Pyrethroide, Triazine, und so weiter, und so fort.[17, 18, 22, 27, 29, 31, 34, 38, 39]

Nicht messbar, aber wirksam

Hersteller und Behörden beruhigen die Öffentlichkeit damit, dass von den gebundenen Rückständen in Lebensmitteln nur ein geringes Risiko ausgehe. Manche versteigen sich sogar zu der Behauptung, der Körper könne die Gebundenen gar nicht aufnehmen. Doch was ein paar Pilze im Kompost schaffen, gelingt erst recht der komplexen Mikroflora mit ihren Enzymcocktails in unserem Verdauungstrakt: Sie setzen einen erklecklichen Teil der Gebundenen aus der Nahrung frei. Dies ergaben zum Beispiel Versuche mit dem radioaktiv markierten Vorratsschutzmittel Malathion auf Bohnen.

Der Gehalt an gebundenem Malathion in den Bohnen betrug noch siebeneinhalb Monate nach der Behandlung – also zu einem Zeitpunkt, an dem das Mittel nach landläufiger Meinung bereits vollständig abgebaut ist – 17 Prozent.[61] Als man diese «rückstandsfreien» Bohnen an Mäuse verfütterte, zeigte sich, dass drei Viertel des gebundenen Malathions im Darmtrakt «befreit» und vom Körper aufgenommen wurde. Die Ergebnisse in Sachen Bioverfügbarkeit schwanken von Fall zu Fall zwischen 0 und 100 Prozent![18, 61] Dies hat mehrere Gründe: Erstens hängt es vom jeweiligen Lebensmittel, vom fraglichen Stoff und von der Art der Bindung ab, zweitens von der Darmflora – und die ist individuell verschieden. Als Faustregel lässt sich sagen, dass im Schnitt etwa die Hälfte bis zwei Drittel der Gebundenen bioverfügbar sind.

Toxikologische Studien zeigten, dass Lebensmittel mit gebundenen Pestizidrückständen – also Lebensmittel, die laut Routineanalyse als unbedenklich gelten – bei Versuchstieren unerwünschte Effekte hervorriefen, wie Veränderungen des Blutbilds sowie Leber- und Nervenschäden.[24, 32, 34, 40, 49, 50, 51] Zwar handelt es sich nur um Ergebnisse aus speziellen Versuchsanordnungen und nicht um Produkte, die auf dem Wochenmarkt eingekauft wurden, sie zeigen aber, dass die Gebundenen prinzipiell ernst zu nehmen sind.

Dabei lassen sich die Effekte nicht unbedingt aus der jeweiligen Ausgangssubstanz ableiten. Dies beweist eine Studie über das natürlicherweise in Butter und Schmalz, aber auch in Mandeln oder Olivenöl enthaltene Östron, eine Substanz mit Hormonwirkung. Spritzt man Mäusen *freies* Östron, nehmen sie zu, bei *gebundenem* Östron magern sie hingegen ab. Aber es kommt noch kurioser: Gibt man ihnen das gebundene Östron statt per Spritze im *Futter*, dann nehmen sie wieder zu![47]

Die Rückstandsdaten der Lebensmittelüberwachung spiegeln also die tatsächliche Belastung unserer Nahrung gerade nicht wider. Sie transportieren allenfalls umweltpolitisches Wunschdenken, und gebundene Rückstände in der Nahrung sind sowohl für das Bundesinstitut für Risikobewertung (BfR) als auch für das zuständige Ministerium und die Medien bis heute kein Thema. Stattdessen wird die Öffentlichkeit durch bedeutungslose Spuren bzw. Ultraspuren freier Rückstände in Angst versetzt.

Die Last mit dem Ballast

Gebundene Rückstände sind ein typisches Problem pflanzlicher Nahrung, denn Tiere können die meisten Schadstoffe ja ausscheiden. Dass tierische Lebensmittel in Sachen Schadstoffe jahrelang als Hauptproblem galten, lag daran, dass sie über die Nahrungskette chlororganische Verbindungen wie DDT anreichern, und die können durchaus zu erklecklichen Rückständen führen. Da diese nach dem derzeitigen Stand des Wissens aber offenbar nicht gebunden werden, hat man ihre Gehalte meist korrekt ermittelt. Hinzu kommt, dass die Chemiker sie mit vergleichsweise einfachen Mitteln aufspüren können; darum hat sich die Gemeinde der Analytiker darauf eingeschossen. Denn jedes Labor muss natürlich Geld verdienen, und am meisten bringt es ein, Routineanalysen anzubieten, die mit geringem Aufwand verlässliche Messergebnisse liefern. Hier gilt «Suchet, so werdet ihr finden», und so waren diese Substanzen lange Zeit das Hauptthema in Sachen Rückstände.

Natürlich gibt es auch Stoffe, vor allem Medikamente wie Nitrofurane, von denen ein kleiner Teil im Tier an Eiweißbestandteile gebunden wird. Problematisch sind nach derzeitiger Kenntnis aber nur die Tetracycline, eine Gruppe von Antibiotika, die sich in den Knochen von Nutzvieh einlagern.[9, 58] Säure löst sie wieder heraus, zum Beispiel, wenn man Kasseler Rippspeer im Sauerkraut kocht. Da Pflanzen die breite Palette schädlicher Substanzen notgedrungen speichern müssen – egal, ob sie aus Luft, Boden oder Wasser stammen –, gehen von Minestrone, Ratatouille und Kohleintopf nach heutigem Wissensstand ein höheres Risiko aus als von Leberwurst, Schnitzel und Spiegelei. Da Pestizide, Schimmelpilztoxine oder Umweltgifte von Obst und Gemüse häufig an Fasern, also an die «Ballaststoffe», gekoppelt werden, findet hier die fromme Mär von der gesundheitsfördernden, weil rohfaserreichen Kost ein garstiges Ende. Dass eine ballaststoffreiche Ernährung krank machen kann, sollte darum für jede in Sachen Umweltgifte oder Ernährung geschulte Fachkraft auf der Hand liegen.

Die Bedeutung der gebundenen Rückstände geht aber über die hier angesprochenen Risiken weit hinaus. Denn dieses pflanzliche Entsorgungsprinzip gilt nicht nur für Fremdstoffe, sondern auch für viele andere von Ernährungsfachleuten für essenziell erklärte Substanzen. Zum Beispiel liegt ein großer Teil der hochgelobten sekundären Pflanzenstoffe, von Flavonoiden bis hin zu Phytoöstrogenen, gebunden vor.[41] Logischerweise wird darum auch der Vitamingehalt von Lebensmitteln regelmäßig unterschätzt. So fanden Lebensmittelchemiker vor einigen Jahren heraus, dass die Angaben zu Folsäure völlig danebenlagen. Als man die gebundene Folsäure erfasste und hinzuaddierte, haben sich die Werte teilweise verdreifacht![44] Unter diesem Blickwinkel kann man nur froh sein, dass viele gegen Altersflecken und Arterienverkalkung angepriesene sekundäre Pflanzenstoffe eh nicht wirken.

Ein solcher Analysefehler ist übrigens auch für die Mär vom cholesterinfreien Pflanzenöl verantwortlich: Man wusste damals noch nicht, dass Cholesterin in Pflanzen praktisch nur in gebundener Form vorliegt. Die Gehalte sind zwar nicht sonderlich hoch – aber immerhin gibt es sie. Bei der Raffination der Pflanzenöle und Fette wird das Cholesterin aus seinen Bindungen freigesetzt, sodass sein Gehalt in der Margarine oder im Palmfett höher ist als im Rohstoff.[28]

Ist Bio also doch besser?

Auf den ersten Blick allemal. Wenn Biolandwirte keine Pestizide einsetzen, können sie in ihren Erzeugnissen auch nicht drin sein – egal, in welcher Form. Immerhin finden die Überwachungsämter bei Bioerzeugnissen etwas seltener Rückstände: Während der Pestizidreport Nordrhein-Westfalen 2010 angibt, dass in konventionellen Tomaten bei 59 Prozent aller Proben Pflanzenschutzmittelrückstände entdeckt wurden, gilt dies nur für 19 Prozent der Bioware.[42] Überschreitungen der Höchstmenge fanden sich nur bei konventionellen Tomaten, allerdings nur in 1 Prozent aller Fälle. Extrapoliert man diese Zahlen auf die Gebundenen, sind die Unterschiede zwischen den beiden Produktgruppen erheblich, sofern die Bioware wirklich echt ist.

Das ist erfreulich, doch bei näherer Betrachtung quillt hin und wieder ein Wermutstropfen aus dem Ökogemüse. Die Pestizide sind ja nur *eine* Gruppe von unerwünschten Stoffen. Wir benötigen aber eine Gesamtbilanz, eine «ganzheitliche» Beurteilung des Lebensmittels. Zu dieser zählen nicht nur die Pestizide aus der Spritze des Landwirts, es müssen auch die natürlichen Gifte einbezogen werden. Und dann sieht es in puncto Schadstoffbelastung bei der Bioware nicht immer rosig aus.

Denn nicht nur Pestizide entziehen sich durch die Kopplung an Ballaststoffe geschickt ihrem Nachweis, auch Schimmelpilzgifte «verschwinden» auf diese Weise.[53] Bei einer aufwendigen, gezielten Suche nach gebundenen Fumonisinen in Mais – besonders üblen Giften, die von Fusarien gebildet werden – fanden sich alarmierend hohe Gehalte, obgleich die üblichen Routinemethoden den Proben völlige Unbedenklichkeit bescheinigt hatten.[13, 14, 23, 54] Die Belastung mit Fusariengiften ist gerade bei Biomais ein gravierendes Problem. Die konventionelle Landwirtschaft hat durch Zufall eine sehr effektive Lösung gefunden.

Es zeigte sich nämlich, dass Bt-Genmais gewöhnlich nur mit einem Zehntel dessen belastet ist, was sich an Fumonisinen in herkömmlichen Maissorten tummelt.[6] Der gentechnikfreie Biomais ist dagegen ein wahres «Schimmelpilzmutterschiff» und als Nahrungsmittel vor allem in feuchteren Jahren indiskutabel.

Ruchloser Rucola

Ein weiteres Beispiel gefällig? Als der Herbizideinsatz beim Rucola-Anbau zurückgefahren wurde, kam es zu vermehrtem Besatz der Felder mit einem altbekannten Acker- und Gartenunkraut, dem Gemeinen Greiskraut (*Senecio vulgaris*).[10] Dummerweise ähneln dessen Blätter denen der Rauke stark, sodass beim Abpacken immer wieder Greiskraut in die handelsüblichen Rucola-Schalen gelangt. Das Kraut enthält leider jede Menge Pyrrolizidin-Alkaloide.[26, 57, 60] Und die ruinieren die Leber gründlicher, als es Alkoholmissbrauch je könnte.[59] Einmal im Körper, bleiben einem diese Pflanzengifte, die die Pflanze ja gezielt als Abwehr gegen Fressfeinde produziert, ein ganzes Leben lang erhalten. Der populäre Verzicht auf Pflanzenschutz führte hier nicht etwa zu unbedenklicher Ware, sondern zu einer Extra-Belastung des Rucola-Salats mit knallharten Lebergiften.

Eigentlich sollte zumindest die Lebensmittelüberwachung die Kunden gerade vor solchen gesundheitsgefährdenden Stoffen schützen. Aber für Pyrrolizidin-Alkaloide gibt es noch immer keine gesetzlich verbindlichen Höchstmengen in Lebensmitteln. Bis die Leber zerstört ist, braucht es keine großen Mengen, nur etwas Zeit. Weil diese Alkaloide nicht sofort zum Tode führen, sind den chemischen Untersuchungsämtern die Hände gebunden. Es ist ja noch nicht einmal verboten, Gesundheitstees zu verkaufen, die pyrrolizidinhaltige Kräuter wie Huflattich oder

Pestwurz enthalten. Und der Bürger hält das Giftzeug auch noch für gesund, weil die Pyrrolizidine als «sekundäre Pflanzenstoffe» bezeichnet werden.

Aber gerade bei den Sekundärstoffen ist Vorsicht die Mutter der Porzellankiste. Normalerweise verraten sich giftige Substanzen durch ihren bitteren oder anderweitig unangenehmen Geschmack. Daher käme auch niemand auf die Idee, streng schmeckende Greiskrautblätter zu verspeisen. Im Rucola, der aber gerade wegen seines herben Geschmacks geschätzt wird, fällt das Giftzeug nicht weiter auf, und der Kunde hat das Nachsehen. Aufgrund der verzögerten Giftwirkung der Pyrrolizidine entsteht auch keine nachträgliche Geschmacksaversion.

Ganz grundsätzlich: Das Fehlen von Bitterstoffen ist ja geradezu ein Qualitätsmerkmal unserer Kulturpflanzen. So können wir recht sicher vermeiden, pflanzeneigene Gifte (sogenannte primäre Pestizide, man erinnere sich z. B. an das Solanin in der Kartoffel, im Kapitel zu Acrylamid) gegen Käfer, Mäuse und Menschen aufzunehmen. Da bei Pyrrolizidinen die Giftwirkung nicht aus Tierversuchen abgeleitet werden muss, sondern hinreichend Erfahrungen am Menschen vorliegen, handelt es sich eindeutig um einen gefährlichen Naturstoff, der wesentlich giftiger ist als moderne Herbizide.

Positiv zu vermerken bleibt, dass echte Bioware weniger Rückstände von Pflanzenschutzmitteln aufweist als konventionelle Erzeugnisse. Welche gesundheitliche Bedeutung dies für den Kunden im Rahmen der toxischen Gesamtsituation hat, muss derzeit aber noch offenbleiben. (Zur Beurteilung des biologischen Landbaus als Anbaumethode siehe Kapitel: Biologische Landwirtschaft.)

Spiel ohne Grenzen

Viele Kunden zucken vor Substanzmengen im Ultraspurenbereich inzwischen zusammen. «Picogramm» klingt gefährlicher als die vertrauten «100 Gramm». Mit dazu beigetragen haben notorische Vertuschungsversuche bei realen Gefahren. Jahrzehntelang wurden von Behörden, Politikern und Branchenvertretern reflexartig jegliche Risiken bestritten, die von Pestiziden & Co. ausgingen, gleichgültig, wie brisant die Befunde waren. Dies setzte sich bis in die 1980er Jahre fort. Nicht zuletzt deshalb gelten die NGOs als besonders glaubwürdig, ein Umstand, den sie mittlerweile ebenso gewieft für ihre kommerziellen und machtpolitischen Zwecke ausnutzen wie vor ihnen die Vertreter der Atomkraftwerksbetreiber, der chemischen Industrie oder der Agrarlobby.

Und so wird heute jeder noch so minimale Rückstand zur globalen Gefahr aufgeblasen. Früher konnten die Medien nicht tief genug vor der Wirtschaft buckeln, heute hat sich mit den NGOs ein neuer Spieler etabliert. Und prompt tönt es aus den Gazetten, Flachbildschirmen und Internetseiten – nicht selten wider besseres Wissen –, dass von einem billiardstel Gramm Pestizidrückstand Tod und Verderben drohe. Oder die Zuschauer werden mit «gesunden» pyrrolizidinhaltigen Kräutertees überschwemmt, und der Damenwelt wird nach uraltem Heilkräuterwissen weiser Indianerinnen zu «sanften» Phytoöstrogenen geraten. Dass Pflanzen Stoffe mit der Wirkung von Sexualhormonen herstellen, um damit lästige Fressfeinde gegebenenfalls von ihrer übermäßigen Vermehrung abzuhalten, ist selbst im Zeitalter von Hormonpräparaten wie der Pille offenbar noch nicht zu den Kundinnen durchgedrungen.

Wieso raten die Experten der NGOs nicht vom Verzehr der «gesunden» Vitaminspenderin Grapefruit ab? Denn viele ihrer sekundären Pflanzenstoffe sind weitaus potentere Gifte als moderne Pflanzenschutzmittel, und von ihrem Giftarsenal verpasst die Grapefruit dem

Obstfreund noch dazu eine höhere Dosis.[15, 33, 45] Nicht umsonst ist diese Frucht bitter, auch wenn die neuen süßeren Sorten darüber hinwegtäuschen und zu ungehemmtem Verzehr einladen. Da diese Grapefruitgifte die Entgiftungssysteme der menschlichen Leber blockieren, wird ihr Verzehr mit sogenannten Medikamentenskandalen in Verbindung gebracht. Bei den Vergiftungen und Todesfällen durch den Cholesterinsenker Lipobay® im Jahr 2001 dürfte so manches Mal die Unsitte in amerikanischen Haushalten, jeden Morgen reichlich Grapefruitsaft zu trinken, den Patienten zum Verhängnis geworden sein.[62]

Und wer seine Kinder mit Kartoffeln mit Schale füttert – und das ist heute in ökologisch bewussten Haushalten gang und gäbe –, verabreicht ihnen ein natürliches Pflanzenpestizid, das in derselben Giftklasse spielt wie das Rattengift Strychnin oder das Insektengift E 605. Die Schalengifte Solanin und α-Chaconin sind nicht nur für Versuchstiere, sondern auch für Menschen, namentlich für Kinder, eindeutig toxisch. Die Dosis dieser pflanzeneigenen Gifte, die sie im Zweifelsfalle sogar täglich mit ihrer Sättigungsbeilage zu sich nehmen, stellt damit sämtliche in den letzten Jahren von Medien und NGOs thematisierten Rückstände in den Schatten (siehe Kapitel: Viel Rauch um nichts).

Es ist schon merkwürdig, mit welcher Bereitwilligkeit viele Menschen einerseits Pestizide schlucken, um sich andererseits vor Ultraspuren dieser Stoffe zu ängstigen. Wem der Arzt bestimmte Cholesterinsenker, die Fibrate, verschreibt, der nimmt täglich mehrere hundert Milligramm von Stoffen zu sich, die chemisch eng mit dem Herbizid 2,4-D verwandt sind. Im Vietnamkrieg hat es als Entlaubungsmittel «Agent Orange» traurige Berühmtheit erlangt. Täglich gelangen Unmengen dieser pestizidartigen Substanzen aus der Apotheke mit der Toilettenspülung in die Umwelt und schädigen in unterschiedlichem Ausmaß die Gewässer.[48]

Und die Statine, ebenfalls populäre Cholesterinsenker, sind nahe Verwandte der «Strobis», einer Gruppe von Pilzvernichtungsmitteln. Auch bei dem Alkoholentwöhnungsmittel antabus®, das inzwischen zwar verboten ist, aber illegal noch immer eingesetzt wird, handelt es sich explizit um das weitgehend verbotene Pestizid Disulfiram.[11, 30] Dennoch gilt der Stoff noch immer als wirksamer Geheimtipp im Kampf gegen den Alkoholismus. Disulfiram wurde in der Landwirtschaft aufgrund seiner schweren Nebenwirkungen bei medizinischem Einsatz verboten: Es ruiniert Nerven und Leber.

Der Kunde hat die Wahl: Bevorzugt er natürliche Pestizide, mit denen sich «schädlingsresistente» Pflanzen auf dem Feld selbst schützen, nimmt er in Kauf, dass diese für den Menschen oftmals giftiger sind als moderne Pestizide. Denn letztere wurden zumindest auf ihre akute Giftigkeit hin geprüft. Die meisten Menschen haben vergessen, dass diese Mittel nur deswegen entwickelt wurden, weil sich Nutzpflanzen nicht mehr selbst verteidigen können. Sie benötigen im Gegensatz zu ihren meist ungenießbaren wilden Vorfahren jetzt gegen die Angriffe von Schadinsekten und Schimmelpilzen den Schutz des Menschen. Denn ihre eigenen, primären Pestizide wie das Solanin der Kartoffel wurden im Laufe der Jahrtausende durch sorgfältige Auslese weggezüchtet oder stark verringert. Nur deswegen sind Weizen, Kartoffeln und Tomaten überhaupt genießbar geworden und zu Weltwirtschaftspflanzen avanciert.

Mit den synthetischen Mitteln, den sekundären Pestiziden, schließt der Landwirt die Bresche, die der Züchter in den Verteidigungswall der solaninarmen Kulturkartoffelsorten geschlagen hat, Lücken, die nicht mehr wie früher durch das Absammeln von Schädlingen und das Hacken von Unkräutern durch Mägde, Knechte und Kinder geschlossen werden. Bei modernen Pestiziden ist die Wirkung auf Lebewesen meist gut dokumentiert, und der Analytiker weiß, mit welchen Stoffen man auf welchem Lebensmittel zu rechnen hat. Auch wenn sie als gebundene Rückstände im Labor mit Routinemethoden nicht miterfasst werden, kann man davon ausgehen, dass moderne Wirkstoffe im Schnitt bei weitem nicht so giftig sind wie die pflanzeneigenen Pestizide, von denen ein Teil ja ebenfalls in gebundener Form vorkommt.

Immer schön cool bleiben

Der Mensch ist ein Ergebnis der Evolution, so wie alle anderen Lebewesen auch. Sie alle haben sich an viele dieser mehr oder weniger giftigen Stoffe mehr oder weniger gut angepasst. Es gibt keine «ungiftige» Umwelt. Ob Kartoffel oder Hagebutte, Aal oder Weinbergschnecke – alles, was wir zum Zwecke des Verzehrs der Natur entnehmen, enthält Stoffe, deren Schädlichkeit sich bei ausreichend hoher Dosis und einer hinreichenden Empfindlichkeit des Versuchstiers zweifelsfrei belegen lässt. Dies gilt in weit höherem Maße für pflanzliche als für tierische Lebensmittel. Nicht nur, weil Pflanzen unerwünschte Fremdstoffe an ihre Ballaststoffe binden, sondern vor allem, weil sie von Natur aus mit einem schlagkräftigen und im Bedarfsfalle schnell anpassungsfähigen Chemiearsenal bewaffnet sind – vor ihren Fressfeinden weglaufen können sie schließlich nicht.

Wie schon erwähnt, sprechen Fütterungsversuche dafür, dass ein erklecklicher Teil aller Pestizide und Fremdstoffe, die von der Pflanze in gebundene Rückstände verwandelt worden sind, auch beim Menschen eine Wirkung hervorrufen könnte. Daher muss die Bioverfügbarkeit von gebundenen Rückständen, egal, ob es sich um Schimmelpilztoxine, pflanzeneigene Gifte oder synthetische Pflanzenschutzmittel handelt, endlich analytisch und toxikologisch ernst genommen werden. Freie Rückstände verhalten sich zu gebundenen etwa so wie das jederzeit verfügbare Kleingeld im Portemonnaie zu den Beträgen, die als Festgeld auf dem Konto lagern oder in Immobilien angelegt worden sind.

Der Weg der Mitte: Konjugate

Viele Pestizide, Arzneimittel und andere Gifte sind nur begrenzt in Wasser löslich, lösen sich jedoch umso besser in Fett. Nachdem Mensch oder Tier diese Stoffe aufgenommen haben, gibt es für den Organismus zwei Möglichkeiten, sie mehr oder minder unschädlich zu machen: Entweder deponiert er die unerwünschten Stoffe im relativ stoffwechselträgen Fettgewebe (dies kennt man von DDT und Dioxinen), oder er macht sie wasserlöslich und befördert sie mit dem Harn, dem Stuhl oder auch dem Schweiß nach draußen. Zu diesem Zweck müssen diese Substanzen vom Stoffwechsel an wasserlösliche Transporter wie Zucker, Glucuronsäure oder Phosphate gekoppelt werden.[46, 56] Dann spricht man von konjugierten Rückständen. Sie bilden sozusagen ein Mittelding zwischen freien und gebundenen Rückständen.

Da die Möglichkeiten der Konjugation bekannt und begrenzt sind, kann das Labor konjugierte Pestizidrückstände bei Bedarf – ähnlich wie die freie Muttersubstanz – meist ohne übermäßigen Aufwand bestimmen. Ähnlich sieht es bei Tierarzneimitteln aus. Normalerweise wird der größte Teil vom Organismus «konjugiert» und ausgeschwemmt.[4, 16, 25, 37, 43] Damit ist das Fleisch, wenn es denn zum Verzehr gelangt, relativ rückstandsarm. Die Antibiotika hat der Körper unschädlich gemacht und ihrer Wirkung beraubt. In dieser Form sollten sie eigentlich auch für die Umwelt harmlos sein, da sie in konjugierter Form in die Gülle geraten.

Diese These haben Wissenschaftler an der Universität Bonn bereits

1986 überprüft. Sie brachten mit konjugiertem Chloramphenicol und Sulfamidin belastete Gülle auf Felder aus. Aber schon innerhalb weniger Wochen, manchmal sogar schon nach wenigen Tagen, wurden dort die konjugierten Antibiotika von den Mikroorganismen wieder in ihre ursprüngliche freie Form umgewandelt. Der Antibiotikagehalt der Gülle erreichte sein Maximum zum Teil erst, nachdem die Medikamente im Stall abgesetzt worden waren. Damit sind die Rückstandsmengen, die über konjugierte Arzneistoffe in die Umwelt und damit in die Lebensmittel gelangen, größer als diejenigen, die im Tier verbleiben.[8]

Dies erklärt zugleich, warum meist nur «homöopathische» Rückstandsmengen von Tierarzneimitteln in Fleisch oder von Pestiziden in Salat gefunden werden. Nur ein geringer Anteil der verabreichten Wirkstoffe reichert sich dort an; der größte Teil wurde vorher ausgeschieden oder gebunden. Damit ist auch das Rätsel gelöst, warum im fertigen Braten manchmal sogar mehr Rückstände entdeckt werden als im Frischfleisch: Nicht nur Bakterien, auch die Hitze von Herd und Backofen vermögen gelegentlich konjugierte oder auch gebundene Rückstände aus Lebensmitteln freizusetzen.[5, 21, 36]

Die Problematik der Gebundenen ist der Fachwelt seit mehr als drei Jahrzehnten bekannt. Jeder Analytiker weiß, dass seine Messergebnisse bei organischen Stoffen, seien es Pestizide, Vitamine oder sekundäre Pflanzenstoffe, in der Praxis oft nur von geringer Aussagekraft sind.[52] Doch die Entwicklung aussagekräftigerer Methoden scheint hierzulande unerwünscht zu sein. So verbreitet das Bundesamt für Verbraucherschutz und Lebensmittelsicherheit (BVL) im Rahmen seines Internetauftritts in teils jahrzehntealten Schriften listenreich, dass die Gebundenen bei den Höchstmengen von Pflanzenschutzmitteln in Lebensmitteln bereits berücksichtigt seien.[12] Liest man die im Schriftstück «Zur

Prüfung gebundener Rückstände in Lebensmitteln» angegebene Richtlinie genauer, so findet sich dort nur eine einzige Vorschrift zur Untersuchung gebundener Rückstände im Boden.[19] Und bei der angegebenen Leitlinie handelt es sich sowieso nicht um eine rechtsverbindliche Vorschrift.

Es ist höchste Zeit, dass die Chemiker eingestehen, dass auch ihre Analysekunst Grenzen hat und ihre Hunderttausende von Euro teuren Messgeräte daran nichts ändern. Niemand wird von ihnen Unmögliches verlangen, aber durch ihr Schweigen setzen die Analytiker ihre Glaubwürdigkeit in Sachen Umwelt- und Rückstandsanalytik aufs Spiel.

Kurz gesagt ...

Verglichen mit den Risiken, die von gebundenen Rückständen ausgehen, sind die «freien» Rückstände, derentwegen Greenpeace, Verbraucherschützer und andere Interessengruppen die Öffentlichkeit mobilisieren und «strengere Grenzwerte» fordern, nicht furchteinflößender als die Gespenster in einer Geisterbahn. Wer deren wahre Natur nicht durchschaut, den gruselt's bei jeder Fahrt aufs Neue.

Aber der Insider weiß längst: Die grausen Gestalten sind nur aus Pappmaché. Die wirklich brisanten, nämlich die gebundenen Schadstoffe tauchen bisher in den Medien so gut wie gar nicht auf.

6 Eine Nation sieht rot: Grüne Gentechnik

Gentechnisch veränderte Pflanzen werden auf der ganzen Welt angebaut und auch verspeist. Nur Deutschland ist ein unbeugsames Fleckchen des Widerstands auf der von skrupellosen Gen-Konzernen besetzten Erdkugel. Erinnert dieses Szenario nicht ein wenig an Asterix und Obelix? So wie sich das kleine gallische Dorf gegen das Imperium Romanum zur Wehr setzt, so sträuben sich Deutschlands Bürger gegen fremde Gene in Kartoffeln, Soja und Mais: also gegen die grüne Gentechnik. Beherzt zertrampeln besonders Wagemutige in Nacht-und-Nebel-Aktionen die Versuchsfelder der Forscher. Viele Bürger sehen dies mit heimlicher Freude, denn sie sind in Sorge, durch die fremden Gene würde die «Schöpfung verfälscht» oder gar «missbraucht». Merkwürdigerweise wird die rote Gentechnik, also Gentechnik in der Hand von nicht minder übel beleumdeten Pharmakonzernen, vielfach begrüßt.[10] Die Angst vor Krebs, Haarausfall und Cellulitis ist eben größer als vor «fremden Genen». Hier ist der Gewinn emotional nachfühlbar.

Aber wozu soll Gentechnik im Essen gut sein? Brauchen wir überhaupt eine Ertragssteigerung durch Gentechnik? Wir schwimmen im Überfluss, wir leben wie die Made im Speck. Wir verarbeiten jedes Jahr Millionen von Tonnen an Getreide zu Bioethanol, wir werfen gewaltige Mengen an Lebensmitteln in den Müll! Warum soll gerade eine Überflussgesellschaft so verrückt sein, sich für eine technische Idee zu begeistern, die notgedrungen auch Risiken birgt, und da es eine neue Technik ist, zwangsläufig auch unbekannte Risiken? Das Argument der Konzerne, die Gentechnik würde den Hunger in der Welt bekämpfen, ist doch nur vorgeschoben. Schon heute müsste niemand hungern, wenn die Ernten jedermann zugutekämen. Doch zu essen bekommt bekanntlich nur, wer es bezahlen kann. Weil wir genug Kohle haben, packen wir den Weizen in Form von E10 gleich in den Tank. Die Armen dieser Welt gehen auch mit Gentechnik leer aus. So simpel ist das.

Rostfreier Weizen

Warum will man unsere Nutzpflanzen nicht so belassen, wie sie sind, warum kann man sie nicht so wie seit Jahrtausenden durch Auslese langsam, dafür aber auf natürlichem Wege verbessern? Da sind wir auf der sicheren Seite, denn da kennen wir die Risiken.

Wirklich? Züchtung schafft immer etwas Neues, etwas Unvorhergesehenes, etwas, das es bisher nicht gab. Keine Züchtung ist wirklich berechenbar. Niemand kann wissen, wie die Gene von Vater und Mutter kombiniert werden. Denn die wurden schon vor der Befruchtung im Körper ganz natürlich und zufällig durchmischt, aus- und umsortiert. Rekombination heißt der Fachausdruck dafür; sie ist eine der Triebkräfte der Evolution. Schon der diagnostische Aufwand, der getrieben wird, um «vorher» durch Pränataldiagnostik herauszufinden, ob beim eigenen Kind auch alles dran und drin ist, zeigt, wie gering das Vertrauen der Menschen in das züchterische Treiben im Schlafzimmer ist. Und meist sind die Ergebnisse jeglicher Fortpflanzung oder Züchtung nicht rückholbar.

So war es auch mit den stechlustigen «Killerbienen», die in Amerika enormen Schaden anrichten und massive Störungen des Ökosystems bewirken. Sie entstanden durch das schulbuchmäßige Kreuzen von bienenfleißigen europäischen mit tropentauglichen afrikanischen Bienen. Die Kreuzung geschah ganz normal per Hochzeitsflug. Das Ziel war, der Dritten Welt eine leistungsfähige Honigproduktion zu ermöglichen. Übrigens: Die Elternbienen waren jeweils harmlose Zeitgenossen, die friedlich ihren Nektar sammelten.[11] Niemand kann also bei der klassischen Zucht vorhersagen, wie das Ergebnis wirklich aussehen wird. Das ist gewiss kein Grund, die Gentechnik zu loben, im Gegenteil: Es mahnt zur Skepsis, aber diese Skepsis gilt gleichermaßen allen Züchtungsverfahren.

Wäre es da nicht vernünftiger, Züchtung generell mit Vorsicht zu genießen? Sicherer wäre es auf jeden Fall. Nur wäre es für uns auch besser? Mit den heutigen züchterischen Verfahren könnte man durchaus identische Nachkommen produzieren, um das Risiko durch «veränderte Gene» so gering wie möglich zu halten. Das Verfahren nennt man Klonen. Da weiß man wenigstens, was man hat! Übrigens: In vielen Haushalten werden Pflanzen seit jeher geklont: Wer per Ableger oder Steckling vermehrt, der klont. Aber das Klonen ist den Kritikern der Gentechnik nun auch wieder nicht recht.

Mit Klonen allein wäre die Landwirtschaft übrigens verraten und verkauft. Denn unsere Nutzpflanzen nehmen ja nicht mehr am evolutionären Wettlauf teil, sie müssen vom Menschen immer wieder aufs Neue für die sich wandelnden Herausforderungen ihrer Anbaugebiete fit gemacht werden. Die Tatsache, dass wir Überschüsse produzieren, verdanken wir bisher noch der klassischen Züchtung, so wie sie Gregor Mendel mit seinen Kreuzungsexperimenten begründet hat. Doch nicht der Mönch Mendel hat die Hungersnöte aus Europa verbannt, dies gelang erst hundert Jahre später dem Amerikaner Norman Borlaug.

Unsere Grundversorgung basiert auf Getreide. Doch es wird als Monokultur angebaut und lockt natürlich allerlei Kleinvieh an. Einer der schlimmsten Feinde des Weizens war noch bis weit ins letzte Jahrhundert hinein ein winziger Pilz: der Schwarzrost (*Puccinia graminis*). Immer wieder vernichtete er Getreideernten und löste damit Krisen oder Hungersnöte aus. Die letzte Katastrophe dieser Art trat 1954 in den USA auf.[25]

Borlaug gelang es damals, pucciniaresistente Weizensorten für die ganze Welt zu züchten, mit den damaligen Züchtungsverfahren eine großartige Leistung.[28] Denn es genügt beileibe nicht, Resistenzgene ausfindig zu machen und dann einzukreuzen. Erstens hat das neue Gen in der Pflanze nicht unbedingt den erhofften Effekt, zweitens bewirkt das Kreuzen nicht selten Effekte, die für die Pflanze von Nachteil sind, und drittens gibt es weltweit eine riesige Zahl von Weizensorten, denn jedes Klima, jeder Boden, jedes Ökosystem braucht andere, speziell angepasste Varietäten.

Die resistenten Ursprungssorten bringen meist minimale Erträge und taugen deshalb nicht zum weltweiten Anbau. Wenn es endlich gelungen ist, ihre Resistenzgene auf die vielen Hochleistungssorten zu übertragen, muss dieses Saatgut wiederum über Jahre vermehrt werden, bevor es zum Anbau von Brotgetreide ausreicht. Erst durch diese züchterische Leistung ist «unser täglich Brot» tatsächlich auch täglich verfügbar. Dafür erhielt Norman Borlaug 1970 den Friedensnobelpreis – und genau den hat er sich redlich verdient!

Globalisierung: Die stillen Gewinner

Gewöhnlich ist der züchterische Erfolg nicht von Dauer, denn auch Schädlinge und Krankheiten entwickeln sich weiter; sie versuchen ständig Pflanzen als Nahrungsquelle zu nutzen und dazu ihre Abwehr zu überlisten – das ist die Triebkraft der Evolution. Die Fachpresse ist voll von Beispielen, täglich entwickelt irgendein Lebewesen eine kleine, aber brisante genetische Veränderung, die ihm einen neuen Wettbewerbsvorteil verschafft. Auch im Falle von *Puccinia* ist vor einigen Jahren genau dieses Szenario eingetroffen: eine neue, hochaggressive Rasse des Schwarzrosts bedroht seither wieder den Weizen.[25]

Erstmals trat diese Rasse 1999 in Uganda auf (daher heißt sie Ug99) und verbreitete sich schnell nach Äthiopien, Sudan und Kenia und hat inzwischen Südafrika erreicht.[1, 7] Das ferne Geschehen war auch für unsere Breiten relevant. Schon durch den globalen Getreidehandel besteht ständig die Gefahr einer Einschleppung. Die Pilzsporen verbreiteten sich außerdem mit dem Wind, sogar von Kontinent zu Kontinent. Vom Horn von Afrika werden sie bei geeigneter Wetterlage in die Kornkammern Asiens verdriftet.[24] 2007 hatte der Erreger bereits den Jemen erreicht und an Virulenz noch zugelegt. Ein Jahr später wurde diese Mutante in den Kornfeldern des Iran entdeckt.[18] Derzeit wird der Schaden durch den Rost gewöhnlich mit modernen Azolfungiziden kontrolliert.

Die Windverbreitung von Pilzsporen ist auch der Grund, warum deutsche Weizenzüchter ihre Versuchsfelder an den nach Westen gerichteten Anhöhen der Schwäbischen Alb betreiben. Dort kommen die ganzen Weizenkrankheiten aus dem Pariser Becken innerhalb von zwei Tagen per Luftpost angeflogen. Neue Sorten, die diese Feuerprobe unbeschadet überstehen, sind geeignete Kandidaten für die Weiterentwicklung.

Norman Borlaug war es dann auch, der aus eigener Initiative begann, den Kampf gegen den Resistenzdurchbruch global zu organisieren.[28] Die Suche nach Resistenzgenen wird von Mexiko aus betreut, die meisten Freiland-Versuche wiederum finden in Uganda statt, weil dort der Rostpilz allgegenwärtig ist. Inzwischen ist es gelungen, eine Varietät ausfindig zu machen, die gewissermaßen «rostfrei» bleibt. Jedes verfügbare Korn wurde einzeln ausgesät, gehegt und gepflegt. Auf diesem Weg sind mittlerweile einige Tonnen Saatgut produziert worden. Auch in Indien wurden inzwischen resistente Weizen-Varietäten entdeckt. Nun beginnt die eigentliche Arbeit: der Einbau der Gene in die bestehenden Hochleistungssorten.[24]

Das geht natürlich auch mit normalem Kreuzen, allerdings mit dem Nachteil, dass es ziemlich lange dauert. Zudem ist dieses Zuchtverfahren nur schwer berechenbar. Die Züchter müssen zahllose Kreuzungsversuche samt «Freisetzung» unternehmen. Da niemand weiß, was sich dabei so alles im Genom tut, treten immer wieder überraschende Effekte und Merkmale auf, die prinzipiell auch unbekannte Risiken bergen. Wesentlich überschaubarer sind die Effekte bei einer gentechnischen Übertragung der Resistenzgene. Das geht nicht nur schneller, sondern ist vor allem viel präziser möglich. Das wiederum bedeutet weniger Veränderungen am Genom und weniger Freisetzungsversuche. Natürlich heißt das nicht, dass die Gentechnik eine «gute» oder *per se* «harmlose» Technik ist. Es ist nur eine Methode, die in diesem Falle weniger Risiken birgt.

Ernteverluste sind keineswegs nur ein Problem für unsere heimische Landwirtschaft. Getreide wird das ganze Jahr über rund um den Globus geerntet. Die jeweiligen Getreidevorräte in den Lagern der internationalen Handelsorganisationen decken gerade mal den Weltbedarf von zwei, drei Monaten. Ein massiver Ernteausfall anderswo in der Welt wirkt sich also auch auf uns aus. Man kann sich unschwer vorstellen, was es bedeutet, wenn das Brotgetreide knapp würde, weil kurzfristig ein Fünftel der Welternte fehlt. Preissteigerungen um den Faktor zehn oder mehr wären dann nicht ungewöhnlich. Denn essen muss der Mensch. Und Hunger bringt ihn auf die Barrikaden. Die politischen Unruhen in Nordafrika Anfang 2011 wurden durch höhere Lebensmittelpreise ausgelöst, sie begannen mit Hungerrevolten. Und Hunger kann man nicht mit Panzern bekämpfen. Wer das nicht beachtet, provoziert Revolutionen.[32]

Pflanzenkrankheiten, Schädlinge und aggressive Unkräuter sind die großen Gewinner der Globalisierung. Deshalb wird sich die Problematik weiter verschärfen. Dies liegt vor allem am wachsenden Personenfernverkehr und am weltweiten Handel mit Waren. Ständig breiten sich auch auf unseren Äckern gefährliche Neuankömmlinge aus, nicht selten solche, gegen die die hergebrachten Bekämpfungsstrategien versagen. Der Zeitungsleser erfährt davon meist nichts – warum auch, das sind die Probleme von Landwirten, Züchtern und Pflanzenschutzindustrie. Aber wenn ein Grundnahrungsmittel betroffen ist, dann wirken sich solche Ereignisse ohne die Fachkompetenz der Pflanzenschützer nicht viel anders aus, als wenn ein neuer Erreger unser Nutzvieh oder den Menschen selbst bedroht. Die Kartoffelfäule in Irland hat genauso ihre Opfer gefordert wie anderswo die Cholera.

Bildung vom Acker

In der Öffentlichkeit werden Landwirte gern als Empfänger von EU-Subventionen betrachtet, die mit diesem Geld den Entfaltungsraum der Natur beschneiden. Mit Unkrautvernichtungsmitteln rotten sie vitaminreiche Wildkräuter und schöne Wildblumen aus, mit Insektengiften trachten sie bezaubernden Schmetterlingen und schillernden Käfern nach dem Leben. Wer die Wildnis schätzt, mag mit gutem Beispiel vorangehen: Er braucht nur seinen Vorgarten ein paar Jahre sich selbst zu überlassen. Wenn man nicht gerade auf Brennnessel-Salat oder Löwenzahn-Gemüse steht, ist mit einer nahrhaften Ernte nicht mehr zu rechnen, es sei denn, man sammelt die zahlreichen Nacktschnecken und serviert sie als Appetithäppchen in Essig und Öl.

Dass wir an jeder Ecke etwas zu essen bekommen, ist keine Selbstverständlichkeit. Die Fachleute, die für die Erntesicherheit sorgen, sorgen gleichzeitig auch für die Grundlage unserer Zivilisation. Die Agrartechnik schuf die Voraussetzung dafür, dass die meisten Menschen heute einen Beruf außerhalb der Landwirtschaft ergreifen können und sich nicht mehr wie früher als Knechte und Mägde verdingen müssen, so wie noch vor wenigen Generationen ihre Vorfahren. Ohne Ernteüberschüsse gäbe es nicht einmal die Schulpflicht. Die Sommerferien sind keine Erfindung der Tourismusindustrie, sie sollten es schon den Abc-Schützen ermöglichen, zumindest während der Erntezeit ihren angestammten Arbeitsplatz auf dem Feld wieder ganztags einzunehmen.

In Deutschland gab es seit Jahrzehnten keinen Nahrungsmangel mehr, weshalb uns das Verständnis für die Leistung Borlaugs und seiner zahllosen Kollegen verlorengegangen ist. Diejenigen, die diese Entwicklungen auf den Äckern dieser Welt beobachten und Strategien gegen Schädlinge erarbeiten, sorgen dafür, dass wir beim Bäcker jeden Morgen Brot, Brötchen oder Kuchen bekommen. Die Züchter und die Entwickler von Pflanzenschutzstrategien sind gewissermaßen die Feuerwehr der Nahrungsmittelproduktion. Nur weil wir die vielen Brände und die Löscharbeiten nicht sehen, glauben viele, es handele sich um unnützes oder gar schädliches Tun.

Das Zündeln mit dem Zünsler

Einen Boom erlebt derzeit der Mais. Jahrzehntelang nur als Viehfutter verwendet, bedient er nun die überall aus dem Boden sprießenden Biogasanlagen. Auch den Mais haben einige süße Krabbeltierchen zum Fressen gern. Bisher diskutiert die Öffentlichkeit nur über den Maiszünsler – ein Falter, der sich bereits flächendeckend verbreitet hat. Laut Julius-Kühn-Institut, dem Bundesforschungsinstitut für Kulturpflanzen in Quedlinburg, verursacht er einen jährlichen Schaden in zweistelliger Millionenhöhe. Eine effektive Bekämpfungsmethode fehlt bislang.[14]

Doch schon naht mit dem Maiswurzelbohrer der nächste Plagegeist. 1995 wurden die ersten Käfer in Ungarn gesichtet. Mittlerweile sind sie auch in Deutschland angekommen. Das war absehbar, auch wenn das Verbreitungsmuster kaum kalkulierbar war: Mancherorts rückte der Käfer einfach über die Felder und Straßen vor, andere Exemplare nahmen offenbar den Flieger. Diverse Einwanderungswellen gingen von den Flughäfen in Paris, Brüssel, Amsterdam und London aus.[12]

Mit Quarantäne lässt sich sein Vormarsch allenfalls verzögern. Da sich die chemische Bekämpfung aufgrund seines Treibens im Erdreich schwierig gestaltet, wurde das Saatgut vorsorglich mit einem Insektenvernichtungsmittel behandelt, um den Wurzelraum zu erreichen. Das brachte jedoch nicht nur den Bohrer um die Ecke, sondern spielte auch der Bienenwelt übel mit. Erdstaub mit Insektengift gelangte vom Acker auf Blütenpflanzen. In der Folge wurden in Südwestdeutschland rund 11 000 Bienenvölker ruiniert.[21] Natürlich gibt es Maissorten, die gegen Maiswurzelbohrer und Maiszünsler resistent sind – dank Gentechnik. Sie dürfen bei uns aber nicht angebaut werden.

Immerhin – ein Gutes haben die Zünsler und Bohrer: Sie erfordern die Einhaltung von Fruchtfolgen – mit dreijährigem

Verzicht auf Mais. Solange wir Mais nur für Futterzwecke anbauen, kann man deshalb auf Genmais verzichten. Für die Biogasanlagen, die auf Maismonokulturen in unmittelbarer Nähe rund um die Anlage angewiesen sind, dürften schwere Zeiten anbrechen. Muss man den Mais von weit her ankarren, wird das nicht nur teurer, es bringt auch die ganze Ökobilanz ins Wanken. Außerdem stellen die Monokulturen eine Gefahr für die Gesundheit dar. Denn wenn man Jahr für Jahr auf Mais wieder Mais pflanzt, bekommen schädliche Schimmelpilze Oberwasser, namentlich die Fusarien.[3] Sie gelten als die «Ratten der Äcker», die auch andere Kulturpflanzen infizieren. Fusarien produzieren massenhaft Schimmelpilzgifte, die eine erhebliche Gefahr für die Gesundheit von Mensch und Nutzvieh darstellen.

Allerdings – und das soll hier nicht verschwiegen werden – wirkt der verbotene Genmais sehr effektiv gegen den Pilzbefall. Einfach deshalb, weil er nicht nur Bohrer und Zünsler den Garaus macht, sondern auch den Blattläusen, den Hauptüberträgern der Fusarien. Die Belastung mit Schimmelgift sinkt dadurch um den Faktor zehn.[2] Eigentlich war das von den Gentechnologen gar nicht beabsichtigt; es ist gewissermaßen eine Nebenwirkung, eines dieser berühmten «unbekannten Risiken». Oder diesmal besser: ein echter Glücksfall! Biogasanlagen, die auf Mais angewiesen sind, erfordern über kurz oder lang den Einsatz von Genmais, wenn Umwelt und Gesundheit geschützt werden sollen. Diese Kröte wird unsere Öko-Bewegung, die uns die Biogasanlagen eingebrockt hat, noch schlucken müssen.

Künstliche Gene aus dem Atomreaktor

Gelingt einem Erreger ein evolutionärer Durchbruch, ist Gefahr im Verzug. Auf großen Flächen mit einheitlichen Sorten finden

Krankheitserreger und Schädlinge einen reich gedeckten Tisch. Die Evolution steht nicht still. Jeder züchterische Erfolg ist nur ein Erfolg auf Zeit. Irgendwann – und das kann, wenn es dumm läuft, schon morgen sein – wird die Abwehr der Pflanze und all ihrer Verwandten mit dem gleichen Abwehrsystem von der Natur geknackt. Wer hier mit der klassischen Kreuzung arbeitet, hat einen steinigen Weg vor sich. Denn viele unserer Nutzpflanzen brauchen eine ganze Vegetationsperiode, bis ihr Saatgut reif ist, und können erst im Jahr darauf erneut geprüft oder vermehrt werden. Aus diesem banalen Grund haben die Züchter schon vor der Gentechnik effizientere Methoden als das Kreuzen entwickelt: die wichtigste traditionelle Methode ist die Mutationszüchtung.

Eine Mutation ist eine Veränderung im Erbgut, die zufällig auftritt. Auslöser können natürliche Radioaktivität, Virusinfekte oder kosmische Strahlung sein. Aber auch Kopierfehler an der Erbsubstanz kommen vor. Ursache sind häufig erbgutschädigende Substanzen. In den allermeisten Fällen schaden diese Mutationen dem Lebewesen, nur in seltenen Fällen kommt es zu einer Veränderung, die aus Sicht der Pflanze oder des Züchters von Vorteil ist. Solche spontanen Mutationen sind jedoch zu selten, um mit ihrer Hilfe eine effiziente Zucht aufzubauen. Deshalb kam man auf die Idee, der Natur auf die Sprünge zu helfen: Mit Röntgen-, Laser- und Gamma-Kanonen rückt man seither dem Saatgut zu Leibe. Daneben spielen auch erbgutschädigende Chemikalien wie Nitrosoverbindungen oder Colchizin eine gewisse Rolle, vor allem, wenn man den Chromosomensatz der Pflanze verdoppeln will, um die Früchte zu vergrößern. Erste Veröffentlichungen über solche Verfahren gab es bereits im Jahr 1928.[26, 27]

Die wichtigste Methode ist bis heute eine Behandlung im Atomkraftwerk. Dabei wird das Saatgut unmittelbar der Strahlung des Reaktors ausgesetzt. Die Bestrahlung zerstört vorhandene Gene und schüttelt – grob gesagt – neue Gensequenzen aus der so erzeugten «Buchstabensuppe» zusammen. Genau genommen handelt es sich dabei um künstliche Gene, die es vorher so nicht gegeben hat. Häufig wird das Saatgut sogar mehrfach bestrahlt. Damit lassen sich viel weitreichendere Veränderungen am Genom erzielen, als es die Gentechnik erlauben würde.[30]

Diese Technik wird bei uns schon seit den 1960er Jahren angewandt. In diesem Zusammenhang erzählte der ehemalige Leiter des Instituts für Lebensmittelchemie der Uni Hamburg, Hans Steinhart, wie er als Werkstudent mit Getreideproben der Bayerischen Landesanstalt für Pflanzenbau in der Satteltasche zum Forschungsreaktor Garching radelte und die Proben dort bestrahlen ließ. Das mutierte Saatgut wurde dann im Bayerischen Wald ausgesät, um seine Überlebensfähigkeit unter rauen Umweltbedingungen zu testen. Anschließend wurden die Pflanzen, die eine womöglich nützliche Veränderung aufwiesen, vermehrt und später in vorhandene Sorten eingekreuzt.[29]

Da die meisten der dabei zufällig entstandenen Mutationen sinnlos sind, viele sogar schädlich und nur ein verschwindend geringer Anteil vorteilhaft ist, muss man hektarweise bestrahltes Saatgut aussäen und dann aus einem Meer von unterschiedlichen Pflanzen ein paar «positiv» veränderte heraussuchen, um mit dieser Technik erfolgreich zu sein. Die übrigbleibenden unbrauchbaren Mutanten werden einfach untergepflügt.[30] Damit gleicht diese Methode einem Lottospiel, für das man Millionen von Tippscheinen ausfüllt, um die Chancen auf einen Sechser zu erhöhen.

Man sät also genetisch verändertes Saatgut aus, von dem kein Mensch weiß, was da wirklich im Genom passiert ist. Stopp – ist das nicht genau das, was die Gentechnikgegner verhindern wollen? Warum schert sich niemand darum, was für «Kreaturen in dem atomar verstrahlten Saatgut schlummern» und «freigesetzt» werden – um einmal in die plakative Sprache der Medien zu verfallen. Auch diese Pflanzen sind nicht mehr «rückholbar» wie ein Pups oder die eigene Kindheit. Gleiches gilt für ihre Pollen, die wie jene der «genmanipulierten» Pflanzen von Insekten verschleppt und vom Winde verwcht werden.

Der überwiegende Teil unserer Nutzpflanzen, auch unserer Nahrungspflanzen, enthält heute künstliche Gene aus dem Atomkraftwerk. Wenn Sie sich an den Tisch setzen, dann essen und trinken Sie solche Produkte, egal ob es Spaghetti oder Reis, Gemüse oder exotisches Obst oder ein Glas Bier ist. Wenn Sie Ihre Lebensmittel in einer Jutetasche mit dem Logo «Atomkraft – nein danke!» nach Hause tragen, stammt die Jute aus der Mutationszüchtung. Es wäre also nur fair, auf jede zehnte Tasche «Danke, Atomkraft» zu malen.

Ungeachtet dessen, dass Deutschland den Ausstieg aus der Kernkraft beschlossen hat, versuchen Länder wie Indien, Brasilien oder China weiterhin unbeirrt Nutzpflanzen, wie beispielsweise den in der Öko-Szene so beliebten Amaranth, per Mutationszüchtung zu verbessern.[16, 19] Und wenn eine grüne Politikerin eine flammende Rede gegen Atomkraft oder Gentechnik hält, dann darf der Blumenschmuck nicht fehlen, dessen Saatgut selbstredend ebenfalls mit radioaktiver Strahlung weiterentwickelt wurde. Daher kommen die vielen großen, bunten Blüten, die das Auge erfreuen. Von «ursprünglicher Natur» keine Spur.

Ist Ihnen auch schon die Sortenflut an bunten Petunien, Geranien und Gerbera im Blumenladen aufgefallen? Noch vor zwanzig Jahren lachten von jedem zweiten Balkon dieselben hellroten Geranien. Inzwischen kommt man in Entscheidungsnöte, wenn man im Frühjahr ein Gartencenter betritt. Sie organisieren gerade eine Familienfeier und planen die Tischdekoration? Prima, suchen Sie ruhig erst die Servietten und Kerzen aus, die farblich passenden Blumen zu bekommen, ist kein Problem. Gehen Sie in eine Gärtnerei und lassen Sie sich einfach mal den Katalog für Gerbera zeigen. Da finden Sie Hunderte Sorten in fast allen Farben des Regenbogens und allen ihren Schattierungen. So ansprechend sieht Mutationszüchtung aus. Ihre Gäste werden entzückt sein und angeregt bei Kaffee und Kuchen über die Risiken von Atom- und Gentechnik philosophieren.

Und diese Risiken gibt es natürlich, schon allein deshalb, weil alles, was wir im Leben tun oder unterlassen, irgendwelche Risiken birgt. Deshalb stehen Alternativen zu den bisher üblichen Züchtungsverfahren, also zu Mutationszüchtung und Gentechnik, hoch im Kurs. Wie steht es mit diesen «natürlichen» Methoden, die vor allen von Greenpeace und anderen Gen-kritischen Organisationen immer wieder aufgezählt werden? Der bekannteste Fall betrifft eine Kartoffel, eine Industriekartoffel.

Turbo-Kartoffeln und Greenpeace-Enten

Es gibt mehr Kartoffeln als nur die mehlig- oder festkochenden Sorten für die Küche. Auch die chemische Industrie lässt große Mengen Kartoffeln anbauen, aber nicht um Pommes herzustellen, sondern für die Erzeugung technischer Stärke, beispielsweise zur Produktion von Leim oder Textilien. Speisekartoffeln sind hierfür weniger geeignet, weil sie zu einem erheblichen Teil eine technisch unbrauchbare Stärkesorte enthalten. Auch wenn die Züchter bereits spezielle, für den Menschen ungenießbare Industriekartoffeln entwickelten, so muss deren Stärke immer noch aufwendig gereinigt werden. Die Industrie kann nur den Stärkebestandteil Amylopektin gebrauchen, von dem allein in Deutschland jährlich 500 000 Tonnen benötigt werden.

Die BASF entwickelte deshalb die Kartoffelsorte «Amflora», die auf gentechnischem Weg zu einer reinen Amylopektin-produzentin geformt wurde. BASF wirbt durchaus zutreffend damit, dass dank Amflora die aufwendige Verarbeitung überflüssig werde, die gewaltige Mengen an Wasser und Energie verbraucht. In Sachen Ökobilanz gibt's über die neue Kartoffel also nichts zu meckern.[4]

Da aber Gentechnik im Spiel ist, ruft Greenpeace immer wieder zu Protestaktionen auf, ob im Internet oder direkt auf den Äckern.[13] Die Organisation empfiehlt statt Amflora eine alternative Kartoffelsorte: Das Fraunhofer-Institut habe eine Amylopektin-Kartoffel ganz ohne Gentechnik entwickelt. Die täte es schließlich auch. Preisfrage: Mit welcher Technik hat man das wohl hinbekommen?

Die Pressemeldung der Fraunhofer-Gesellschaft lautete: «Turbo-Züchtung schafft Super-Kartoffel». Was bitte ist eine Turbozüchtung? Dabei handelt es sich um eine Kombination aus Mutationszüchtung und Gentechnik. Allerdings wurde hier nicht mit Radioaktivität, sondern mit Gift gearbeitet. Der entscheidende Fortschritt, der den Forschern am Fraunhofer-Institut gelang, besteht darin, die Mutationszüchtung massiv beschleunigt zu haben. Die Mutanten wurden mittels Gentechnik gescreent. Das Verfahren nennt sich Tilling (*Targeting Induced Local Lesions in Genoms*). Das alles kann man in der kurzen und unmissverständlichen Pressemeldung nachlesen.[8]

Eines muss man den Gentechnikgegnern schon lassen: Sie haben die fachliche Kompetenz unserer Öffentlichkeit und ihrer medialen Gentechnikexperten korrekt eingeschätzt. Unsere Presse druckt auch die dürftigsten Erklärungen von Greenpeace ab, als handele es sich um Wahrheiten, die zu hinterfragen an Majestätsbeleidigung grenzt. Dank dieser Propaganda strebt nun die Mutationszüchtung zu neuen Horizonten. Im Gegensatz zu gentechnischen Sorten, bei denen der Züchter einen Waggon voller Akten bei den Behörden einreichen muss – wo sie natürlich Seite für Seite aufmerksam gelesen werden –, braucht man bei den neuen Sorten aus der Strahlenkanone keinerlei Sicherheitsüberprüfungen. Und kein Demonstrant trampelt auf dem Acker herum. Merke: Je größer der Widerstand gegen Gentechnik, desto wichtiger die Mutationszüchtung und damit auch das Betreiben von Atomreaktoren.

Die Mutationszüchtung ist ein allgemein bekanntes Verfahren, das jedem Biologen geläufig ist. Sie ist weltweit Standard. Und trotzdem ist sie im Bewusstsein der Öffentlichkeit so gut wie nicht vorhanden. Die zahllosen Seiten im Internet, die dem Bürger Informationen über Gentechnik nahebringen, namentlich von Greenpeace, Foodwatch, transGEN, ja selbst vom Bundesverbraucherministerium, bieten keinerlei Informationen dazu an.

Auch in den gegenwärtigen Biologie-Lehrplänen findet sich meistenteils nichts darüber, trotz des üppigen Lernumfangs zum Thema Genetik. Zufall? Die Thematik ist vielfach nicht einmal Bestandteil des Biologie-Lehramt-Studiums. Es ist schon sehr merkwürdig, dass Kinder in den Schulen ausführlich über potenziell denkbare Risiken von Gentechnik informiert werden, aber viele Lehrkräfte nicht in der Lage sind, die Grundlage unserer Ernährung, nämlich die Mutationszüchtung, auch nur zu benennen. Dafür können sie den Fettgehalt einer Flasche Mineralwasser im Schlaf aufsagen. Ein Schelm, wer Böses dabei denkt.

Transgener Bioanbau

Sie haben extra «Bio» gekauft, weil Sie keine transgenen Zwiebeln im Salat wollen? Da waren die Biobauern aber auf einem ganz anderen Trip. Hier hieß das Zauberwort Protoplastenfusion.[31] Erst als diese Praxis an die Öffentlichkeit drang, entschlossen sich die Bioverbände vor wenigen Jahren zu einem halbherzigen Verbot.[22] Halbherzig deshalb, weil damals ja niemand von den Biofunktionären wusste, welche Sorten auf diesem Wege erzeugt worden waren, sodass das Verbot zunächst keine Folgen hatte.

Bei der Protoplastenfusion nimmt man eine Zelle, sagen wir von einer Zwiebel, und entfernt die Zellwand. Dann verfährt man mit der Zelle einer anderen Art, sagen wir vom Porree, auf dieselbe Weise. Die beiden «nackten» Protoplasten bringt man dann mit Stromschlägen zur Fusion. So können Pflanzen gekreuzt werden, die sich auf natürlichem Wege nicht kreuzen lassen. Hier zeigt sich, wie nonchalant die sakrosankten «Artgrenzen» in der Bio-Szene überschritten wurden, solange es kein Kunde wusste. Protoplasten nehmen durch Phagozytose aber auch bereitwillig fremde Substanzen auf. So kann man ihnen Viren, Chromosomen, aber auch ganze Organellen, wie zum Beispiel Chloroplasten, zuführen, was der Pflanze zu ganz neuen Eigenschaften verhilft. All das erinnert zwar irgendwie an die Gentechnik – heißt aber anders …

Haben Sie einen Garten, Balkon oder auch nur eine Fensterbank, wo Sie Gemüse, Kräuter oder Blumen aus Samen selbst heranziehen? Dann unterbrechen Sie doch einmal kurz die spannende Lektüre und schauen Sie sich Ihre Samentütchen genauer an. Dort werden Sie immer wieder den Begriff Hybrid-Saatgut finden. Was ist das nun wieder?

Bei der Hybridzüchtung werden die Nachkommen aus Inzuchtlinien miteinander gekreuzt (klingt gruselig bis ungesund, oder?). Der Trick besteht darin, dass es sich um echte Inzuchtlinien handeln muss und nicht um die genetische Gemengelage, die man landläufig in dörflichen Gemeinschaften unter Inzucht versteht. Durch diese Kombination kommt es bei gezielter Anwendung zu einer erstaunlichen Zunahme der Erträge. Aber nicht nur das, die Pflanzen sind zudem viel vitaler. Man braucht bei höheren Erträgen ganz wider Erwarten weniger Dünger und auch weniger Pestizide. Klar, dass sich dafür der Biobauer ganz besonders interessiert.[9]

Der bunte Zoo der Züchter: Hybriden, Terminatoren und Exorzisten

Die Hybridzüchtung liefert den Großteil des heute verwendeten Saatgutes, ob von Nutz- oder Zierpflanzen, ob im ökologischen oder konventionellen Landbau. Aber auch um Hybridsaatgut zu erzeugen, braucht man geeignete Ausgangspflanzen, die wiederum in der Regel durch Mutationszüchtung entstanden sind. Die Mutationszüchtung und die Hybridzüchtung haben wesentlich dazu beigetragen, dass heute acht Milliarden Menschen auf unserem Globus leben können.

Der einzige Wermutstropfen: Will man von den Hybridpflanzen selbst Saatgut gewinnen, gehen die wunderbaren Vorteile verloren: Es liefert nur die mageren Ergebnisse der ursprünglichen Kreuzungspartner. Dass die Nachkommen von Hybriden ihre besonderen Eigenschaften verlieren, ist ein natürlicher Vorgang. Er hat nichts mit irgendwelchen fiesen Tricks der Züchter zu tun. Sie müssen das Saatgut für jede Ernte mühsam neu erzeugen, indem sie die Elternpflanzen wieder miteinander kreuzen.

Dass sich aus Hybridpflanzen kein vernünftiges Saatgut erzeugen lässt, gibt seltsamerweise keinen Anlass zur Kritik. Aber bei der Gentechnik ist diese Tatsache einer der zentralen Gründe

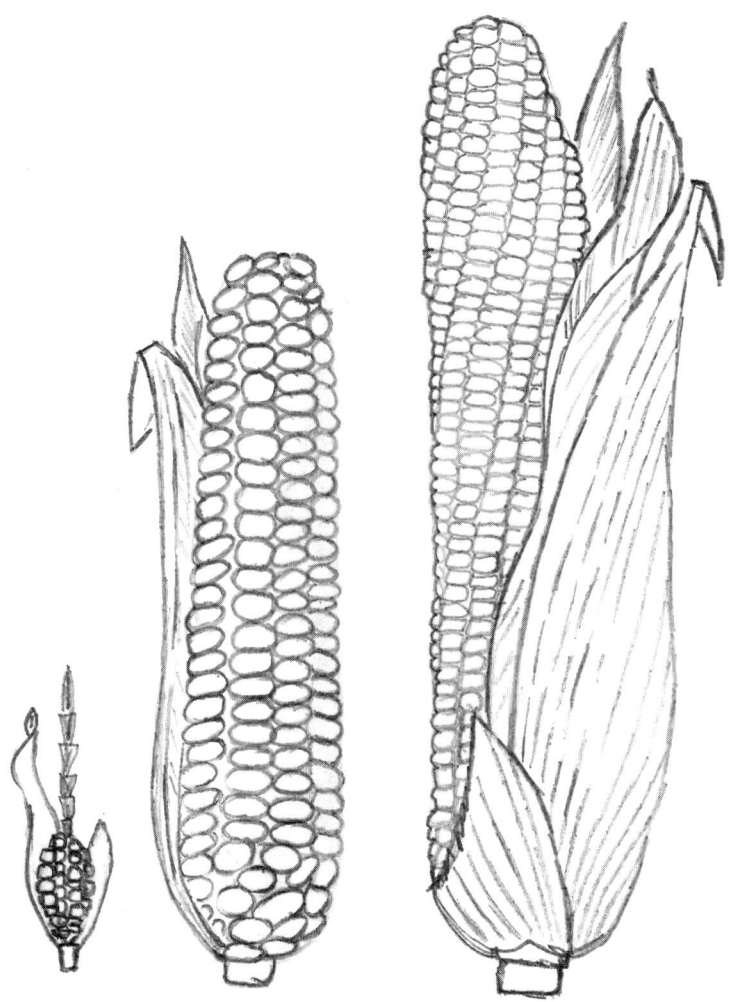

Von links nach rechts: Ältester Maiskolbenfund (5500 Jahre alt), Mais um 1950, moderner Hybridmais (verändert nach Galinat, W. S.: El Origen del Maiz: el Grano de la Humanidad. Economic Botany 1995, 49: 3–12). Zeichnung: Ute Düll

für deren Ablehnung. Aus diesem Grunde steht vor allem das sogenannte Terminator-Saatgut im Mittelpunkt der Kritik. Es dient als Beleg für die üblen Tricks der Gentechnik-Konzerne.

Dabei handelte es sich um Saaten, die eigens nach den Wünschen der Gentechnikkritiker entwickelt wurden. Über Jahre hinweg hatten sie dagegen protestiert, dass Gensaatgut nach der Ernte im nächsten Jahr wieder auf dem Acker auskeimen und damit die nächste Ernte «verunreinigen» könnte. Das ließ die Branche nicht auf sich sitzen. Also entwickelte sie die Terminator-Technologie, die dafür sorgt, dass gentechnisch veränderte Pflanzen kein fruchtbares Saatgut mehr liefern. Raps- und Weizenkörner, die bei der Ernte auf den Boden gefallen sind, können also im nächsten Jahr nicht mehr auskeimen. Diese Technik ist also ganz im Sinne der Gentechnikgegner, stachelte sie aber dennoch zu wütenden Protesten an. Der Vorwurf lautete jetzt: Nun seien die Landwirte ja gezwungen, jedes Jahr das Saatgut erneut zu kaufen. Dass die Landwirte ihr Hybridsaatgut jedes Jahr ebenfalls neu kaufen mussten, störte die Kritiker dabei nicht.

Die logische Weiterentwicklung der Terminator-Technologie ist das Exorzisten-Saatgut, eine verteufelt gute Idee: Die gentechnisch veränderte Pflanze schaltet das «fremde Gen» vor der Ernte nicht nur ab, sondern entfernt es sogar wieder. Der «Rausschmeißer» wird durch einen pflanzeneigenen Stoff aktiviert, der während der Reifung entsteht. Und schon fliegt das Gen für die Herbizidresistenz, oder was auch immer, aus dem Genom.[15] Hier ist sogar ein Nachbau möglich, aber man erhält beim Saatgut nur die gentechnikfreie Ausgangspflanze.

Eigentlich hätten die Gentechnikgegner dieses Verfahren zumindest diskutieren müssen. Taten sie aber nicht. Offenbar interessiert sich unter ihnen niemand wirklich für den Schutz der Umwelt vor fremden Genen. Warum auch? Allen Beteiligten sind die hier dargestellten Zusammenhänge natürlich geläufig. Die Kritiker benötigen für ihre politischen und kommerziellen Interessen zuvörderst mediale Aufmerksamkeit. Und am leichtesten erreicht man den Bürger, wenn man irgendetwas schützt: ein Tier vor Tierquälerei, ein Kind vor Gensoja, das Klima vor Methan oder einen Rentner vor Vogelgrippe. Die Angst öffnet Herz und Portemonnaie, das wissen wir ja schon aus der Furchtappellforschung; sie verhilft der Politik zu neuen Abgaben und Steuern.

Hexenjagd

Sobald der Landwirt aus gentechnisch veränderten Pflanzen selbst Saatgut erzeugen kann, ist aus Sicht der Kritiker Gefahr im Verzug, weil ihre Gene ja ausbüxen könnten. Wird dies mit geeigneter Technik unterbunden, dann gilt dies als Beweis für die Profitgier von Unternehmen, die die Bauern abhängig machen wollen. Das Argument mag für viele plausibel klingen, ist es aber nicht. Die Abhängigkeit vom Saatgutlieferanten ist keine Erfindung der Gentechnik-Unternehmen, die gab es sogar schon vor der Einführung des Hybridsaatgutes. Die Sortenschutzgesetze verpflichten die Landwirte seit jeher, den Züchter zu bezahlen – egal ob man frisches Saatgut kauft oder seine Sorten nachbaut.[5] Andernfalls gäbe es diese Sorten erst gar nicht, denn Züchten war immer schon ein höchst anspruchsvoller Job!

Eine Beurteilung, eine Einordnung der Gentechnik setzt voraus, dass der Sinn und Zweck der Züchtung verstanden wird und die Züchtungsmethoden bekannt sind. Dazu gehört auch die Kenntnis der genetischen Spielereien der Natur. In der berühmten «freien Wildbahn» wird sogar genetisches Material zwischen verschiedenen Arten getauscht.[6, 23] Die großen evolutionären Fortschritte wurden offenbar durch den Einbau von Genabschnitten aus anderen Arten, namentlich aus dem Erbgut von Parasiten oder Symbionten erzielt.[17] Auch menschliche Zellen sind durch und durch «transgene» Produkte.

Keine der züchterischen Methoden ist risikofrei, und keine wirklich natürlich, weil niemand in freier Wildbahn nach neuen Hochleistungssorten sucht. Aber wir sollten uns alle Wege offenhalten, wenn wir in der steten Auseinandersetzung mit Pflanzenkrankheiten und Ernteschädlingen, aber auch mit sich ändernden Klima- oder ungünstigen Bodenverhältnissen bestehen wollen. Gewinnen werden wir nie, weil die Evolution jene Lebewesen begünstigt, die eine schnellere Generationenfolge haben – und das gilt für die meisten Schädlinge und Krankheitserreger. Der Vorteil der Gentechnik ist im Vergleich zu anderen Züchtungsmethoden die größere Sicherheit, die sie uns bietet, einfach deshalb, weil es eine Technik ist, deren Wirkung im Vergleich zu anderen Verfahren noch am besten vorhersagbar ist.

Der pauschale Kampf gegen die Gentechnik nützt nicht nur den NGOs. Es gibt noch andere, die davon profitieren: Monsanto und Konsorten. Denn in Deutschland sind die mittelständischen Züchter aufgrund des Gentechnikrechts im globalen Wettbewerb benachteiligt. Sie sind zu klein, um neben ihrer langwierigen züchterischen Arbeit noch jene bereits zitierte Waggonladung von Akten für die Zulassung zu produzieren, um sich ein paar Jahre später eine Ablehnung der EU-Behörden einzufangen. Sie sind zu klein, um sich irgendwo in Asien mit einer eigenen Forschungseinrichtung niederzulassen, um das genetische Potenzial ihrer Sorten kommerziell global ausschöpfen zu können. Gleichzeitig rückt gentechnisches Saatgut auf dem Weltmarkt unaufhaltsam vor, weil es einfacher und damit billiger zu produzieren ist als «konventionell» erzeugte Sorten. Der heimische Markt ist für diese Züchter andererseits auf Dauer zu klein, um im internationalen Wettbewerb bestehen zu können.

Der Kampf gegen die Gentechnik betreibt nicht zuletzt das Geschäft von Monsanto. Greenpeace & Co. helfen mit, dass dieser Konzern die hiesigen mittelständischen Wettbewerber über kurz oder lang für 'n Appel und 'n Ei übernehmen kann.

7 Biologische Landwirtschaft – der gescheiterte Traum

Es ist ein Skandal! Warum stellen so wenige Landwirte auf den Bioanbau um? Dessen Vorteile sollten selbst dem stursten Bauernschädel einleuchten: Mit dem Verzicht auf Pestizide und Kunstdünger spart er nicht nur jede Menge Geld, er senkt auch das Risiko, dass sein Erntegut beanstandet wird, weil es mit Rückständen belastet ist. Zudem sind Bio-Obst und -Gemüse aromatischer und gesünder, und weil sie nicht überdüngt sind, auch haltbarer. Die etwas geringeren Erträge – Bioexperten sprechen von knapp 10 Prozent Einbuße[29] – werden durch die höheren Preise leicht kompensiert. Bei der Tierhaltung stehen dem Mehraufwand, den der Auslauf und individuelle Pflege bedingen, eine bessere Tiergesundheit und damit niedrigere Tierarztkosten, geringere Tierverluste sowie eine höhere Fleischqualität gegenüber.

Warum also will die überwiegende Mehrzahl der Landwirte die Zeichen der Zeit immer noch nicht sehen? Die Antwort der Betriebsleiter: Wir kennen die Realität des Bioanbaus nicht nur aus den euphorischen Berichten der Medien, sondern aus eigener Anschauung. Nicht Sturheit, sondern Sachkunde hält uns davon ab, biologisch zu wirtschaften. Und warum stellen dann doch ein paar Prozent auf Bio um – fehlt denen die Sachkunde? Nein – aber sie haben andere Motive: Wie entsprechende Untersuchungen gezeigt haben, sind es vor allem die Subventionen, die die Umstellung auf Bio befördern.[3] Das ist durchaus legitim.

Bei der Erzeugung von Bioprodukten stehen heute also nicht unbedingt die Ziele einer vermeintlich besseren Landwirtschaftspraxis im Vordergrund, sondern die Extrazahlungen einer Wünsch-dir-was-Gesellschaft. Das ist übrigens auch der Grund, warum man mancherorts völlig verunkrautete Felder sieht. Um die Subventionen zu kassieren, muss lediglich gesät werden. Auf die Pflege und Ernte seiner Nutzflächen verzichtet manch ein Landwirt lieber, weil es sich finanziell gar nicht mehr lohnt. Von einer zukunftsweisenden Anbauform kann bei Bio also nicht unbedingt die Rede sein.

Schwermetall für den Bio-Acker

Haben Sie sich auch schon mal gefragt, warum der Biobauer auf chemische Pestizide verzichten kann, während sein konventioneller Kollege aus Bequemlichkeit im Obstgarten oder auf dem Gemüseacker alles totspritzt, was da kreucht und fleucht? Man sieht doch, es geht auch ohne umweltgefährdende Chemie! Die Antwort auf diese Frage mag für viele Bürger ernüchternd klingen: Auch der Biobauer packt's nicht ohne Pestizide! Denn Schädlinge können nicht lesen. Anderenfalls brauchten Biobauern an ihren Feldern und vor ihren Ställen nur große Schilder aufzustellen: «Achtung! Biologisch bewirtschaftet: Schädlinge müssen leider draußen bleiben!»

Warum nimmt der konventionelle Landwirt denn nicht einfach die umweltverträglicheren Präparate der Biobauern? Ganz einfach: Entweder wirken sie nicht zuverlässig, oder sie haben ebenso Nebenwirkungen wie konventionelle Pestizide. Denn Gift ist Gift. Das beste Beispiel sind die verschiedenen Kupfersalze, als da wären Kupfersulfat, Kupferhydroxid und Kuperoxychlorid. Sie werden zwar auch hie und da im konventionellen Anbau zur Bekämpfung von Pilzerkrankungen eingesetzt, aber im biologischen Landbau sind sie unverzichtbar. Gezwungenermaßen, denn obgleich die Kupferpräparate sehr stumpfe Waffen sind, ist den Biobauern der Einsatz der wirksameren synthetischen Fungizide verboten.

Aus diesem Grunde sind die Kupferspritzmittel in einem verregneten Sommer beim Ökowinzer, -Obst- und -Gemüsebauern im Dauereinsatz. Denn Feuchtigkeit fördert das Pilzwachstum, und der Regen wäscht die Kupfersalze immer wieder ab. Im Obstanbau sind selbst in normalen Jahren 12–16 Spritzungen die Regel – das ist mehr, als der konventionelle Landwirt insgesamt spritzt.[35] Kein Wunder also, wenn jährlich ca. 300 Tonnen reines Kupfer in Deutschlands Weinbergen, Obstgärten und Gemüsefeldern versprüht werden. Im Biogemüsebau musste deshalb schon Erdreich ausgetauscht und die verseuchte Bioerde als Sondermüll entsorgt werden.

Ein Blick in die einschlägigen Sicherheitsdatenblätter seiner beiden wichtigsten Kupfersalze sollte jedem Biolandwirt zu denken geben. Beim Kupferhydroxid liest man: «gesundheitsschädlich», «umweltgefährlich», «sehr giftig für Wasserorganismen»; «Vergiftungssymptome können erst nach vielen Stunden auftreten», «von Nahrungsmitteln, Getränken und Futtermitteln fernhalten» und «Verwendung nur in Schutzkleidung, mit Handschuhen und dichtschließender Schutzbrille». Das ebenfalls populäre Kupferoxychlorid (damit wird die Färbung von Bioäpfeln intensiviert) gilt als «gesundheitsschädlich», «umweltgefährlich» sowie als «sehr giftig für Fische und Fischnährtiere».

Unbeeindruckt davon stellte die Biologische Bundesanstalt für Land- und Forstwirtschaft 2002 dem Umweltgift Kupfer einen Persilschein aus. Seine Bioverfügbarkeit im Boden sei gering, und Pflanzen könnten sich gegen zu große Aufnahmemengen schützen. Daher sei seine Anwendung für den Verbraucher unbedenklich.[41] Sollte die Behörde etwa übersehen haben, dass Kupfer ein Schwermetall ist und daher im Gegensatz zu synthetischen Pestiziden nicht biologisch abbaubar?

Es reichert sich im Boden an, wo es beispielsweise Regenwürmer und Raubmilben schädigt, und zwar in größerem Ausmaß als vergleichbare konventionelle Pestizide.[19, 23, 45] Gelangt Kupfer in Flüsse und Seen, vergiftet es das Wasserleben, ob Fisch, Wurm oder Alge. Daher darf der Landwirt Kupferspritzmittel nur dann ausbringen, wenn er dabei einen Mindestabstand von fünf Metern zu Gewässern einhält. In den norddeutschen Obstanbaugebieten mit ihren zahllosen Wassergräben ist die Bioproduktion folglich stark eingeschränkt.[35] Nicht zuletzt hemmt Kupfer den Abbau herkömmlicher Pestizide, daher ist sein Einsatz in der Landwirtschaft generell unerwünscht.[13]

Auch auf Säugetiere wie den Menschen hat Kupfer entsprechend unangenehme Wirkungen. Vor allem auf seine Leber und Nieren.[44] Erwartungsgemäß sind Säuglinge und Kleinkinder besonders empfindlich, und genau sie sind es, denen wohlmeinende Öko-Eltern nur Bio-Obst oder -Gemüse geben. Die Kleinen können auf erhöhte Kupfermengen in der Nahrung vor allem mit Leberzirrhosen reagieren.[25, 26, 38] Zudem stehen die Kupferverbindungen unter dringendem Verdacht, die Fruchtbarkeit zu beeinträchtigen sowie embryotoxisch und teratogen zu wirken.[14] Und viele Frauen stellen ihre Ernährung auf Bio gerade dann um, wenn sie schwanger werden wollen oder sind.

In den Niederlanden und Dänemark wurden Kupferspritzmittel inzwischen verboten, und die EU hat sich bereits für ein europaweites Verbot ausgesprochen.[24] In Dänemark brach daraufhin die Bio-Obstproduktion zusammen, deutsche Bio-Obstbauern haben dasselbe zu befürchten. Zwischenzeitlich hat auch das UBA eine Studie in Auftrag gegeben. Diese kommt zu dem Schluss, dass Kupferpräparate in der Landwirtschaft ein Umweltrisiko darstellen.[21] Im Falle der Wein-, Obst- und Gemüseproduktion ist der Ökolandbau also eine vermeidbare und unnötige Form der Umweltvergiftung.

Biowaffen statt Chemie

Das zweite im Ökolandbau unverzichtbare Pestizid sind Bt-Präparate auf der Basis von *Bacillus thuringiensis*. Dieses Bakterium produziert einen winzigen Eiweißkristall, dessen Verzehr für viele Insekten tödlich ist. Das Zeug ist für den Menschen zwar deutlich harmloser als die meisten chemischen Pestizide, aber auch biologische Präparate haben so ihre Tücken. Wenn auch andere als erwartet: Der Bacillus produziert nämlich widerstandsfähige Sporen, die ihm helfen, ungünstige Lebensbedingungen zu überdauern. Die Sporen keimen aus, sobald die Zeiten wieder besser sind. Dummerweise lassen sie sich nicht so leicht aus dem Bt-Präparat entfernen und werden offenbar auch nicht immer zuverlässig abgetötet.

Das kann üble Folge haben. In Dänemark ergab die Untersuchung einer Reihe ungeklärter Lebensmittelinfektionen, dass die Kunden nach dem Verzehr von Biogemüse erkrankt waren. Das Grünzeug war mit *Bacillus thuringiensis*-Sporen kontaminiert. Mit gentechnischen Analysemethoden wurde nachgewiesen, dass es sich definitiv um den von den Ökolandwirten verwendeten Bakterienstamm handelte.[12] Die deutsche Lebensmittelüberwachung hat daraus offenbar ihre politischen Lehren gezogen: Sie führt einfach keine Untersuchungen auf Bt-Präparate durch, schließlich wissen auch die Kollegen im Labor, welche Ergebnisse erwünscht sind und welche das berufliche Vorankommen blockieren.

Doch den Bt-Präparaten wohnt eine noch weit größere Brisanz inne: Wie Mikrobiologen jüngst herausfanden, gehören *Bacillus thuringiensis, Bacillus cereus* – ein übler Lebensmittelvergifter – und *Bacillus anthracis*, der Erreger des Milzbrands, ein und derselben Art an![18] Ihr Ergbut auf dem Bakterienchromosom ist identisch. Die drei Kandidaten unterscheiden sich voneinander nur durch kleine, zusätzliche DNA-Ringe, sogenannte Plasmide, die auch gerne gelegentlich untereinander ausgetauscht werden. Auf Bioprodukten fanden sich in der Hälfte aller Stichproben Stämme des *B. thuringiensis*, die die Fähigkeiten zur Bildung von Enterotoxinen und Cytotoxin K von *B. cereus* übernommen hatten und damit das Potenzial, lebensgefährliche Darminfekte auszulösen.[12]

Wenn *B. thuringiensis* sein Plasmid verliert, erhalten wir den Erreger des Milzbrandes, *B. anthracis*.[18] Diese Verwandlung ist keine große Sache – es ist ja dieselbe Art. Ein Plasmid geht bei der Teilung schon mal verloren, zumal sich Bakterien bekanntlich mit immenser Geschwindigkeit vermehren, also teilen. Der Milzbrand gehört zu den berüchtigtsten biologischen Waffen der Welt, weitaus gefürchteter als Senfgas oder Agent Orange. Um unmittelbar für den Menschen infektiös zu sein, bedarf es allerdings einer gewissen Dosis. Die behandelten Pflanzen können jedoch infektiös für Nutzvieh sein. Paarhufer wie Schwein und Kuh, also unsere wichtigsten Nutztiere, sind die bevorzugten Opfer des Milzbrandes. Über sie kann der tödliche Erreger dann den Menschen erreichen.

Es gibt einen höchst unangenehmen Unterschied zwischen biologischen und chemisch-synthetischen Pestiziden. Das Chemiezeug wird allmählich in der Umwelt abgebaut und ist eines schönen Tages auf Nimmerwiedersehen verschwunden – einmal abgesehen von Schwermetallen wie Kupfer. Organismen zur biologischen Schädlingsbekämpfung, egal ob Bakterien oder Marienkäfer, können sich vermehren – sie sind dann, um die Sprache der Biopropagandisten zu verwenden, «nicht mehr rückholbar». Alles, was sich vermehren und evolutionär anpassen kann, egal ob als Nützling oder als Bazille, kann sich daher auch zu einem Umweltproblem von globalem Ausmaß auswachsen.

Auch dort, wo es niemals zum Einsatz kam. Mikrobielle Präparate als biologischen, sprich naturgewollten Pflanzenschutz einzusetzen, wird so zu einem Spiel mit dem Feuer.

Das Kreuz mit den Kreuzkräutern

Was falsch verstandenes Ökobewusstsein anzurichten vermag, zeigen eindringlich Giftkräuter, die bislang keine nennenswerten Probleme bereiteten, nun aber vehement Äcker und Weiden erobern. Seit der Jahrtausendwende hat sich das Jakobs-Kreuzkraut (JKK) explosionsartig in großen Teilen Deutschlands ausgebreitet, vorzugsweise entlang der Straßenränder und Böschungen und auf schlecht gepflegten Weiden. Selbst in Städten ist es mittlerweile ein gewohnter Anblick.

Tierärzte berichten über immer mehr Vergiftungen und Todesfälle bei Pferden und Rindern, die das Kraut gefressen haben. Besonders heimtückisch ist, dass bis zu sieben Wochen alte Jungpflanzen zwar schon Gift enthalten, aber noch keine Bitterstoffe aufweisen und daher vom Vieh nicht verschmäht werden. Und im Heu werden zwar die Bitterstoffe abgebaut, die toxischen Pyrrolizidine jedoch nicht. Dasselbe gilt für Silage, die man bei einer Verunreinigung mit diesen «Kräutern» tunlichst nicht verfüttert.[27]

Zwar knabbert der Mensch kein Jakobs-Kreuzkraut an, dennoch stellt es eine Gefahr für ihn dar. Pyrrolizidinalkaloide reichern sich nämlich in der Milch, der Leber und den Nieren des Schlachtviehs an. Inzwischen wurden erste Vergiftungsfälle beim Menschen dokumentiert. Brisant ist, dass das Vieh auch auf kreuzkrautfreien Weiden nicht vor dem Gift sicher ist, denn auch wenn es nur den Bahndamm oder Straßenrand «naturnah» verschönert, bekommen die Tiere ihre Dosis ab. Kreuzkrautsamen werden ja nach Art der Pusteblume vom Winde verweht. So gelangt die alkaloidhaltige Saat ins frisch gemähte Heu und damit ins Viehfutter.

Auch die Belastung von Lebensmitteln wie Honig wird steigen, da der pyrrolizidinhaltige Nektar des Jakobs-Kreuzkrautes gern von Bienen gesammelt wird. In Greiskrauthonigen wurden schon knapp drei bzw. knapp vier Gramm Pyrrolizidinalkaloide pro Kilo nachgewiesen![4, 7, 8] Nach einem 500-Gramm-Glas ist die Leber endgültig kaputt. Als unbedenklich gilt 1 Mikrogramm pro Kilo Körpergewicht am Tag.[?] Im Vergleich zu handelsüblichen Pestiziden sind Pyrrolizidine also Ultragifte! Je mehr Jakobs-Kreuzkraut die Wegränder ziert, desto mehr gelangt davon auch in die Mischhonige, die gesunde Alternative zum «schädlichen Industriezucker».

Unkraut vergeht nicht ...

Wie kam es überhaupt zu der Invasion des Kreuzkrauts? Dazu das *Hessische Ärzteblatt:* «Gründe dafür sind allgemeine Unkenntnis, Verharmlosung der Giftigkeit, extensiv genutzte Flächen, Brachen (durch staatliche Vorgaben geforderte Stilllegungsflächen), ungenügende Weidepflege (u. a. auch bei Betreuung durch private Tierhalter), chemisch nicht behandelbares Bioland und der Einsatz von JKK-haltigem Saatgut durch öffentliche Stellen im Straßenbegleitgrün. ... Durch die explosionsartige Vermehrung des JKK besteht dringend Handlungsbedarf ... Um Missverständnissen vorzubeugen: es sollte nicht Ansinnen sein, diese Pflanze auszurotten ..., aber in Viehhaltung und Agrikultur hat sie nichts zu suchen.»[20]
Sobald der Mensch Ökosysteme verändert, sei es, dass er Flächen brachliegen lässt oder anders bewirtschaftet, schafft er natürlich neue ökologische Nischen. Es ist ebenso naiv wie anthropozentrisch, anzunehmen, dass sich dann auf naturbelassenen Biotopen schon alles «zum Guten» wendet und dass nach kurzer Zeit wieder die alte Artenvielfalt zur Blüte gelangt. Zuerst schlägt die Stunde der Pionierarten, und dazu gehört auch das Jakobs-Kreuzkraut: Es ist anspruchslos, und es vermehrt sich üppig. Schon bald bildet es

dichte Bestände, die Grünfläche verwildert. Einmal angekommen, wird man es so schnell nicht mehr los. Die Samen des Kreuzkrauts bleiben immerhin etwa ein Vierteljahrhundert keimfähig.[27]

Ein herrliches Biotop bieten Viehweiden, die an Pferdefreunde verpachtet wurden. Auf einer beschädigten Grasnarbe findet das Kreuzkraut ideale Keimbedingungen vor. Und wenn es sich auf ökologisch bewirtschafteten Flächen breitgemacht hat, bleibt den Biobauern wegen des Herbizidverbots nur übrig, die Pflanzen in mühevoller Kleinarbeit mit Stumpf und Stiel durch Wanderarbeiter ausreißen zu lassen – und das Jahr für Jahr. Häufiges und frühes Mähen bringt nichts, je häufiger die Pflanzen geschnitten werden, desto länger leben sie. Daher gestattet man Landwirten, die Flächen extensiv nutzen, um deren Artenvielfalt zu erhöhen, per Sondergenehmigung «chemische» Herbizide gegen das Kreuzkraut einzusetzen.[27] Nun ist man im Naturschutz also dort angelangt, wo man nie hinwollte: Naturlandschaft dank Pestiziden!

Die Ökologie des Horrors

Auch der Klimawandel muss herhalten, wenn das Unkraut mal zu sehr ins Kraut schießt. Ein aktuelles Beispiel ist das nordamerikanische Traubenkraut (*Ambrosia artemisiifolia*), ein entfernter Verwandter des Jakobs-Kreuzkrauts. *Ambrosia* gelangte schon vor hundertfünfzig Jahren als Unkrautsamen im Getreide aus seiner Heimat in europäische Hafenstädte wie Hamburg. Im Binnenland wurde es vor allem per Vogelfutter in den Speckgürteln der Großstädte verbreitet. Ins Visier der Öffentlichkeit geriet es, als man seine allergene Potenz erkannte. Und damit taugte es für eine Schlagzeile: «Kampfeinsatz gegen das Horrorkraut» – «im Zuge des Klimawandels quält *Ambrosia* nun auch Hamburgs Allergiker». Bislang breitete sich das Kraut vor allem in den wärmeren Regionen Europas aus, in Südfrankreich beispielsweise. Doch die Klimaerwärmung, so unkte die Hamburger Boulevard-Presse, könne dazu führen, dass das «Horrorkraut» schon bald auch die Hansestadt im dann nicht mehr ganz so kühlen Norden überwuchere. Dabei hat das Kraut in unseren Breiten eigentlich gar keine Chance. Denn im kühlen Frühling bleibt es stark im Wachstum zurück. Dann überwuchern die heimischen Pflanzen, die ja an dieses Klima angepasst sind, die *Ambrosia*-Keimlinge, und das Thema Horrorkraut hat sich weitgehend erledigt – es sei denn, man vernichtet die Kontrahenten mit Totalherbiziden. Nur dann hat das Unkraut freie Bahn. Genau das tat man – natürlich den Allergikern zuliebe. Hätte man die Flächen einfach nur sich selbst überlassen, statt sie totzuspritzen, wäre seine Invasion gescheitert.[33] Hier ist es also genau umgekehrt wie beim Kreuzkraut: Diesmal fördern die Herbizide die Verbreitung des Unkrautes.

Im Jahr 1961 mokierte sich daher der amerikanische Ökologe Frank E. Egler: «Ab und zu bekomme ich Forschungsvorhaben zur Unkrautbekämpfung vorgelegt. Nahezu alle enthalten Untervorhaben zur Ökologie von *Ambrosia*, und die streiche ich mit schöner Regelmäßigkeit durch und schlage vor, die Mittel stattdessen zur Fortbildung zu verwenden – weil Ökologen nämlich bereits alles wissen, was man für die Bekämpfung des Traubenkrauts wissen muss. Es irritiert mich ... zu sehen, wie die Leute phantastische Summen Geldes ausgeben wollen für etwas, was man ... in ein paar Stunden in jeder guten Bibliothek in Erfahrung bringen könnte.»[9, 33] Wohlgemerkt: in einer Bibliothek, und nicht in den Medien.

Vogelfreie Biokirschen

Kein Wunder, wenn die Wirkung der alternativen und biologischen Mittelchen vielfach nur mangelhaft ist. Die Schwarze Kirschenlaus, die Kirschenfliege oder der Birnenblattsauger sind aber ohne wirksame Insektizide nicht zu beherrschen. Um fürderhin nicht mehr auf den Kirschenanbau verzichten zu müssen, beschreiten unsere Biobauern mittlerweile neue Wege, die sie dem Kunden aber wohlweislich verschweigen. Da werden ganze Plantagen mit Kirsch-Niederstämmen mit Folien und Gaze umspannt und so hermetisch vom Ökosystem abgeriegelt.

Das hält viele Probleme außen vor. Das Plastikdach verhindert, dass die Blüten verregnen und die vom Wind verbreiteten Sporen der Moniliafäule darin auskeimen können. Die Netze an der Seite verwehren fliegenden Insekten den Zutritt. Aber nicht nur diesen. Sie halten auch die verfressene Vogelwelt zuverlässig von den Öko-Plantagen fern. Die müssen sich dann halt bei den konventionellen Betrieben ihr Futter suchen … Ob sich die Käufer von Bio-Obst den umweltfreundlichen Anbau so vorgestellt haben? Wo doch die Szene jahrelang darüber klagte, dass die Vogelbestände unter der konventionellen Landwirtschaft leiden würden. Diese Art des Ökoanbaus vermindert nicht nur den Bestand an Piepmätzen, sie entzieht der Vogelwelt ihr komplettes Habitat – und nicht nur ihr.

Falls doch mal ein Käferlein den Weg zum Obst findet, wird es inzwischen von neuen biologischen Spritzmitteln, namentlich vom Azadirachtin vertrieben, das zahllosen Insekten den Garaus macht. Es wird aus den Samen des Neembaumes gewonnen. Neembaumöl ist vielen besser als alternatives Mittel gegen Hausstaubmilben bekannt. Allerdings will das Ökogift mit Bedacht verwendet werden, denn es kann auch Bienen oder Nutzpflanzen schädigen. In höherer Dosis verursacht es beim Menschen schwere Hautreizungen und gastrointestinale Beschwerden. Es ist zwar nicht schädlicher als andere moderne «synthetische» Pestizide, aber auch nicht harmloser.[16, 17, 34]

Bio bedient also weniger den ökologischen Verstand als die

Sehnsüchte aus den Bilderbüchern der Kindheit: Ein gerechter Gott schlägt den, der sich an der Natur versündigt, mit Plagen auf seinem Acker; wer sich jedoch der gütigen Mutter Erde auf leisen Ökosandalen nähert, wird aus ihrem Füllhorn mit reicher Ernte überschüttet. Wohl deshalb wollen viele Menschen nicht glauben, dass die Erträge im ökologischen Landbau deutlich niedriger ausfallen. Ein Ökobauer erntet vom Weizen gut 30 Dezitonnen je Hektar, der konventionelle Landwirt fährt Erträge von über 70 Dezitonnen ein, Spitzenbetriebe sogar bis zu 100 Dezitonnen. Im Schnitt erntet der Biobauer bei gleicher Fläche etwa 40 bis 50 Prozent weniger. Das sind weitaus dramatischere Ernteeinbußen als die 10 Prozent, von denen Bioexperten sprechen. Wer auf «natürliche Kreisläufe» setzt, kann eben nur «natürliche Erträge» erwarten. Für die Menschen in der Dritten Welt ist Bio lediglich eine Anbauform für die Nutznießer einer Überflussgesellschaft.

Eine Versorgung der Menschheit mit Bio setzte also voraus, dass wir schleunigst eine zweite Erdkugel aus dem Kofferraum holen müssten, um die fehlende Nahrung produzieren zu können. Hier wird meist eingewandt, es würde ja genügen, weniger Fleisch zu essen, um mehr pflanzliche Nahrung zur Verfügung zu haben. Leider gilt dies Argument nicht bei Bio. Denn der Biobauer darf nur Naturdünger verwenden, nicht aber Kunstdünger. Den Naturdünger liefert sein Vieh, liefern seine Rinder, Schweine und Hühner. Da die geringen Erträge primär Folge eines Mangels an geeigneten Düngemitteln sind, brauchen Biolandwirte im Grunde mehr Tiere, wenn sie erfolgreich wirtschaften, also die Menschen mit ausreichend Nahrung versorgen wollen.

Strenggläubige haben sich gegen die Ausweitung der Tierhaltung ein weiteres Argument ausgedacht. Sie empfehlen den Anbau von Leguminosen. Hülsenfrüchte beherbergen in ihren

Wurzeln sogenannte Knöllchenbakterien, die Luftstickstoff fixieren können. Als Gründüngung im Zwischenanbau werden Leguminosen wie Lupinen oder Ackerbohnen schon seit langem in der konventionellen Landwirtschaft genutzt, denn die Pflanzen lockern u. a. den Boden auf und unterdrücken den Unkrautwuchs. Als alleinige Düngung reicht das aber nicht aus, denn das im Herbst untergepflügte Pflanzenmaterial gibt den Stickstoff nicht gleichmäßig ab. Die Folgekulturen haben aber den größten Bedarf im Frühjahr, wenn die Blattbildung beginnt.[15, 44] Ob der Verrottungsgrad der Leguminosen gerade dann genau richtig ist, steht in den Sternen. Denn Niederschläge können die Nährstoffe bis dahin schon zum Teil ausgewaschen haben, was zu einer Belastung des Grundwassers führt. Wer hingegen gezielt zum rechten Zeitpunkt düngen kann, der schont die Umwelt und fährt bessere Ernten ein.

Ein großes Manko ist, dass die Gründüngung kein Phosphat bereitstellen kann. Pflanzen benötigen ja nicht nur Stickstoff, um wachsen zu können, sondern auch Phosphat. Diesen wichtigen Mineralstoff bekommt der Biolandwirt derzeit nur vom Misthaufen und aus der Jauchegrube geliefert. Reicht ihm das Phosphat nicht, dann müsste er mehr Tierhaltung betreiben, mehr Fleisch, mehr Käse, mehr Wurst, mehr Eier erzeugen. Die meisten Biobauern haben mit einem Phosphatdefizit zu kämpfen: Schließlich geben sie Getreide und Gurken, Käse und Kalbfleisch an den Verbraucher ab, ohne dessen wertvolle Fäkalien (sprich die mineralstoffhaltige Nahrung für die Nutzpflanzen) als Biodünger zurückzuerhalten. Sie landen in der Kanalisation und die Nährstoffe damit im Klärschlamm. Biologischer Kreislauf? Von wegen! Abhilfe könnte hier nur die Ansiedlung der Bio-Kunden auf dem Ökohof bieten, mit zentralem Ökoklo, versteht sich.

Der konventionelle Landwirt kann dagegen zum Mineraldünger mit Phosphat greifen. Dieses Phosphat wird in Lagerstätten abgebaut, gereinigt und dann mit Hilfe von Säure in eine für die Pflanze nutzbare Form überführt. Die Verwendung dieses Phosphatdüngers ist dem Ökobauern nicht gestattet. Wird der Dünger dagegen als Mineralstoffergänzung deklariert, steht seinem Einsatz als Futtermittel plötzlich nichts mehr entgegen.[11] Auch das gehört zu den Absurditäten des biologischen Landbaus.

Da Biobauern vielfach zu wenig Nutzvieh halten, um genug Dünger zu erhalten, sann die Branche auf Abhilfe. Als besonders attraktiv erschienen ihr Klärschlamm und Tiermehl. Diverse Öko-Forschungsprojekte wollen die rund 100 000 Tonnen Phosphat, die in unseren Klärschlämmen stecken, in Form von Magnesium-Ammonium-Phosphat zurückgewinnen.[31, 36] Noch attraktiver sind Tiermehle, weil sie im Gegensatz zu Klärschlämmen schwermetallarm sind. Die Ökoexperten halten die Verbrennung (konventioneller) ausgemusterter Schlachtkörper in Drehrohröfen für eine realistische Möglichkeit. Die «Asche» würde dabei sogenanntes Sinterphosphat liefern, das damit «biologisch» wäre.[36]

Um das Prinzip einmal aufzudröseln: Man nehme konventionellen Phosphatdünger und dünge damit Felder und Weiden. Mit der Ernte werden konventionelle Nutztiere gefüttert. Müssen die Schlachtkörper beispielsweise aufgrund von Vogel-, Schweine- oder Rindergrippe verworfen werden, wird das Tier in Drehrohröfen zu Sinterphosphat verbrannt.[36] Der Rückstand ist nun ein echter «biologischer» Dünger. Hier geht es nicht mehr um die «Bewahrung der Schöpfung» oder wie die vielen verlogenen pseudoreligiösen Phrasen auch lauten mögen. Hier geht es einzig und allein um die Wahrung des Scheins. Um jeden Preis.

Ökoschweinereien

Viele Menschen kaufen Biomilch und Biowurst, weil sie damit ihr Umweltgewissen entlasten wollen – sozusagen als Ablasshandel für ihre Versündigung an der Natur. In den Medien geht es den Biotieren eindeutig besser als der gequälten konventionellen Kreatur. Bioeier stammen von glücklichen Hühnern, und für die Biowurst gaben fröhliche Schweine gern ihr Leben. Doch genau diese Art der Tierhaltung ist der Grund, warum viele biologische Landwirte wieder zu konventioneller Haltung und Fütterung zurückkehren.

Ute Knierim von der Uni Kassel, Professorin im Fachbereich Ökologische Agrarwissenschaften, schreibt in einem Fachorgan für Ökobauern, es gebe Betriebe, die ganz legal ihren Kühen den Weidegang verweigern, ja sogar die Anbindehaltung würde noch praktiziert. Knierim berichtet von «Mastschweinen, denen kein Auslauf geboten wird», sie beklagt «die Mast schnellwachsender Puten, die Ferkelkastration oder das Ausbrennen der Hornanlagen bei Kälbern ohne Betäubung». Alles ganz legal – denn auch der Biolandbau hat seine juristischen Schlupflöcher. Das hilft die Preise für Bioprodukte niedrig zu halten.[22]

Nicht viel besser geht es den Ökohühnern. Knierim fragt, was der Kunde wohl sagen würde, wenn er wüsste, dass in manchen Biobetrieben Ställe mit 3000 Legehennen stehen. Das wäre nicht weiter bemerkenswert, würde sie nicht Biobetriebe erwähnen, in denen die Anzahl der Hennen «noch viel höher liegt».[22] Wie hoch, darüber schweigt der Beitrag. Nun wäre auch das nicht wirklich kritikwürdig, wenn es nicht gerade bei den glücklichen Hennen zu Federpicken und Kannibalismus käme, zu Brüchen des Brustbeins und zu erhöhten Sterblichkeitsraten – höher als bei konventioneller Haltung. Sie liegen bei bis zu 70 Prozent der Tiere im Jahr.[32] Damit verstoßen viele Biobetriebe gegen das geltende Tierschutzrecht. Aber dafür interessiert sich kein Staatsanwalt, geschweige denn unsere Tierschützer.

Rainer Oppermann vom Johann-Heinrich-von-Thünen-Institut für Ökologischen Landbau fordert die Biobauern deshalb auf, sich nicht vor der «Bewältigung der Defizite zu drücken», sie müssten endlich «Verantwortung übernehmen». Es ginge einfach nicht, wenn Missstände «bewusst verschwiegen» würden. Damit entpuppen sich die hübschen Filmchen im Fernsehen über Biomilch und Ökoeier als wohlfeile Propaganda, und auf lange Sicht als Bärendienst für den Ökolandbau.[30]

Vom Unglück, ein glückliches Tier zu sein

Gerade die vielbeschworene Bio-Bodenhaltung von Legehennen ist nicht das Gelbe vom Ei. Wenn die Hühner in der Einstreu und damit auch im Kot ihrer Artgenossen scharren und picken, dann steigt der Infektionsdruck. Die Stallluft ist voller Keime und gefährdet die Mitarbeiter. Ohne Medikamente ist diese Produktionsweise zum Scheitern verurteilt. Bei Freilandhaltung kommen die Krankheitserreger und Parasiten von Vögeln, Ratten und Mäusen hinzu, die sich gern am öffentlich zugänglichen Futterangebot der Hühner verköstigen. Der Durchseuchungsgrad mit *E. coli* und *Campylobacter jejuni* ist erschreckend, aber auch längst besiegt geglaubte Geflügelkrankheiten wie der Rotlauf kehren zurück. Zumindest die Artenvielfalt der Krankheitserreger nimmt wieder zu.[6, 32]

Das zweite Problem ist der Kannibalismus. Von Natur aus leben Hühner in einer Kleingruppe, in der eine Hackordnung ausgefochten wird. Bei großen Gruppen verlieren die Tiere das soziale Gefüge und stehen unter immensem Stress, der sich auch in Aggressionen gegen die Artgenossen entlädt. Das erklärt die hohen Tierverluste.[5, 37] Die beste Haltungsform ist momentan die Kleingruppen-Käfighaltung. Die Tiere haben mehr Bewegungsraum, bilden eine soziale Gruppe mit überschaubarer Hackordnung, und die Volieren haben ein geringeres Infektionsrisiko. Sie ist aber politisch nicht mehr gewollt, weil die Tierschützer diese Haltungsform ablehnen. Volieren ja – aber nur für die eigenen Wellensittiche. Für die Hühner ist der Misthaufen, aus dem die Tierschutzideologie dampft, das einzige akzeptable Habitat.

Tiere in Freilandhaltung leiden regelmäßig unter Parasiten und müssen entwurmt werden; auch Milben müssen regelmäßig bekämpft werden und bei Bedarf auch allerlei anderes Kleinvieh. Dagegen helfen nur Antiparasitika, ziemlich heftige Medikamente. Die Ökoverordnung hat diese Mittel flugs aus der Sparte der Medikamente entfernt und bei den Impfungen eingruppiert, um den breiten Einsatz im Biobereich zu legalisieren.[10] Bei den Antibiotika gibt es jedoch Einschränkungen gegenüber der konventionellen Produktion. Erlaubt sind nur zwei Antibiotikabehandlungen pro Jahr.

Und was ist, wenn diese nicht ausreichen? Dann werden weitere Antibiotika-Gaben als «Nachbehandlung» gewertet. Das ist legal. Im Biobereich werden heute nicht weniger, sondern mehr Medikamente als in der konventionellen Tierhaltung eingesetzt – vor allem, um Hygiene- und Haltungsmängel auszugleichen. Alternative Behandlungsmethoden, die wirklich wirken, sind kaum vorhanden. Da jedoch für Biofleisch mehr bezahlt wird, lassen sich höhere Tierverluste leichter ausgleichen.

Extensive Haltungsformen beim Vieh bedeuten letztlich unnötigen Ressourcenverbrauch. Beispiel Schweinemast: In modernen Anlagen nehmen die Tiere zwischen 800 und 1000 g pro Tag zu, auf einem Demeterhof sind es gerade mal 400.[1, 43] Die Mastdauer verlängert sich dadurch natürlich. Die schlechtere Futterverwertung bedingt auch mehr Gülle, einen höheren Wasserbedarf und einen größeren Flächenverbrauch, um das Mehrfutter anzubauen. Das ist fast so wie bei den Automotoren: Früher brauchten die meisten Pkws um die 10 Liter Benzin pro 100 km. Heute schaffen es viele mit der Hälfte, sind dabei noch schneller am Ziel und produzieren entsprechend weniger Abgase. Langsameres Wachstum von Schweinen bei extensiver Mast belastet die Umwelt stärker als die heute übliche Intensivmast.[40] Die schlechte Ökobilanz ist faktisch das ideelle Ende des Ökolandbaus.

Wo kommt das viele Bio her?

Bisher ging es um die systemimmanenten Probleme der Bioszene. Daneben kommt immer wieder die Frage nach der Zuverlässigkeit der Branche auf. Das Problem ist dort wohlbekannt. Das Biofachblatt *Ökologie & Landbau* fordert für «Risikobetriebe» öfter mal «unangekündigte» Kontrollen. Anlass sind gravierende Betrugsfälle, die dem staunenden Leser einen deutlichen Wink geben, wie die Flut an Bioprodukten in den Supermärkten zu verstehen ist: «Der letzte und aufgrund seiner Dimension besonders erschütternde Betrugsfall war der des Bio-Geflügelpioniers B. F., in dessen Verbandsbetrieben jahrelang in erheblichem Umfang verbotene konventionelle Futtermittel eingesetzt wurden und in dessen Handelsunternehmen vermutlich auch konventionelles Geflügelfleisch zu Öko-Ware umdeklariert wurde.» Der Fall war also Insidern schon länger bekannt. Aber Schweigen ist bekanntlich Gold.

Der nächste Fall betrifft einen Verbund, der Bioschweine erzeugte. Konventionelle Landwirte hatten in ihren Betrieben jeweils eine Bioecke eingerichtet. Doch «die Bio-Schweinehaltung (wurde) nach wenigen Jahren kurzerhand kostenmindernd auf konventionelle Futtermittel rückumgestellt»; geblieben sind die Bio-Etiketten. «Bei einem weiteren Fall aus Ostwestfalen nutzten es die Täter aus, dass Öko-Kontrollstellen und Anbauverbände nur unzureichend kommunizierten.» Jeder im Verbund meldete sich bei einem anderen Bioverband. Und schon ist die Kontrolle ausgetrickst. «Dann begann zwischen den Betrieben ein reger Handel mit konventionellen Ferkeln und Mastschweinen», die auf diesem Wege biologisiert wurden. Verständlich sind diese Vorfälle allemal: Denn es gibt nun mal viel zu wenig geeignetes Biofutter, um die Mengen an Biofleisch zu produzieren. Vielleicht wollten die Landwirte ihre Tiere einfach nur artgerecht füttern.

Natürlich mangelt es in der Szene nicht an gefälschten Zertifikaten, Lieferscheinen und Rechnungen. Oder Betrügereien, für die es keine systembedingten mildernden Umstände gibt: «Im November 2008 berichteten die Medien über einen international organisierten Bio-Getreidebetrugsfall, der sich vor allem in Deutschland, Österreich und Italien abgespielt haben soll.» Doch gegen das Syndikat waren die Biokontrollstellen machtlos: «Trotz eindeutiger Rückstandsfunde konnte der Lieferant über ein knappes Dreivierteljahr weiter liefern ...» Dann machte er einfach seinen Laden zu und einen neuen auf: «Nun besteht der Verdacht, dass die angebliche Bio-Vermarktung über ein Nachfolgeunternehmen fortgeführt wird.» Da lacht den Handelshäusern das Herz, bleiben ihre Regale auch weiterhin gut gefüllt mit «Bio» – «streng kontrolliert», versteht sich.[28]

Da diese Betrügereien von den deutschen Medien bisher kaum aufgegriffen wurden, wurde die Branche immer dreister. Kurz vor Weihnachten 2011 flogen italienische Händler auf, die 700 000 Tonnen konventionelle Produkte mit Hilfe einer Bio-

Zertifizierungsstelle in Bioware umdeklarierten und dafür bis zu vierfach höhere Preise erzielten. An dieser Menge hat auch ein überzeugter Ökofreak lange zu knabbern. In anderen Ländern wie China berichten die Medien ganz offen darüber, dass dort die Biozertifikate an Exporteure gegen etwas Schmiergeld verkauft würden. Auch in Italien wird unverblümt ausgesprochen, was jeder weiß: Der Biosektor genießt schon lange das Wohlwollen der Mafia.[42] So wurde Italien zu einem der wichtigsten Exporteure von Bionahrung, ein echter Global Player.

Ehre, wem Ehre gebührt

Die Ökolandwirtschaft ist an der Natur gescheitert. Die Gesetzmäßigkeiten der Ökologie haben ihr die Grenzen aufgezeigt. Mutter Natur ist eben keine wohlwollende Schutzpatronin, die die moralisch korrekte Einstellung belohnt. Längst sind die Zeiten vorbei, in denen die Menschen mit alten Landrassen, Ochsengespannen und Weihwasser im Schweiße ihres Angesichts dem Boden ihre Nahrung abrangen. Moderne Landmaschinen stecken voller Elektronik und erlauben punktgenaues Arbeiten; Extraportionen an Dünger und der Einsatz von Pflanzenschutzmitteln haben dafür gesorgt, dass Europa seit Jahrzehnten von Hungersnöten und Wucher verschont geblieben ist. Der technische Fortschritt sorgt dafür, dass die Schere zwischen biologischer und konventioneller Landwirtschaft immer weiter auseinanderklafft.

All das kann das historische Verdienst der Ökobauern nicht schmälern. Sie haben durch ihren Einsatz einem Zeitgeist entgegengesteuert, der glaubte, alle Probleme mit der chemischen Keule lösen zu können, und sich dadurch immer neue Probleme schuf. Hier sei nur an die fast vergessene Herdensterilität bei

Rindern durch die Überdüngung mit Stickstoff erinnert.[39] Wer biologisch wirtschaftete, wurde dafür in den 1980er und 90er Jahren von der eigenen Nachbarschaft, aber auch von Medien – egal ob Agrarblättchen oder öffentlich-rechtliches Fernsehen – abgewatscht. Die Biobauern haben damals gezeigt, dass die biologische Landwirtschaft in der Lage ist, manch ein Problem der konventionellen Produktion zu vermeiden oder zu lösen. Und das alles ohne Subventionen und gegen den Zeitgeist.

Längst gehören die innerdörflichen Grabenkriege der Väter der Vergangenheit an. Die jüngere Generation, die heute die Betriebe führt, sah sich bei der ehemaligen «Biokonkurrenz» um und übernahm, was ihr sinnvoll erschien. Insofern hat der ökologische Landbau die konventionelle Landwirtschaft revolutioniert – das ist sein größter und nicht zu unterschätzender Verdienst. Dafür gebührt den Pionieren – bei aller aktuellen Kritik an der Szene – unser ausdrücklicher Dank!

Wie geht es weiter?

Das ist die bittere Wahrheit einer einst so hoffnungsvollen Idee. Am umweltfreundlichsten wird derjenige produzieren, der aus allen verfügbaren Techniken und Mitteln – egal ob bio oder konventionell – diejenigen auswählt, die jeweils das beste Ergebnis liefern. Dazu gehört eine umweltverträgliche Schädlingsbekämpfung ebenso wie intelligente Bewässerungssysteme oder ertragreichere Neuzüchtungen. Das Sterben der kleinen Betriebe, in denen die ganze Familie von Kindesbeinen an 365 Tage im Jahr schwer arbeiten muss, mag aus Sicht von Sozialromantikern ebenso ein herber Verlust sein wie das Verschwinden des Dorfschmieds oder der Klageweiber. Doch Vollerwerbslandwirte sind heute zumeist besser geschult, arbeiten effektiver und damit umweltschonender. Die Zukunft gehört über kurz oder lang einer Landwirtschaft, die ökologisches Denken mit moderner Technik vereint – einer Technik, die endlich die Selbstausbeutung der kleinbäuerlichen Familien samt der für diese Betriebe typischen Kinderarbeit beendet. Den Bioverbänden wird dann kein Landwirt eine Träne nachweinen.

8 EHEC: Die angekündigte Krise

Der EHEC-Skandal im Frühsommer 2011 war etwas Besonderes. Im Gegensatz zu vielen anderen Lebensmittelskandalen – namentlich dem vorausgegangenen Dioxin-Eiertanz – war er nämlich echt. Ein riskantes Bakterium, das viele Todesopfer fordern sollte, hatte sich unbemerkt Einlass in die Lebensmittelkette verschafft. Die Behörden reagierten wie aufgescheuchte Hühner, und die Medien glaubten, wieder einmal die konventionelle Massentierhaltung *in flagranti* erwischt zu haben. Diese nämlich hätte letztlich die fatalen Keime zu verantworten, schließlich gibt es einen EHEC-Bakterienstamm, der sich im Rinderdarm wohlfühlt.

EHEC, das ist die Abkürzung für eine spezielle Sorte des allseits bekannten und meistenteils völlig harmlosen Darmbakteriums *Escherichia coli*. In den vergangenen Jahren hatte es immer wieder mal für schwere Infektionen gesorgt, meistenteils durch Rohmilch, rohes Fleisch und vor allem Rohkost; einfach deshalb weil der Keim über tierische Fäkalien, also Naturdünger, aufs Gemüsebeet kam. Beim aktuellen Skandal gerieten denn auch alsbald spanische Gurken ins Visier der Fahnder. Das Hamburger Hygieneinstitut hatte in drei Exemplaren EHEC nachgewiesen, darunter in einer Biogurke. Das kam wenig überraschend, denn in Spanien herrscht Wassermangel, und da wird aus Gründen der Sparsamkeit schon mal das nährstoffreiche Abwasser in der Landwirtschaft direkt genutzt.

Als sich später herausstellte, dass es sich um einen anderen EHEC-Stamm handelte als bei der aktuellen Epidemie, gaben die Medien Entwarnung. Doch die Warnung vor spanischen Gurken war völlig korrekt gewesen. EHEC-Bakterien sind allemal gefährlich und haben auf Lebensmitteln nichts verloren –

gleichgültig, um welche Variante es sich handelt. Die spanischen Gemüsebauern nahmen die Entwarnung jedoch sofort zum Anlass, um von den Deutschen Schadensersatz zu fordern. Es wäre angemessener gewesen, sie hätten für alle Gemeinden mit Gemüsebau eine intakte Kanalisation gefordert – und für ihre marokkanischen Erntehelfer eine Möglichkeit zum Händewaschen.

Als schließlich klarwurde, dass der Skandal wohl hausgemacht war, dass zum allgemeinen Entsetzen «gesunde Sprossen» aus einer Bienenbütteler Biogärtnerei der eigentliche Quell der üblen Bakterien war, hielten sich die Medien erst mal bedeckt. Sie blieben lieber bei ihrer politisch korrekten Darstellung, die besagte, dass tierische Lebensmittel aus konventioneller Produktion als Ursache viel besser ins Bild passen würden. Doch bald war Schluss mit dem Versteckspiel. Die Ursache war nicht mehr zu leugnen, die belastete Ware konnte aus dem Verkehr gezogen werden, und alsbald sank die Zahl der Neuerkrankungen.

Totgeschwiegen

Das Befremdlichste am EHEC-Skandal war jedoch die Tatsache, dass er gewissermaßen vom Bundesinstitut für Risikobewertung angekündigt worden war – allerdings hatten die Medien diese Warnung nicht an ihre Leser und Zuschauer weitergereicht.[4] Das im Internet veröffentlichte und jedermann zugängliche Dokument vom 9. Mai 2011 trägt den Titel «Hohe Keimbelastung in Sprossen und küchenfertigen Salatmischungen». Dabei wird auf die EHEC-Gefahr hingewiesen – speziell durch Sprossen, die im Biosektor erzeugt werden. Wohlgemerkt: Damals ahnte noch niemand etwas von einer EHEC-Epidemie durch Biosprossen aus Bockshornkleesamen, die aus einer dubiosen

Quelle aus Ägypten stammten und mit Bio-Etikett versehen worden waren.

Wäre die Warnung pflichtgemäß verbreitet worden, so hätte dies sicherlich dazu beigetragen, einen erklecklichen Teil der annähernd 4000 Erkrankungsfälle zu vermeiden. Doch Rohkost ist nun mal gesund – wenn es sein muss, wird sogar eine Bundesbehörde mit Schweigen abgestraft. So konnten sich die Biosprossen zur Ursache des größten bakteriellen Ausbruchs nach dem Zweiten Weltkrieg entwickeln. Dutzende Menschen haben dies mit ihrem Leben bezahlt, weit mehr sind lebenslang auf die Dialyse angewiesen.

Weil sich Politik und Medien indessen gegenseitig ebenso brauchen wie der Hund sein Herrchen, etablierte sich eine gesundheitspolitische Gurkentruppe – die tatsächlich vor laufender Kamera Gurken in Supermärkten inspizierte. Wollten die Gesundheitsexperten das Publikum etwa glauben machen, sie könnten EHEC-Keime mit bloßem Auge erkennen?

Mancherorts waren sie jedenfalls mit Blindheit geschlagen. Als eine erste Spur nach Lübeck zu einem gastronomischen Betrieb führte (er sollte sich dank zugekaufter Sprossen als eine Drehscheibe für die Keime erweisen), hat das zuständige Gesundheitsamt nicht etwa die Mitarbeiter des Betriebes überprüft, was jeder halbwegs medizinisch gebildete Mensch getan hätte – dies veranlasste dafür dann der Wirt auf eigene Kosten! Hygienisches Fachwissen und Verantwortungsbewusstsein sind in Kellerkneipen offenbar solider als in so manch einer Gesundheitsbehörde.

Vor Entwarnung wird gewarnt

Damit die Bürger möglichst rasch wieder «gesunde Rohkost» verspeisen, wurde so schnell wie möglich entwarnt. Diese Entwarnung beim Abklingen der Neuerkrankungen war seuchenpolitisch zynisch. Nicht nur, weil es noch viele andere Erreger gibt, die durch Sprossen und Schnippelsalate verbreitet werden, sondern auch, weil niemand wusste, wo die Bienenbütteler Biokeime überall hingelangt sind. Der Erreger treibt schon seit zehn Jahren sein Unwesen in Deutschland. Erstmals wurde er im Jahr 2001 bei einem an HUS (Hämolytisch-Urämisches Syndrom) erkrankten Kind in Münster diagnostiziert.[11] Da aber nur ein Teil der Infizierten sichtbar erkrankt, ist die Infektionskette meist nur bruchstückhaft zurückverfolgbar.

Das Genom des speziellen Erregerstammes auf den Biosprossen ähnelt dem sogenannter *Enteroaggregativer Escherichia coli* (EAEC).[14] Die kommen in Zentralafrika vor und werden von Reisenden verbreitet – egal ob durch Touristen, Geschäftsleute, Gaststudenten oder Wanderarbeiter. Da Reisedurchfälle vom Hausarzt meist mit Antibiotika behandelt werden, kommt es hier zur Resistenzbildung. Aus Sicht des BfR deutet das Resistenzmuster dieses Erregers «auf einen menschlichen Ursprung hin» – und nicht auf die Rinderhaltung.[5] Dieser EHEC wird also von Mensch zu Mensch oder durch Lebensmittel übertragen, die Infizierte zubereitet haben.

Um der Chronistenpflicht zu genügen: Bio-Mastrinder und Bio-Milchkühe unterscheiden sich weder in Hinblick auf die Häufigkeit von EHEC noch auf die Resistenzmuster von konventionellen Tieren.[12, 13] Zudem sind EHEC-Keime bei Wildtieren verbreitet, so bei Rotwild, Gämsen und Tauben.[3] Auch wenn diese EHECs diesmal nicht die Ursache der Epidemie waren, so sind sie dennoch für sporadische Fälle verantwortlich. Ein Seuchenrisiko geht jedoch weniger von der Massentierhaltung aus, die eine bessere Kontrolle von Keimen erlaubt als die Freilandhaltung, sondern primär von der «Massenmenschenhaltung» und neuerdings ihren Massenmedien. Und man möchte sich angesichts des kollektiven Versagens des Gesundheitssystems lieber nicht ausmalen, was wohl passieren würde, wenn eines Tages eine brisantere Seuche eingeschleppt wird.

Frisch, roh und riskant

Die EHEC-Epidemie hätte ein wichtiges Alarmsignal in Sachen Lebensmittelsicherheit und gesunder Ernährung sein können. Denn alle rohen Lebensmittel bergen ein erhöhtes gesundheitliches Risiko, egal ob Muscheln, Mett oder Möhren. Die Veränderung der Ernährungsgewohnheiten – weniger tierische Produkte und mehr pflanzliche Rohkost – hat selbstverständlich auch Folgen für die Verbreitung von Krankheiten.[2]

Meist gelangen die Erreger über organischen Dünger wie Mist, Gülle, Guano oder Klärschlamm auf die Kulturen. Daneben spielt die Art der Bewässerung eine wichtige Rolle, zum Beispiel die Beregnung aus einem Bach, in den durch Regenwasser Fäkalien von Weide- oder Wildtieren gelangt sind, ebenso das Anfassen der Ware durch Erntearbeiter. Während ein Schwein oder ein Rind bei der Schlachtung nicht erkennbar krank sein darf, was durch die Fleischbeschau gewährleistet wird, besteht bei Gemüse keine sinnvolle Möglichkeit einer «Salatbeschau».

Die aber wäre vonnöten: Ein Report der US-Verbraucherschutzorganisation «Center for Science in the Public Interest» (CSPI) belegt, dass frisches Obst und Gemüse für deutlich mehr Salmonellenausbrüche verantwortlich sind als Geflügel. Zudem waren bei Masseninfekten durch Obst und Gemüse durchschnittlich fünfmal mehr Menschen betroffen als beispielsweise durch Meeresfrüchte. Häufigste Ursache von Ausbrüchen waren Noroviren, gefolgt von *E. coli* und Salmonellen.[17] Beim aktuellen EHEC-Ausbruch 2011 durch Sprossen in Deutschland gab es über 4000 Erkrankte.

Das deutsche Bundesinstitut für Risikobewertung hatte sich mit seiner Warnung deshalb auch nicht auf EHEC beschränkt, sondern erwähnte die ganze Palette an krankmachenden Bakterien wie *Bacillus cereus* oder Listerien, Viren wie Noroviren oder Hepatitis A, und natürlich auch Schimmelpilze, die sich auf Salat, Sprossen und rohem Gemüse ihr Stelldichein geben. Neben EHEC sind vor allem Noroviren für Todesfälle verantwortlich. Beide haben eine Gemeinsamkeit: Schon sehr wenige Keime genügen, um die Erkrankung hervorzurufen. Namentlich in Krankenhäusern, Kindergärten und Altersheimen kommt es durch Hygienemängel, besonders in der Küche, immer wieder zu schweren Ausbrüchen mit Noroviren.

Besonders problematisch sind Schnippelsalate, wie Untersuchungen des BfR zeigen; vor allem gegen Ende des Mindesthaltbarkeitsdatums erreichten die Keimzahlen bedenkliche Werte.[5] Die an den Schnittstellen austretenden Nährstoffe bieten Bakterien und Schimmelpilzen ein attraktives Futter, und die Feuchtigkeit in den Plastikbeuteln begünstigt ihr Wachstum. Bei mangelhafter Kühlung fühlen sich viele Keime pudelwohl und vermehren sich prächtig. Bei Sprossen ist die Keimbelastung aufgrund der Anzucht in warmem Wasser selbstevident. Dabei ist es gleichgültig, ob dies in Gärtnereien zum Vertrieb über den Handel oder im Haushalt auf der Fensterbank geschieht – beispielsweise in Einmachgläsern mit Fliegengitter drüber, oder auch in «durchlöcherten Quarkdosen», wie es das staatliche Institut für Ernährungswirtschaft in München empfiehlt.[1]

Krankheitserreger wie EHEC oder auch Salmonellen sind zudem immer wieder für Überraschungen gut. Wenn sie mit organischem Dünger auf dem Feld ausgebracht werden, bleiben sie ein halbes Jahr im Boden vital. Gelangen sie dabei auf Gemüse wie Radieschen oder Karotten, bleiben sie abermals monatelang infektiös.[8, 9, 15] Gleiches gilt für grüne Salate, die mit erregerhaltigem Wasser gegossen oder beregnet wurden. Speziell Blattgemüse wie Spinat nehmen Krankheitserreger wie *E. coli* oder Salmonellen über die Wurzeln auf.[18] In diesem Falle bleibt selbst gründliches Waschen mit Toilettenreiniger ohne Wirkung.[7]

Da im Bioanbau nur organische Dünger erlaubt sind, handelt es sich um eine Risikotechnologie. Kanadische Mikrobiologen fanden in Biosalaten doppelt so oft Fäkalkeime wie auf konventioneller Ware.[10] In Deutschland erkrankten 14 Kinder am hämolytischen urämischen Syndrom, nachdem sie Petersilie verzehrt hatten, die mit Bioschweinemist gedüngt worden war.[19] Gegen eine Düngung von Getreide oder Kartoffeln mit Fäkalien ist hingegen wenig einzuwenden; sie werden von keinem vernünftigen Menschen roh gegessen.

Rohkost, Schnippelsalate und Sprossen bedeuten also grundsätzlich ein vermeidbares Risiko für Kindergärten, Schulen, Krankenhäuser oder Altenheime. Dort werden ja auch keine rohen Eier mehr verwendet, die bekanntlich mit der gleichen Problematik behaftet sind. Wollen die Küchen Rührei anbieten, greifen sie zum sterilisierten Flüssig-Ei aus dem Tetrapak. Wer also versucht, die Verwendung frischer Eier in der Gastronomie mit rechtlichen Maßnahmen unmöglich zu machen, kann nicht gleichzeitig dem vermehrten Verzehr von Rohkost das Wort reden. Nicht umsonst kommt das Wort Gemüse von Mus – weil man es sinnvollerweise kocht.

Doch das erforderliche Minimalwissen über den sachgemäßen Umgang mit Lebensmitteln fehlt mittlerweile auch schon in jenen Behörden, die sich der Aufklärung der Bevölkerung widmen. Ein unrühmliches Beispiel lieferte die Bayerische Landesanstalt für Landwirtschaft.[1] Während des EHEC-Skandals offerierte sie ein Merkblatt im Internet, das zu Eigenproduktion und Rohverzehr von Sprossen riet: dies würde nämlich die «Abwehrkräfte» stärken. Dazu solle man die Samen im «lauwarmen Wasser einweichen». Eine «gute Luftzufuhr» würde vor «Schimmelpilzen» schützen.[1] Nicht nur «Rauchen kann tödlich sein» – Verbraucheraufklärung tut's zur Not auch.

Rohkost ist nicht gesund, sondern lediglich essbar – so wie Austern oder frisches Mett auch. In China ist man sich dessen seit langem bewusst, dort kommen Soja- und Mungbohnensprossen nur in erhitzter Form auf den Tisch. Lebensmittelinfektionen sind mit hohen volkswirtschaftlichen Kosten verbunden. In den USA wird von jährlich knapp zehn Millionen Infektionen gesprochen. Hiervon mussten 56 000 im Krankenhaus behandelt werden. Dennoch versterben Jahr für Jahr weit über 1000 Patienten.[15] Für Deutschland fehlen vergleichbare Daten. Dafür erfahren wir stets aufs Neue, dass irgendwelche Spuren von Rückständen von Pestiziden auf Paprikapulver gefunden wurden …

«Boil it, peel it, or forget it»

Die vielen vermeintlichen gesundheitlichen Vorteile von «frischem Obst und Gemüse» ließen sich in rigorosen prospektiven Studien ausnahmslos nicht bestätigen. Um wenigstens die 5-am-Tag-Kampagne (5 Portionen Obst oder Gemüse) mit wissenschaftlichen Belegen zu untermauern, wurde in der EU vor über 20 Jahren die größte Ernährungsstudie (European Prospective

Investigation into Cancer and Nutrition, EPIC) initiiert, die jemals in Europa durchgeführt wurde – mit insgesamt einer halben Million Teilnehmern. Im Jahr 2000 wurde sie abgeschlossen und ihre Ergebnisse dann zehn Jahre unter Verschluss gehalten. Die nun vorliegende Gesamtauswertung zeigte die Nutzlosigkeit von Obst und Gemüse zur Vorbeugung von Krebs. Da Angaben zur Gesamtmortalität fehlen, ist das Ergebnis auch in Hinblick auf andere Krankheiten mutmaßlich kein Ruhmesblatt für die Ernährungsmedizin.[6]

Jahrelang haben «Ernährungsaufklärer» versucht, bereits kleinen Kindern beizubiegen, möglichst viel Obst und Gemüse in rohem Zustand zu verzehren. Das absolute Highlight waren exotische Früchte – frisch und saftig, möglichst aus der unberührten Natur. Im Urlaub müssen sie später lernen, die gleichen Früchte direkt vom Erzeuger nicht einfach so zu verspeisen – schließlich können sie abenteuerliche Krankheiten übertragen. Da gilt die gute englische Regel: *«Boil it, peel it, or forget it»* *(Koche es, schäle es oder vergiss es!)*. Wenn dann die Plantagen noch mit den ungeklärten Abwässern eines nahegelegenen Krankenhauses sowohl bewässert als auch gleichzeitig gedüngt werden, dann sollte sich der Obstfreund nicht wundern, wenn der Hausarzt seine interessante Krankheit nicht einmal dem Namen nach kennt.

Ungeniert verteilen diplomierte Diätberaterinnen in Kindergärten unterdessen große Rohkostplatten, von denen sich die Kleinen mit den Fingern bedienen sollen. Möglichst «bio», weil der Biobauer nicht mit chemischem Kunstdünger hantieren darf und deshalb darauf angewiesen ist, Naturdünger wie Mist und Gülle auf seinem Gemüsebeet zu verteilen. Und da unsere Biobauern stets unter einem Mangel an betriebseigenen Fäkalien leiden, wird Guano – Vogel- oder Fledermauskot – rund um den

Globus nach Deutschland verfrachtet. Wir wollen lieber nicht wissen, was da alles an Seuchen eingeschleppt werden kann.

Wer frischen Salat essen will, mag das gerne tun, ihn aber nicht anderen, namentlich Schutzbefohlenen, als «gesund» aufdrängen. Es ist ein Unterschied, ob ein kleiner Salatteller zum Schnitzel gereicht wird, Gärtner ihre ersten, frisch geernteten jungen Karotten und zarten Kohlrabi als Spezialität roh genießen oder grüne Salate ganzjährig die Hauptmahlzeit ersetzen. Je mehr Rohkost auf einmal gegessen wird, desto leichter fängt man sich etwas ein, desto größer ist die Gefahr, die infektiöse Dosis an Keimen zu erreichen. Es ist sicher kein Zufall, dass vor allem junge Frauen an EHEC erkrankten.[14]

Dass der Verzehr von Rohkost in der westlichen Welt in der Vergangenheit nicht schon zu weit mehr Infektionen geführt hat, verdanken wir nur unserem vergleichsweise hohen Hygienestandard. Dennoch bleiben «Restrisiken». Wer zum Skifahren geht, weiß, dass er sich dabei die Knochen brechen kann. Er akzeptiert ein ihm wohlbekanntes Risiko, weil ihm der Wintersport Freude macht. Aber Skifahren beugt nicht Beinbrüchen vor, weil der Schnee «den Knochen stärkt». Wer frische Radieschen liebt, soll sie essen, aber sich klarmachen, dass das Risiko, ebenjene Radieschen von unten zu betrachten, ein wenig höher ist als beim Verzehr einer Portion heißer Pommes mit steril verpacktem Ketchup.

Gib EHEC keine Chance!

Das Problem mit den Keimen ist, dass wir sie nicht sehen, ja dass wir viele nicht einmal kennen. Was wir nicht kennen, kann auch kein Überwachungssystem im Vorfeld kontrollieren. Das Einzige, was davor schützt, ist Hygiene. Sie ist auch gegen unbe-

GIB EHEC KEINE CHANCE

Kochtöpfe schützen

Ungeschützter Rohkostverzehr ist einer der
Haupt-Übertragungswege von Lebensmittelinfektionen

mach's mit

Karikatur: Karl-Ludwig Leiter

kannte Erreger wirksam. Da Keime sich schnell an veränderte
Umweltbedingungen anpassen und auch gerne mit anderen
Bakterien Erbgut tauschen (ja, auch «Mutter Natur» betreibt
fleißig Gentechnik, die für uns ziemlich riskant sein kann),
besteht immer das Risiko einer seuchenartigen Ausbreitung –
namentlich in einem dichtbesiedelten Land. Im Falle eines solchen Erregers bleibt keine Zeit für parteipolitische Komödien,
Ernährungsideologien oder ärztliche Standespolitik. Dann muss

die Bevölkerung die nötigen Hygienemaßnahmen kennen, um eine Katastrophe zu verhindern.

Wie wär's mit einer öffentlichen Kampagne, um vor allem die von Rohkost am stärksten betroffene Gruppe, nämlich junge Frauen, vor einer Infektion durch Gurken oder Sprossen zu schützen? Hier böten sich Plakate mit dem Slogan an: «Gib EHEC keine Chance». Zwar nützen Kondome bei Gemüse rein gar nichts, aber «Kochtöpfe schützen».

Was bleibt?

Ausnahmsweise mal ein Verbrauchertipp in Sachen Hygiene: Waschen Sie Ihre Wäsche, vor allem Unter- und Bettwäsche, bei 60 Grad. Wer Keimen in seiner Waschmaschine bei «Körpertemperatur» zwischen 30 und 40 Grad ideale Vermehrungsbedingungen gönnt und beim Spülen auch noch ein Wassersparprogramm nutzt, rüstet seine Familienmitglieder zu Bazillenschleudern auf. Will man beim Waschen die Umwelt schonen oder Geld sparen, sollte man lieber T-Shirts und Blusen nicht alle paar Stunden wechseln.

Bei Tisch bewährt sich noch immer der alte Kinderreim: «Nach dem Klo und vor dem Essen – Händewaschen nicht vergessen.» Keine andere Maßnahme kann so effektiv Krankheiten verhindern – keine Impfung, keine Vorsorge, kein Ernährungstipp. Und noch einmal: In Kindergärten, Schulen, Krankenhäusern und Altersheimen stellen Rohkostplatten auch ohne akute Seuchengefahr ein vermeidbares Risiko dar. Wir Menschen verdanken unsere Evolution und unsere Zivilisation der Nutzung des Feuers und der Hygiene – mit Rohkost allein würden wir uns noch heute von Ast zu Ast hangeln.

9 Super-GAU des Wahnsinns: Die BSE-Krise

Was war das für eine Aufregung mit dem Rinderwahnsinn, der bovinen spongiformen Encephalopathie, kurz BSE oder volkstümlich «Schwammhirn» genannt! Und heute? Wenn jetzt bei BSE-Tests hin und wieder ein krankes Rind auftaucht, interessiert sich kein Schwein mehr dafür. Dennoch markiert BSE eine Wende in der deutschen Verbraucherschutzpolitik.

Eine Nation von Konsumenten, die voller Gottvertrauen all das aufaßen, was die Regale, Kühltruhen und Aktionsdisplays der Supermärkte feilboten, erstarrte mit dem ersten deutschen BSE-Fall über Nacht vor sprichwörtlicher «German Angst». Als der Bürger erkennen musste, dass unsichtbare Erreger auch in deutsche Kuhställe eingedrungen waren, brach Panik aus. Bis dato hatte er im festen Glauben gelebt, der «strenge Verbraucherschutz» und die «kleinbäuerliche Landwirtschaft» würden jedwedem Erreger von Wahnsinn eine Heidenangst einjagen und ihn am Überschreiten der Staatsgrenze hindern.

Nun hatte der Verbraucher die Angst. Und wer Angst hat, kann nicht mehr logisch denken. Wenn es eines Beweises für die Richtigkeit dieses Satzes bedürfte, die BSE-Krise würde ihn liefern. Die Krankheitsursache war schnell zur allgemeinen Zufriedenheit ausgemacht: BSE war Folge der widernatürlichen Verfütterung von Tiermehl an vegetarische Rinder. Wenn man Vegetarier zu Kannibalen mache, so dozierte eine Professorin der Geisteswissenschaften (den Namen der Dame wollen wir aus Höflichkeit verschweigen) in einer Talkrunde, dann dürfe man sich nicht wundern, wenn dies zum Wahnsinn führe. Das klang so logisch, dass Beifall aufbrandete, auch der Moderator schien beeindruckt.

Doch mit dem Tiermehl, und das mag die erste Überraschung sein, hat die Seuche offenbar herzlich wenig zu tun.

Dabei klang die Theorie der Experten eigentlich ganz plausibel: Die Briten hatten Schafe, die an der Nervenkrankheit Scrapie erkrankt waren (ebenfalls eine spongiforme Encephalopathie wie BSE, im älteren deutschen Schrifttum als «Traberkrankheit» bezeichnet), zu Tiermehl verarbeitet und dieses dabei unzureichend erhitzt. Darum wurden die Scrapie-Erreger nicht unschädlich gemacht, sie gelangten mit dem Fleischmehl in die Futtertröge und dann in den Pansen der Rinder. Von dort aus haben sich die Erreger, mutmaßlich krankmachende Eiweißpartikel namens Prionen, bis ins Hirn der Kühe vorgearbeitet.

Die Scrapie-Prionen sind also mit britischer Hilfe vom Schaf aufs Rind «übergesprungen». Und da die mit Scrapie-Erregern infizierten Rinder ebenfalls zu Tiermehl verarbeitet wurden, sollen sich die Prionen nach und nach an den neuen Wirt angepasst und sich schließlich ungehindert über das Tiermehl ausgebreitet haben. Und darum drohe dem Menschen jetzt im Steakhaus der Angriff der Killerprionen – jener winzigen Eiweißpartikel, die von vielen Forschern für die Ursache der Krankheit gehalten werden. Wir würden schließlich zu Tausenden, so unkten die Medien, an der Creutzfeldt-Jakob-Krankheit (CJK) dahinsiechen und elendiglich sterben. So weit die offizielle Theorie.

Die Rindviecher interessierten sich allerdings nicht für die ernährungstechnischen Vorstellungen medialer Seuchenexperten. Aus diesem kühlen Grunde waren sie auch niemals strenge Vegetarier. Auf der Weide fressen sie zwangsläufig tierisches Eiweiß. Als «Beilage» zum Hauptgericht Gras goutieren sie Insekten, Spinnen, Regenwürmer oder Schnecken. Das Bodenleben und die Artenvielfalt der naturnahen Flächen landet ganz natürlich im Verdauungstrakt von Pflanzenfressern. Solches

Kleinzeug ist oft ein essenzieller Bestandteil der Kost; ist die Ausbeute zu mager, suchen Schafe oder Hirsche sogar nach Nestern von Bodenbrütern, um ihren Speiseplan mit ein paar Jungvögeln aufzuwerten.[11]

In der Tierernährung ist das natürlich bekannt. Deshalb fand es auch niemand «widernatürlich», wenn das Kraftfutter für Milchvieh einen kleinen Zusatz von fünf Prozent Tiermehl bekam. Das Eiweiß kam der Milchproduktion zugute. Vor der BSE-Krise bekamen das alle Hochleistungsrinder auf der ganzen Welt serviert, auch in Deutschland. Zu einem BSE-Massenausbruch kam es aber nur in Großbritannien. Insofern handelte es sich beim Verfüttern von Tiermehl nicht um eine typisch «britische Perversion», sondern um eine bewährte landwirtschaftliche Praxis.

Aber war sie für die BSE-Katastrophe verantwortlich? Wenn in England bereits Tiermehl aus ein paar scrapiekranken Schafen die Rinderherden gründlich durchseuchen konnte, wie riskant war dann erst das britische Tiermehl, das weiterhin aus den unzähligen BSE-Kadavern hergestellt wurde? Auch auf dem Höhepunkt der Seuche lieferten die Briten ihr BSE-Pulver noch in alle Welt, Hunderttausende Tonnen gelangten nach Indonesien, Thailand, Frankreich, Russland, Schweden, Indien und Saudi-Arabien.[14, 46] Doch die erwarteten Massenausbrüche blieben aus. Besonders infektiös kann das britische Tiermehl also nicht gewesen sein.

Die Tatsache, dass in England Zehntausende Kühe erkrankten, die etliche Jahre nach dem Tiermehlverbot geboren wurden, lässt sich weder mit unvermeidlichen Restbeständen an Futter noch mit einem gelegentlichen Umgehen des Verbotes erklären.[36, 85] Auch in der Schweiz erkrankten viele Tiere, die niemals Fleischmehl oder Fertigfutter erhalten hatten und aus gesunden

Herden stammten.[52] Damit vermag die Fleischmehlhypothese allenfalls einzelne Fälle zu erklären, aber offensichtlich muss es noch ganz andere, wesentlich wirksamere Übertragungswege geben. Davon später mehr.

Tierversuche kratzten weiter an der Scrapie-Hypothese. Es ist experimentell nicht gelungen, mit den Erregern der Schaf-Scrapie Rinder-BSE hervorzurufen. Ebenso wenig ließ sich BSE durch infiziertes Tiermehl auf Kälber übertragen. Doch im Labor lassen sich nicht alle Unwägbarkeiten der Fütterung nachstellen, darum sind Experimente, bei denen der Pansen umgangen wird, beweiskräftiger. Deshalb injizierten die Forscher Hirnmaterial von Scrapie-Schafen direkt ins Gehirn von gesunden Kälbern. Dieses veränderte sich zwar, zeigte aber keine Merkmale einer BSE-Infektion, auch dann nicht, wenn man das infizierte Material abermals auf andere Kälberhirne übertrug.[20, 21] Die Methode, Hirnmaterial eines infizierten Tieres in das Gehirn eines Versuchstieres zu spritzen, ist der gängige Nachweis einer Infektion mit dieser Art von Erregern. Scrapie scheidet als Ursache von BSE daher aus.[13, 61]

Statt an BSE erkrankten die Kälber am Downer-Syndrom, und das hatte niemand erwartet. Das Downer-Syndrom ist eine Sammelbezeichnung für «festliegende» Rinder: Die Tiere kommen einfach nicht mehr auf die Beine. Seine Ursachen sind vielfältig, eine Form wird offenbar durch Scrapie-Erreger ausgelöst. Verfütterte man Downer-Kühe oder die Innereien von Scrapie-Schafen an Nerze, was in der Pelztierzucht früher nichts Ungewöhnliches war, dann fielen hin und wieder ganze Zuchten dem Nerzwahnsinn zum Opfer.[73]

Scrapie ist also wie alle spongiformen Encephalopathien unter bestimmten Umständen auf andere Tierarten übertragbar, führt jedoch beim Rind zu einem völlig anderen Krankheitsbild als BSE. Da auch in Europa Pelztierzüchter von Ausfällen durch Downerrinder berichteten, ist Scrapie auch bei uns schon lange unter Rindern vertreten. Die Krankheit ist offenbar selten, aber es gibt sie. Das störte jedoch niemanden, denn sonst hätte vielleicht das eigene Selbstbewusstsein gelitten, und wir könnten nicht länger auf die Briten herabblicken.

Hirnschmalz

Nerze haben als Raubtiere einen völlig anderen Verdauungstrakt als Rinder. Aber auch der Verdauungstrakt eines Pflanzenfressers ist nach der Geburt ausschließlich auf tierische Nahrung eingestellt, nämlich auf Milch. Könnte es dann nicht beim Neugeborenen zu einer Übertragung kommen? Der noch unreife Verdauungstrakt ist bekanntlich ziemlich durchlässig für kleinere Partikel, namentlich für intakte Eiweiße. Hier gibt es in der Tat einen kuriosen Infektionsweg, einen höchst unappetitlichen noch dazu. Der Milchaustauscher, den die Kälber erhielten, war damals mit Extrakten aus Rinderhirnen aufgemotzt. Harte Beweise für diesen Übertragungsweg gibt es nicht, aber die Beobachtung, dass in Bayern vereinzelt Weiderinder an BSE erkrankten, die nie Tiermehl erhalten hatten, aber als Kälber mit Milchaustauscher ernährt worden waren, lässt einen solchen Zusammenhang plausibel erscheinen.

Noch mitten in der BSE-Krise haben sogenannte Knochensammler-Betriebe Hunderttausende Tonnen von Rinderschädeln bei den Schlachthöfen aufgekauft. Diese wurden von Spezialbetrieben samt Hirn bei milder Wärme zu Fetten und Fleischknochenmehl verarbeitet.[38, 69, 70] Hirn enthält erhebliche Mengen an Fett. Das Fett kam in die Milchaustauscher für die Kälber – wohl, weil es sich ja um Rinderfett handelte. Das war billiger als Milch. Den Behörden waren diese unhaltbaren Zustände zur Zeit der BSE-Krise längst bekannt, nach Aussage von Branchenkennern haben sie aber nicht «auf Warnungen und Mahnungen» reagiert.[70]

Es ist schon kurios: In Deutschland galten für die Tiermehlherstellung strengere Anforderungen als in England – sofern sie denn eingehalten wurden. Aber sie galten nicht für das echte Risikomaterial: die Schädel der Rinder! Doch das störte in Deutschland niemanden. Selbst die BSE-Krise löste keine sachdienlichen Aktivitäten in den Amtsstuben aus. Man zeigte lieber mit dem Finger auf das Vereinigte Königreich. Eine gemeinsame Stellungnahme der zuständigen Bundesbehörden bestätigt den unglaublichen Tatbestand: «Noch bis Mitte des Jahres 2000 wurden in Deutschland Knochenmehle und auch in der Tierfütterung verwendete Tierfette bei Temperaturen von nicht über 100°C erzeugt.»[69]

Doch auch der Übertragungsweg durch Milchaustauscher vermag den Massenausbruch in Großbritannien nicht zu erklären, anderenfalls hätte man in vielen anderen Ländern ähnliche Entwicklungen beobachten können. Zudem wäre selbst in diesem Falle nicht das eiweißreiche «Tiermehl» die Ursache, da es sich technologisch gar nicht zur Herstellung von Kälbermilch eignet, sondern das Fett, genauer gesagt, das Fett, das aus Rinderhirnen gewonnen wurde. Josef Kamphues von der Tierärztlichen Hochschule Hannover geht ebenfalls davon aus, dass «bis Ende der 90er auch unraffinierte Fette eine größere Bedeutung hatten» – also Material, das nicht erhitzt und auch nicht technisch gereinigt worden war.[38] Folglich bargen diese Fette ein erhebliches Infektionsrisiko – auch für Kälber.

Die *Frankfurter Allgemeine Zeitung* fand außerdem heraus, dass drei bayerische Knochensammler das Fett nicht nur zur

Herstellung von Tierfutter nutzten, sondern wohl auch an die Lebensmittelindustrie lieferten.[70] Hier verliert sich die Fährte aber im Dunkel der Lagerräume, Lieferscheine und Lebensmittelkontrollen ... Sollte es hier etwa einen Weg zur Übertragung auf den Menschen gegeben haben? Das ist zwar nicht auszuschließen, aber eher unwahrscheinlich, weil das illegale Fett wohl kaum in der Säuglingsnahrung gelandet sein dürfte, sondern eher in «fester» Nahrung für Erwachsene. Und deren Darm ist gewöhnlich nicht so durchlässig wie der eines Neugeborenen. Wir werden auf dieses Detail später noch zurückkommen.

Hormonjunkies

In Großbritannien haben die Erreger einen viel direkteren und effektiveren Weg zum Rind gefunden als über Tiermehl oder Milchaustauscher: Sie wurden mit der Injektionsnadel übertragen. Wie Dokumente des britischen BSE-Ausschusses belegen, wurden in Großbritannien jahrzehntelang die Hirnanhangsdrüsen von Schlachttieren gewonnen, um daraus Hormonextrakte herzustellen. Die Rinderschädel wurden gespalten und die Drüsen, fachsprachlich Hypophysen, entnommen. Etwa 400 Stück ergeben ein Kilo. Die Londoner Mikrobiologin Anne Maddocks teilte dem Ausschuss mit, dass diese Extrakte in England Anfang der 1980er Jahre in großem Stil Zuchtrindern und Milchvieh injiziert worden seien.[45, 47]

Angefangen hatte diese Praxis um 1950 mit dem Embryotransfer. Um Superovulationen herbeizuführen, also um genügend Eizellen gewinnen zu können, waren diese Hypophysenextrakte unverzichtbar. Bald erkannte man auch ihre wachstums- und milchleistungsfördernde Wirkung. Um den Bedarf zu decken, gab es in England 1988 bereits 16 staatliche

Lizenzen für Pharmaunternehmen zur Gewinnung von Arznei-mitteln aus Hypophysen.[50] Aber viele Tierärzte verzichteten auf die teuren Präparate aus der Apotheke und stellten sie selbst her. Dazu bedurfte es weder besonderer Sachkenntnis noch spezieller technischer Geräte.[48]

Nun ist BSE keine neue Krankheit, es hat sie schon immer gegeben, wenn sie auch selten auftrat.[25, 82] Daher war es nur eine Frage der Zeit, bis die Hypophyse eines kranken Rindes Verwendung fand. Da die Hypophysen von den Pharmafirmen nicht einzeln extrahiert werden, sondern in größeren Chargen, genügt bereits eine einzige kranke, um eine große Zahl von Hormonspritzen zu infizieren. Werden die infizierten Rinder später ebenfalls zur Gewinnung von Hormonen herangezogen, ist eine Seuche programmiert – exakt so wie auf der Insel. Selbst wenn die ersten Fälle durch Tiermehl oder auch Hirnfett entstanden wären, ist die Krankheit ab dann per Spritze weiterverbreitet worden.

Die Rinderhypophysen dienten aber auch zur Herstellung anderer Tierarzneimittel: Aus den Hinterlappen der Drüse wurde bis 1991 das Hormon Oxytocin extrahiert. Aus dem Vorderlappen lässt sich das follikelstimulierende Hormon, kurz FSH, gewinnen.[41] FSH ist bei Fruchtbarkeitsstörungen ein gefragtes Medikament. Oxytocin wird den Rindern gewöhnlich nach dem Kalben appliziert, um die Milchleistung anzukurbeln.[65] Die Anwendung am Einzeltier liefert auch eine Erklärung dafür, warum meist nur wenige Tiere in einer Herde erkrankten. Natürlich konnte dieser Zusammenhang der Fachwelt nicht verborgen bleiben, sodass sie schließlich auf die teureren gentechnischen Hormone zurückgriffen. Mit dem Verzicht auf natürliche Hypophysenextrakte sank die Zahl der infizierten Tiere.

Dass eine Infektion mit spongiformen Encephalopathien

wie BSE oder CJK auf diesem Wege unvermeidlich ist, zeigen die Erfahrungen am Menschen mit Hypophysenextrakten aus Leichen. In den 1970er Jahren wurden in Großbritannien nach dem in der Tiermedizin bewährten Vorbild auch allerlei Präparate aus Verstorbenen gewonnen. Dies geschah – wie sich später vor Gericht herausstellte – sogar in den Nebenzimmern von Leichenhäusern, in denen die begehrten Stücke in Honiggläsern für die Weiterverwendung durch interessierte Mediziner aufbewahrt wurden.[49] In England erkrankten durch Hormonextrakte mindestens 38 Patienten.[3, 76, 85] In Australien wurden 2000 Frauen wegen Unfruchtbarkeit mit Hypophysenhormonen behandelt, die illegal aus Leichen gewonnen waren. Auch hier kam es zu Todesfällen durch Creutzfeldt-Jakob (CJK).[68]

Wer über Leichen geht

In Frankreich kam es durch diese Praktiken Anfang der neunziger Jahre zur Katastrophe.[3] Hier wurden Hormone aus menschlichen Hypophysen über 2000 kleinwüchsigen Kindern injiziert. Ohne jeden Erfolg[15] – einfach weil Hormonextrakte, die beim Rind zu mehr Fleisch und Milch führen, beim Kind nicht unbedingt das Wachstum des Skeletts stimulieren. Aber die Spritzerei blieb nicht ohne Folgen: Weit über 100 Kinder erkrankten seither an CJK, die meisten sind bereits verstorben.[18, 26, 80, 85] Offensichtlich befand sich unter den «Spendern» ein unerkannter Fall von CJK – schließlich kann auch das Hirngewebe von Personen, die nicht erkennbar klinisch erkrankt sind, hochinfektiös sein.[43] Doch selbst nachdem die Gefahr bekannt wurde, verkaufte die staatliche französische Zentralapotheke ihre verseuchten Hormonextrakte munter weiter.[26]

Aus unerfindlichen Gründen zog es unsere Presse vor, darüber Stillschweigen zu bewahren. Und das, obwohl die Umstände in Frankreich nicht weniger dramatisch waren als die der britischen CJK-Opfer, die regelmäßig im Abendprogramm vorgeführt wurden. Lag es daran, dass die Todesfälle der Tatsache geschuldet waren, dass man in Frankreich explizit auf das (harmlose) gentechnische Präparat verzichtet hatte? Die Gesamtzahl der iatrogenen, also von Ärzten verursachten CJK-Fälle soll sich 2006 auf weltweit 405 Fälle belaufen, weitaus mehr, als in England an der neuen Variante von CJK verstarben.[12] Vermutlich liegt die reale Zahl eine oder auch zwei Zehnerpotenzen höher als die genannten 405. Denn bei diesen Zählungen spielen Fragen der Diagnostik und Angst vor existenzbedrohenden Schadensersatzklagen die Hauptrolle.

In Frankreich verlief die Krankheit also bei den infizierten Jugendlichen nicht weniger dramatisch als in England. Doch nur die britischen Kids taugten für die verlogene Propaganda in Deutschland: Man zeigte einen Ausschnitt aus einem Video, in dem der Patient als kleines Kind fröhlich spielt, dann den schwer erkrankten Jugendlichen, der orientierungslos durch die Gänge eines Krankenhauses tapst, ein Interview mit den völlig verzweifelten Eltern, einen kurzen Blick aufs Grab und dann einen Schwenk zum örtlichen Metzger. Der kann sich sowieso nicht wehren. Das rührt emotional auf, das prägt sich ein. Die gleichen Bilder hätte man auch aus Frankreich haben können. Am Schluss hätte der Schwenk zum Facharzt führen müssen. Der war im Gegensatz zum Metzger tatsächlich der Verursacher.

Ein Ergebnis dieser Skandale war immerhin, dass die genannten Hormone seither fast nur noch gentechnisch hergestellt werden – außer für Sportler, die das Zeug in undefinierter Qualität aus dem Ostblock beziehen, um es sich als Doping- und Muskelaufbaumittel zu spritzen.[66] Anfang der achtziger Jahre jedoch war die direkte Gewinnung aus Schädeln noch die einzige Möglichkeit, an den begehrten Stoff zu gelangen.

Diese Praxis war weit verbreitet. Ein Lehrbuch aus einem deutschen Fachverlag erklärt detailliert, wie den Rindern die Hypophyse zu entnehmen sei, um sie zu Arzneimitteln weiterzuverarbeiten.[63] Da die Extrakte einem anderen Lehrbuch zufolge auch in Deutschland verwendet wurden[35] – allerdings vorzugsweise als Medikament bei speziellen Erkrankungen und weniger als wohlfeiles Mastmittel für jedermann und jedekuh –, bietet die Hormontheorie nicht nur eine schlüssige Erklärung für den BSE-Ausbruch in England, sondern könnte auch in Ländern wie der Schweiz zur Ursachenfindung beitragen. Die Dokumente sind oder waren jedermann zugänglich. Aber der deutsche Michel genoss lieber seine moralische Entrüstung über die spleenigen Briten und ihre verrückten Kühe.

Von Milben und Mäusen

Damit hätten wir zwar eine plausible Erklärung für das gehäufte Auftreten von BSE auf den Britischen Inseln; wir wissen aber immer noch nicht, woher die spongiformen Encephalopathien rühren, die seit langem in freier Wildbahn bei vielen Tierarten bekannt sind. Dieser Krankheitstyp ist gar nicht so selten: Unter nordamerikanischen Hirschen beispielsweise sollen mancherorts bis zu drei Prozent der Tiere erkrankt sein.[31, 33] Die Krankheit heißt Chronic Wasting Disease (CWD). Wie verbreiten sich die Erreger in Wald, Feld und Wiese, fern von Tiermehl, Kälbermilch und Hormonspritzen?

Hier können wir auf die Erfahrungen mit der isländischen Variante von Scrapie zurückgreifen: Die Insel litt wiederholt unter Scrapie-Endemien, die großen wirtschaftlichen Schaden verursachten. Mehrfach entschlossen sich die Isländer, ihren riesigen Schafsbestand zu keulen und die Zucht mit kerngesunden Schafen neu aufzubauen. Doch wie sich zeigen sollte, blieben die Keulungen ohne Erfolg. Nach dem «Wiederaufbau» waren die Herden alsbald genauso von Scrapie befallen wie die Herden zuvor.[32, 44]

Die Experten tippten auf eine Slow-Virus-Infektion und begannen nach einem natürlichen Reservoir der Erreger zu suchen. Eine ähnliche Erkrankung (Maedi-Visna) war bereits 1933 aus Deutschland eingeschleppt worden und hatte damals die Schafhaltung auf Island völlig ruiniert. Damals war eine Herde von Karakulschafen eingeführt worden, ausgestattet mit einem korrekten Gesundheitszertifikat der deutschen Behörden. Die Tiere hatten sich zudem zwei Monate in Quarantäne zur Beobachtung befunden. Doch die Seuche setzte erst später ein, und durch diesen Vorfall lernte man schließlich einen neuen Infektionstyp kennen, die «langsamen Viren» (Lentiviren, Slow Viruses). Sie verursachen Infektionen des Nervensystems, die jahrelang in einem Lebewesen schlummern und erst dann beginnen, ihren Wirt zu schädigen.[64]

Auf der Suche nach dem Erregerreservoir von Scrapie stießen die Forscher schließlich auf blutsaugende Milben (*Haemogamasus nidi*). Die winzigen Spinnentiere wurden unter der Lupe von Mäusen abgesammelt, die man auf den betroffenen Höfen gefangen hatte. Nach einer Injektion von Milbenhomogenat in das Gehirn von Mäusen entwickelten diese das Krankheitsbild von Scrapie.[58]

Damit war der Übertragungsweg in den isländischen Schafherden entschlüsselt: Stirbt eine befallene Maus, müssen sich die Milben einen neuen Wirt suchen und gelangen dabei auch auf Lämmer. Diese haben kurz nach der Geburt eine nackte Stelle am Bauch, an der sich die Milben festsetzen können. Ausgewachsene Schafe sind durch ihre dichte, verfilzte Wolle geschützt. Das ist der Grund, warum die Infektion unmittelbar nach der Geburt erfolgt.[78]

Eine neuere Untersuchung in den USA bestätigte inzwischen die Ergebnisse aus Island. Die Forscher sammelten Heumilben aus den Futtertrögen von Betrieben, die Probleme mit Scrapie hatten. Aus den Milben wurde ein Extrakt gewonnen und anschließend Mäusen injiziert. Auch diesmal traten scrapieähnliche Krankheitsbilder auf.[84] Damit würde die Übertragung in freier Wildbahn genauso erfolgen wie bei anderen Krankheiten auch: durch Vektoren wie Zecken, Milben oder Stechmücken. Welche es bei der jeweiligen Tierart sind, wäre noch zu klären.

Wenn in Beständen von Gatterwild – selbst dann, wenn die Weide vorher jahrelang nicht mehr genutzt wurde – erneut spongiforme Encephalopathien wie die Chronic Wasting Disease der Hirsche auftreten, dann nicht deshalb, weil sich die Prionen im Boden verstecken,[56] sondern weil sie durch Insekten oder Milben übertragen werden. Daher dürfte auch manch eine Häufung von Encephalopathien in den Zoos rühren.[39] Hat man die Milben erst mal drin, wird man sie nicht so schnell wieder los. Das könnte auch einer der Gründe sein, warum in Deutschland und der Schweiz vor allem Weidetiere erkrankt sind und weniger die Rinder aus Massentierhaltung.

Diese Zusammenhänge hat einer der Autoren (U. P.) anhand der verfügbaren und auch hier zitierten Dokumente auf einer europäischen Tagung zur Risikovorhersage vorgetragen. Selbst der Umstand, dass ein anwesender Nobelpreisträger, Reinhard Selten von der Universität Bonn, diese Überlegungen für plausibel hielt und im Plenum unterstützte, nutzte nichts. Die Ausführungen lösten unter den ExpertInnen heftige Empörung aus. Sie warfen dem Redner vor, er habe «den alten Mann verführt» – gemeint war der Nobelpreisträger –, es gäbe außerdem gar keine «blutsaugenden Milben», und schlussendlich war der Beitrag im Tagungsband nicht mehr enthalten.[62] Was sagt uns das? Es geht offenbar um viel, viel Geld.

Des Wahnsinns fette Beute: Prionen

Jedes Kind weiß heute: BSE wird von geheimnisvollen Prionen übertragen. Das sind infektiöse Eiweißkörper, die sich – einmal im Gehirn präsent – wie eine Seuche vermehren. Um eine Gefahr darzustellen, müssen die Prionen jedoch zuerst ihre Struktur ändern. Das lasse sie «infektiös» werden, und in dieser Form brächten sie «gesunde» Prionen dazu, sich ebenfalls umzufalten. Diese Veränderung zerstöre letztlich die Nerven. Die wenigsten Menschen wissen, dass Prionen keine exotischen Eindringlinge sind, sondern dass man sie als nützliche Bestandteile überall in Zellen findet – von der Hefe über den Fisch bis zum Menschen.[40, 79]

Prionen sind völlig normale Bestandteile des Gehirns. Derzeit wird über ihre Rolle noch spekuliert. Nach ersten Ergebnissen sind sie wohl für einen geregelten Schlaf notwendig, sie helfen der Retina des Auges und schützen das Gehirn – wer hätte das gedacht – vor neurologischen Erkrankungen. Zudem sollen sie dem Immunsystem sowie dem Langzeitgedächtnis auf die Sprünge helfen.[22, 29, 30, 55, 75, 77, 83]

Für die Prionentheorie soll die extreme Widerstandsfähigkeit der fehlgefalteten Prionen gegenüber Enzymen, Strahlen oder Hitze sprechen. Doch alle diese Eigenschaften sind auch von Viren bekannt, insbesondere von den Slow Viruses.[51] Deshalb liegt es nahe, von einer Virusinfektion auszugehen. Das zentrale Argument der Prionentheorie lautet jedoch, dass Tiere, denen man das Gen zur Prionenbildung entfernt hat, nicht am «Wahnsinn» erkranken.[81] Doch das will nicht allzu viel heißen. Da es sich bei Prionen um Membraneiweiße handelt, könnten sie genauso gut der Rezeptor, also die Andockstelle für das Virus sein.[65]

Lange war es den Forschern misslungen, Prionen in Reinform zu gewinnen und damit die Erkrankung auszulösen.[28] Ein mit großer Hoffnung erwartetes Experiment des Prionenpapstes Leo Prusiner, mit dem er seine Theorie stützen wollte, mehrte nur die Zweifel. Prusiner stellte auf gentechnischem Wege Prionen her, mit denen er dann bei Mäusen eine spongiforme Encephalopathie hervorrief.[42] Kritiker spotteten, dies sei kein Wunder, schließlich habe er als Ausgangsmaterial für seine Gentech-Prionen infiziertes Mäusehirn verwendet. Zudem war die Wirkung dieser Prionen im Vergleich zu echtem infektiösen Material verschwindend gering. Damit liegt der Verdacht nahe, dass Prusiner ein paar Erreger aus den Mäusehirnen bis in seine Gentech-Prionen durchgeschleift hat.[52] Bis heute fehlt der Beweis, dass Prionen der Auslöser dieser Erkrankungen sind. Der Nobelpreis war Prusiner trotzdem schon ein paar Jahre vorher (1997) für seine Theorie verliehen worden. Die Verleihung hat nur einen kleinen Schönheitsfehler: Die Theorie stammt nicht von ihm – er stellte sie erstmals 1982 der Öffentlichkeit vor –, sondern von John Stanley Griffith. Der hatte sie bereits 1967 in *Nature* publiziert.[34]

Virulente Theorien

In der Öffentlichkeit wurde immer wieder betont, dass man bisher auch mit den empfindlichsten Labormethoden keine Viren gefunden habe. Das stimmt. Bloß: Mit Diagnosemethoden wie der PCR lassen sich nur bekannte Erreger erkennen, unbekannte aber nicht. Auch die Tatsache, dass die Krankheit keine

Reaktionen des Immunsystems auslöst, überrascht wenig bei Viren des Nervensystems, den sogenannten Neuroviren. Sie befallen zwar das ZNS, vermehren sich dort jedoch praktisch nicht.[72] Diese Neuroviren «hinterlassen keinerlei Entzündungsherd, kein virales Antigen, kein auffindbares Virus, noch irgendwelche Zeichen, die auf eine vorausgegangene Virusinfektion hindeuten», erläutert der Neurologe Richard Johnson von der Johns-Hopkins-Universität in Baltimore.[2]

Typisch für Viren

Wenn die Viren sich beispielsweise in den Kapillaren einnisten und diese verschließen, werden sie vom anströmenden Blut nicht mehr erreicht und können keine Antikörperbildung hervorrufen. Manche Viren stoßen ihre Hülle ab und umgeben sich mit körpereigenen Stoffen wie Cholesterin. Damit sind sie für das Immunsystem unsichtbar. Tatsächlich wurden bei erkrankten Tieren Eiweiße entdeckt, die Viren verwenden, um sich zu tarnen.[51]

Auch andere Merkmale spongiformer Encephalopathien sind typisch für Viren.[23] So kann Scrapie im Tierversuch erfolgreich verhindert werden, wenn man vorher Medikamente verabreicht, die die Vermehrung von Viren bremsen.[7, 27] Infiziert man Mäuse, dann entwickelt nur ein Teil der kranken Tiere auch krankhaft veränderte Prionen.[41, 59] Wenn es die Krankheit aber auch ohne krankhafte Prionen gibt, dann ist die Prionentheorie falsch.[60] Erst wenn man infiziertes Gehirn über mehrere Generationen von Mäusen impft, findet man irgendwann tatsächlich bei allen Tieren krankhafte Prionen. Folglich sind die Prionen eine Anpassung des Körpers an den bisher unbekannten Erreger, womöglich sogar eine Schutzreaktion. Bei Scrapie gibt es mindestens sechs verschiedene Varianten, die ähnlich den verschiedenen Grippevirusstämmen etwas unterschiedliche Krankheitsbilder hervorrufen. Da sie dies auch in genetisch völlig gleichartigen (geklonten) Mäusen tun, ist es ausgeschlossen, dass Mäuse, die genetisch bedingt nur eine Sorte Prionen bilden können, unterschiedliche Symptome entwickeln.[16, 17, 19, 51, 54, 59, 74]

Besonders peinlich: Entfernt man aus einem Extrakt die Prionen, so bleibt er hochinfektiös.[6, 57]

Die Prionentheorie wirft also mehr Fragen auf, als sie Antworten liefert. So ist rätselhaft, wie eine Krankheit Inkubationszeiten von 20 Jahren haben kann, wenn ein falsch gefaltetes Prion die Ursache ist. Es müsste im Rahmen einer Kettenreaktion eigentlich alsbald alle gesunden Prionen zum «Umfalten» anregen.[51] Bei Viren des Zentralnervensystems ist eine lange Inkubationszeit nichts Besonderes, sie schlummern manchmal viele Jahre, bis die Krankheit zum Ausbruch kommt.[2, 72]

Inzwischen stieß die Arbeitsgruppe von Laura Manuelidis (Yale Medical School, New Haven, USA) bei der Suche nach dem Erreger auf ein Virion, das gute Chancen hat, als Auslöser von BSE in die Geschichte einzugehen. Ihr Extrakt enthält im Gegensatz zu Prusiners Experiment kaum Prionen, ist aber hochinfektiös. Es handelt sich um Partikel mit einem Durchmesser von etwa 30 Nanometern. Darin fände ein virales Genom hinreichend Platz.[52, 53]

Diese Auffassung, dass nämlich ein Virus die Krankheit auslöst und keineswegs Prionen, hatte zuvor schon Heino Diringer, Professor am Bundesgesundheitsamt und Robert-Koch-Institut, in der Fachwelt vertreten.[25] Den Prionentheoretikern warf er vor, sie wollten «die Naturwissenschaft aus den Angeln heben». Einen Erreger ohne Erbgut gäbe es nun mal nicht.[1]

Essen mit Hirn

Nun können wir versuchen, die Übertragungswege zum Menschen abzuschätzen. Da es auch beim Menschen spongiforme

Encephalopathien lange vor dem BSE-Ausbruch gab, sind mehrere Wege denkbar: Die häufigste Übertragung erfolgte durch Ärzte, die biologisches Material aus Hirn oder Augen transplantierten oder Hormonextrakte aus Verstorbenen injizierten. Als weitere Übertragungswege sind Gartenarbeiten zu nennen, die zu einem massiven Befall mit Heumilben führen konnen, die allerdings meist nur die Erntekrätze auslösen.

Hinzu kommen kulinarische Vorlieben, wie die Erkrankung an Kuru in Neuguinea als Folge des dort praktizierten Kannibalismus, bei dem infizierte Verstorbene im Topf landeten. In der westlichen Welt entpuppten sich bei Untersuchungen von Creutzfeldt-Jakob-Patienten einige der Patienten als Feinschmecker, die die Hirne von wilden Ziegen und Eichhörnchen (als Suppeneinlage) schätzten und in erheblicher Menge verzehrt hatten.[10, 37] Auch der Verzehr von Tieraugen, unter Nomaden eine Delikatesse, erhöht das Risiko für spongiforme Encephalopathien deutlich.[5, 9]

Die britischen Fälle – dort waren in Zusammenhang mit der BSE-Krise weit über 100 Jugendliche verstorben – liefern genügend Hinweise auf die mutmaßliche Ursache. Würde sie über Fleisch und Wurst übertragen, dann müssten alle Altersgruppen von der Krankheit betroffen sein. In aller Regel bricht Creutzfeldt-Jakob erst in fortgeschrittenem Alter aus. Die Tatsache, dass es praktisch nur Jugendliche traf, darunter sogar Personen, die von Kindesbeinen an als Vegetarier ernährt worden waren,[71] deutet in eine völlig andere Richtung: Angesichts der größeren Durchlässigkeit der unreifen Darmwand für derartige Erreger scheint die Infektion wohl im Säuglings- bzw. Kleinkindalter erfolgt zu sein.

Hierzu passt ein Detail, das aus naheliegenden Gründen nicht thematisiert wird: Britische Säuglingskosthersteller wollten den Ängsten der Mütter vor «künstlichen Emulgatoren» Rechnung tragen. Ein langjähriger Insider der Branche berichtete einem der Autoren (U. P.), Jahre bevor BSE zum Medienthema avancierte, die Produzenten hätten stattdessen ein klein wenig Hirn untergerührt. So konnten sie auf «natürlichem Wege» eine sämige Konsistenz erzielen – egal ob vegetarische oder fleischhaltige Gläschen. Als die Gefahr bemerkt wurde, fand diese Praxis ein jähes Ende. Dadurch blieben weitere Neuerkrankungen aus. Der britischen Babykostindustrie ist kaum ein Vorwurf zu machen, denn dieser Zusammenhang war damals nicht bekannt.

Angesichts von schätzungsweise 700 000 BSE-Rindern, die vorzugsweise in Europa verspeist wurden, sprechen die ca. 220 vCJK-Fälle (vCJK bedeutet, dass es sich um eine Variante von CJK handelt, die mutmaßlich vom gleichen Erreger wie BSE verursacht wird), die bisher weltweit beobachtet wurden – die meisten davon in Großbritannien –, nicht für eine besonders hohe Infektiosität. Zumindest dann nicht, wenn infiziertes Material in die Nahrungskette gelangt.[8] Dennoch ist die Gefahr einer Übertragung von spongiformen Encephalopathien durch Hirne oder Heumilben auf den Menschen nicht gebannt – einfach deshalb, weil die Fachwelt hinter ihren Prionen herjagt, statt geeignete Tests auf die ursächlichen Viren zu entwickeln.

Zahlen, bitte!

Jeder bessere Skandal braucht einen Schuldigen: Im Mittelalter schlug man nach dem Ausbruch von Seuchen jene Mitmenschen tot, die durch ihr gotteslästerliches Verhalten den Zorn des Herrn über das Land gebracht hatten. Auf diese Weise entledigte man sich elegant auch all jener Menschen, die den Weg aus der religiösen Verblendung hätten weisen können. Wir Heutigen haben während der BSE-Krise glücklicherweise nur unsere Rinderherden massakriert, um den Volkszorn zu besänftigen. Als wohlfeile Ursache für moralisches Versagen bot sich das Tiermehl an: Hat man nicht vegetarische Rinder mit Tiermehl, noch dazu von Artgenossen, gefüttert und sie so zu Kannibalen gemacht? Pfui Spinne!

Die Theorie vom Prionen-Gott, der kleine Sünden sofort bestraft und große mit Inkubationszeiten wie bei BSE ausstattet, hat natürlich einen ziemlich irdischen Hintergrund: das liebe Geld.

Hätte die Öffentlichkeit erfahren, dass die Krankheit durch Hypophysenpräparate verbreitet wurde, dann stünde die britische Pharmaindustrie am Pranger und wäre womöglich auch noch regresspflichtig. So bezahlen den ganzen Skandal – der durch die Fokussierung auf die moralische Ebene sinnlos verteuert wurde und auch viel unnötiges Leid über die Herden brachte – Europas Verbraucher über ihre Steuern und den Fleischpreis, Ablasshandel mit vielen Milliarden für den rechten Glauben.

Die geschilderten Zusammenhänge hat einer der Autoren (U. P.) während der BSE-Krise Hunderten von Journalisten dargelegt und bei Bedarf die erforderlichen Dokumente und Fachpublikationen zur Verfügung gestellt. Es mag sein, dass der eine oder die andere die Darstellung nicht glauben mochte – Skepsis ziert den Qualitäts-Journalisten –, doch warum wurde sie nicht einmal erwähnt? Warum wohl erklärte ein Vertreter der Agrarpresse, das Thema sei für seine Leser einfach «zu heiß»? Sind die Bauern zu blöd? Oder die Verbraucher? Merken sie etwa nicht, wie alle rundherum ihre Schäfchen ins Trockene bringen?

Kriegsgewinnler war in Deutschland auf jeden Fall die Futtermittelindustrie. Sie hat natürlich auch weiterhin Tiermehl hergestellt – wohin sonst mit den Kadavern? – und konnte nun doppelt verdienen: Erstens am Entsorgen, am sinnlosen Verbrennen von hochwertigem Tiermehl. Und zweitens durch den Verkauf von Ersatz-Futtermitteln, die natürlich gebraucht wurden. Dafür sind sie auch etwas teurer. Qualität und Sicherheit haben eben ihren Preis.

10 Fleisch mit G'schmäckle: Es ist was faul im Gammelstaat

Erinnern Sie sich noch an die Zeiten, als der Begriff «Gammelgemüse» die Runde machte? So spottete der Volksmund über das Angebot der Biolädcn an Schrumpelkaiotten und Welkspinat. Heute erhitzen sich die Gemüter am «Gammelfleisch». Das Thema wird uns wohl noch eine Weile erhalten bleiben. Nicht, weil immer mehr Gammelfleisch in den Handel kommt, sondern weil es Wasser auf die Mühlen von Vegetariern und Tierschützern leitet. Ein Blick in die Medien zeigt ja weniger, wo die Probleme unseres Planeten liegen, er gibt eher Aufschluss darüber, welche Marotten die Redaktionen umtreiben. Verweigert sich das Publikum beharrlich der gutgemeinten Botschaft, dann bedient man sich zur Not auch des Ekels. Denn Ekel ist nicht rational; es bringt nichts, einem Menschen zu sagen, er brauche sich nicht zu ekeln. Selbst wenn er wollte, wird es ihm nicht gelingen. Mit Ekelgefühlen lässt sich das Denken und Handeln von Menschen wirksam lenken.

Klar auch, dass Gammelfleisch bessere Hingucker fürs Fernsehen bietet, schließlich ist der Neuigkeitswert deutlich größer als der ewig gleiche Schwenk in den Nachrichten, der am Kronleuchter beginnt und auf den Schlipsen der Parlamentarier endet. Da bieten Bilder aus der Abdeckerei eine willkommene Abwechslung. Wer diesen Anblick nicht gewohnt ist, dem bleibt erst mal die Spucke weg. Nicht anders wäre es, wenn man, werte Leserin, geschätzter Leser, den Inhalt Ihrer Biotonne am Abfuhrtag zeigen würde – ergänzt durch einen Blick ins Innere des Müllautos –, um öffentlich zu machen, was Sie so alles an Widerwärtigem in Ihrer Küche verbraten. Solche Bilder wirken. Am Schluss der Sendung folgt ein moralischer Appell über die gequälte Kreatur, die sinnlos leiden musste, bevor man sie ins Jenseits befördert hat. Bei Kindern und Teenies wirkt das – vor allem bei den Mädchen.

Doch was der eine als eklig empfindet, ist dem Nächsten eine Delikatesse. Bei uns kam einst der ganze Kalbskopf auf den Tisch, und vom Schwein warf man Ohren, Schnauzen und Füße in die Erbsensuppe. Jedermann wusste früher, dass Tiere aus mehr Teilen bestehen als nur Filet, Schinken und Leberwurst, da war die Küche noch «ganzheitlich». In Asien ist es noch heute so. Dort knabbert man mit Genuss gegrillte Hühnerfüße – und zwar den verhornten Teil, den, wo die Krallen sitzen. Deshalb arbeiten in unseren Hähnchenschlachtereien an den Fließbändern viele Vietnamesen – die finden genau das hochgradig lecker, was deutsche FilmemacherInnen mit Grausen sehen. In unserer Feinkost-Kultur ist eines der edelsten Produkte der Tannenhonig. Das ist in Wirklichkeit Läusekot, der von Bienen am Läusepo aufgesaugt und später in die Waben gespuckt wurde.

Ob Sie nun einen Hering ausnehmen, aus Kalbsknochen einen Fond sieden oder beim Kompottkochen den klebrigen Schaum oben abschöpfen, alles kann durch die geeignete Inszenierung zum Ekel gerinnen. Es ist einfach eine Frage der Gewohnheit. Ein Vierjähriger, dem man erklärt, dass man ein Schwein schlachten muss, damit er sein Wienerle essen kann, wird für mehrere Sekunden seine Kaubewegungen verlangsamen oder gar einstellen, dann ist er «geeicht» für diese Welt. Erfährt er dies erst in der Schule von ökologisch-vegetarisch engagierten Lehrkräften, sieht er im Metzger den Mörder seiner Kuscheltiere. In den Schulen wird auch das Thema «Massentierhaltung» durchgenommen. Fragt man die Inhalte ab, wird verständlich, warum ganze Schulklassen kein Fleisch mehr essen wollen.

Der Stoff gereicht eher Hardcore-Horror denn Sachkundeunterricht für Kinder zur Ehre. Allerlei NGOs bieten Unterrichtsmaterial an, das vor Widerlichkeiten strotzt. (Diese Werke wären mal ein dankbares Betätigungsfeld für die Bundesprüfstelle für jugendgefährdende Schriften.) Da dessen Autoren die Welt vor dem nahenden Untergang bewahren wollen, sind sie bei der Wahl der Mittel nicht zimperlich. Da werden schon mal die toten, zerfledderten Hühner vom Filmteam erst mitgebracht und in den Stall geworfen, schockierende Bilder von Schlachthöfen, bei denen Tiere anscheinend bei lebendigem Leib zerlegt werden, stellen erkennbar inszenierte Tierquälereien dar, die ihr propagandistisches Ziel nicht verfehlen: das «Aufdecken» der Machenschaften gieriger Massentierhalter und tötungsgeiler Metzger.

Aufklärung? Nicht die Bohne!

An und für sich ist es verdienstvoll, wenn auf Missstände hingewiesen wird. Aber darum geht es den Tierschützern nicht unbedingt, denn über propagandistisch unbrauchbare Missstände schweigen sie sich aus: beispielsweise die Verfütterung von Sojaexpeller statt von Tiermehl. Im Gefolge des BSE-Wahns wird heute etwa die Hälfte jedes genusstauglichen Schlachtkörpers nach Entnahme der edleren Teile verbrannt. Der Kunde dürfte diesen Teil des Tieres natürlich auch essen, er darf ihn auch an Lumpi oder Lurchi verfüttern, aber der Landwirt nicht an Schweine oder Hühner. Das ist streng verboten. Und so löst sich wertvolles Eiweiß in Rauch auf.

Diese sinnlose Verschwendung von Nahrung stört offenbar keinen unserer Klima-, Umwelt-, Tier- und Verbraucherschützer. Sie erforderte die Rodung von Regenwaldflächen für den Anbau von Soja. Aber die Sojapflanze produziert jede Menge Hormone, und Tiere, die damit gefüttert werden, leiden darunter. Bei Schweinen kommt es vermehrt zu aggressivem Verhalten wie Schwanzbeißen und Kannibalismus.[7] Der hohe Kaliumgehalt des Sojafutters führt bei Geflügel in der Bodenhaltung zu massiven Entzündungen der Fußballen.[11] Mit dem altbewährten Tiermehl wäre das nicht passiert. Aber das wurde der BSE-Angst geopfert.

Kritik an der «uralten Kulturpflanze» ist verpönt, einmal abgesehen von «Gen-Soja» – schließlich soll das Zeug ja Fleisch ersetzen. Da verschweigen die Pseudoökologen lieber, dass die Sojabohne nicht nur fürs Mastvieh ungesund ist. Sie ist es noch mehr für den Menschen. Brisant sind vor allem die exorbitanten Gehalte an Sexualhormonen. Da erregen sich die Medien über vergleichsweise belanglose Bisphenol-A-Rückstände in Babyfläschchen und empfehlen den Müttern, ihren Kindern Sojamilch zu verabfolgen! Bei Affenkindern traten mit Dosierungen, die deutlich unter dem liegen, was Menschenkindern zugemutet wird, schwere Verhaltensstörungen auf. Die Äffchen wurden entweder aggressiv, oder sie brachen den Kontakt zur Gruppe ab.[8] Gleichzeitig bewirkt Soja eine Thymusatrophie, sie ruiniert also das Immunsystem.[10] Bei Männern schädigt Soja aufgrund der hohen Hormongehalte die Fruchtbarkeit.[5] Tofuverzehr führt zu allem Überfluss zu Demenz; dies wird durch Daten bestätigt, die sowohl aus den USA als auch aus Indonesien stammen.[6, 9]

Das erklärte Ziel der Ritter von der Sojabohne ist das Verbot des Fleischverzehrs in der Öffentlichkeit – genau wie beim Rauchen. Innerhalb der nächsten fünf Jahre sollte es möglich sein, dieses Ziel zu erreichen, verkündete hoffnungsfroh ein Kommentator im SWR nach dem Sieg der Grünen bei der letzten Landtagswahl in Baden-Württemberg und Rheinland-Pfalz im März 2011. Ob dagegen wohl Hirnwurst als *functional food* hilft?

Das Grüne vom Rind

«Gammelfleisch» ist stets ein Produkt der Zeit. Nicht nur jener Zeit, die eine Rinderhälfte im Kühllager hängt, sondern auch der Zeit, in der die Kunden leben. Der moderne Verbraucher verlangt «Frischfleisch», am liebsten noch schlachtwarm. Aber das ist alles andere als ein Zeichen von gutem Geschmack oder verfeinerter Esskultur. Fleisch muss erst einmal abhängen, es muss reifen. Die Reifung dauert beim Rindfleisch bei Lagerungstemperaturen von 7° Celsius mindestens eine Woche, bei den üblicheren 2° schon einen ganzen Monat. Beim Reifungsprozess werden die Muskelfasern von den fleischeigenen Enzymen, sogenannten Peptidasen, nach und nach zersetzt, die Fasern also verkürzt. Das macht das Fleisch zarter. Außerdem werden einzelne Aminosäuren frei, aus denen am Herd die Bratendüfte entstehen.

Ein frisches Steak ist nun mal zäh wie Leder, da hilft auch kein Marinieren und kein punktgenaues Garen. Aber wie oft fragen Kunden an der Fleischtheke nach, ob das gewünschte Stück auch gut abgehangen ist? Oder wo steht auf den Angebotsschildern «Rindersteaks, vier Wochen gereift»? Der Metzger sollte das auch tunlichst unterlassen, denn sonst kommt ein Kamerateam und entdeckt wieder einmal Gammelfleisch. Die Beliebtheit von südamerikanischem Rindfleisch hat schlicht damit zu tun, dass es durch den Transport im Kühlschiff zwangsweise länger reift als regionale Produkte.

Die Lagerung für die Fleischreifung kostet Kühlraum und damit Geld. So kommt zunehmend Ware in den Handel, die viel zu frisch ist – das ist das größte Qualitätsproblem beim Rindfleisch. Wenn Fleisch ungenießbar ist, weil zu frisch, dann leiden Ansehen und Absatz. Doch bisher reagiert die Fleischwirtschaft auf diesen fatalen Trend nur mit Achselzucken und dient den

Discountern etwas noch Frischeres an: Jungbullenfleisch. Das klingt nicht nur jünger und damit vermeintlich auch zarter, es ist natürlich auch preiswerter und magerer als richtiges Rindfleisch. Früher hätte es kein Mäster, kein Metzger und kein Händler gewagt, dem Kunden so etwas unterzujubeln. Denn auch dieses Fleisch ist «unreif» – nicht, weil es nicht abgehangen ist, sondern weil die Bullen viel zu jung geschlachtet wurden. Die Tiere müssen noch ein Jahr länger auf der Weide stehen, damit der Fettgehalt steigt und ihr Fleisch überhaupt genießbar wird.

Dieses Wissen fehlt dem Kunden heute. Das wäre auch nicht weiter schlimm. Schlimm ist aber, dass dies der Fleischwirtschaft offenbar gleichgültig ist. Aus ihrer beschränkten Weltsicht ist der Kunde eben selbst schuld, wenn er sich über den Esstisch ziehen lässt. Gegenüber diesem Qualitätsverfall auf breiter Front durch «Frische» verblassen jene überlagerten Restposten, denen der öffentliche Zorn gilt. Es ist gerade mal eine Generation her, da galt eine grünliche Fleischoberfläche dem Feinschmecker als Zeichen von Qualität. Dieses Filet war dann wirklich mürbe und zerging wie Butter auf der Zunge. Noch heute gibt es Liebhaber, die so etwas gerne kaufen. Allerdings hat das mit dem aktuellen «Gammelfleisch» nur bedingt zu tun, denn niemand hat diese Ware bestellt, und oft genug handelt es sich gerade nicht um das Ergebnis gezielter qualitätsfördernder Reifungsprozesse.

Gewöhnlich wird das gehäufte Auftreten von Gammelfleisch im Supermarkt mit der Schnäppchenmentalität des Verbrauchers erklärt. Aber auch das stimmt so nicht. Für Gammelfleisch aus den Lagern des Großhandels gibt es lohnendere Absatzmärkte. Da es butterzart ist, fällt es nicht schwer, den passenden Typus von gastronomischem Betrieb zu erahnen, der ein Näschen dafür haben könnte. Es ist nur selten die Würstchenbude um die Ecke. Ein anderer Vertriebsweg nutzt Kantinen, vor allem die, in denen mit spitzestem Bleistift gerechnet wird und der Betrag, den der Verwaltungsleiter zur Verköstigung der Insassen zur Verfügung stellt, selbst hartgesottenen Einkäufern von Supermarktketten Tränen in die Augen treibt. In Krankenhäusern muss die Krankenkasse für manch ein Bett pro Tag 1000 Euro löhnen; darin sind dann 2,17 Euro für die Ganztagsverpflegung des Patienten enthalten.

Beim jenem «Gammelfleisch», das aufmerksame Journalisten in Supermärkten aufstöberten, handelte es sich wieder um etwas anderes. Hinter den Umpack-Aktionen steckten meist Marktleiter, die das Fleisch, das sie für gutes Geld eingekauft hatten, aber nicht rechtzeitig an den Käufer bringen konnten, neu einschweißten und mit neuem Mindesthaltbarkeitsdatum versahen. Die Ware war deshalb nicht unbedingt verdorben, aber auch nicht mehr frisch verpackt – und genau das erwartet der Verbraucher an der Kühltheke.

«Gammelfleisch» ist ein schillernder Begriff, er umfasst traditionell gereifte Qualitätsware ebenso wie umetikettierte, aber auch überlagerte oder gar verdorbene Ware. Das Risiko für den Verbraucher ist in der Regel gering, denn Würste oder Schnitzel werden meistenteils vor dem Verzehr erhitzt, sodass riskante Keime, die sich womöglich während der Lagerzeit vermehrt haben, abgetötet werden. Dennoch wird der Kunde über die wahre Beschaffenheit getäuscht. Und wahrscheinlich würde er die Ware nicht mehr essen, wenn er wüsste, dass sie überlagert ist.

Im Falle von «Gammelgemüse» ist das Risiko für den Kunden ungleich höher, denn Salate und andere Gemüse werden gern als Rohkost genossen. Nichts gegen die mediale Empörung über Gammelfleisch – wenn nicht die gleichen Redaktionen, die im Abendprogramm ihr Gammelfleisch-TV zelebrieren, denselben Tatbestand bei Gemüse ganz anders werten: Da beklagen sie sich stattdessen darüber, dass das Gemüse von gestern bei der Ankunft der nächsten Lieferung weggeworfen wird, obwohl es ja noch essbar wäre. Dies sei eine bodenlose Verschwendung und trage zum Hunger in der Welt bei ... Ihr Heuchler!

Schuld ist immer der Kunde

Treiben auf dem Lebensmittelmarkt skrupellosere Gestalten ihr Wesen als in anderen Branchen? Nein, denn letztlich müssen sich alle Hersteller – ob sie nun Kopiergeräte, Kondome oder Knackwürste produzieren – an die Spielregeln des Wettbewerbs halten. Bloß: Werden die Missbräuche gewisser Wettbewerber nicht geahndet, dann muss sich die Branche über kurz oder lang an deren Vorgaben orientieren. Nun wird der «Wettbewerb» letztlich vom Oligopol der Handelsketten bestimmt. Deren Einkäufer – und nicht die Hersteller oder gar die Verbraucher – entscheiden über den Preis. Was heißt entscheiden? Sie diktieren ihn. In den «Jahresgesprächen» wird den Lieferanten eröffnet, zu welchem Preis sie ihre Waren im kommenden Geschäftsjahr am Zentrallager abzuliefern haben.

Die Hersteller stehen vor der Wahl, die neuen Konditionen zu akzeptieren und die Rezeptur anzupassen oder die Produktion einzustellen – denn ohne die Handelshäuser gibt es keinen Verkauf. Lassen Sie sich bitte nicht von den vielen Namen irritieren, von dem harten Konkurrenzkampf direkt vor Ihren Augen: Häufig gehören diese Unternehmen demselben Besitzer oder Finanzkonglomerat. Der «Preiskampf» ist eine Inszenierung, die auf dem Rücken der Lieferanten ausgetragen wird.

Die Art und Weise, wie auf die Lieferanten Pressionen ausgeübt werden, ist nicht selten unappetitlicher als Gammelfleisch. So nahm beispielsweise ein namhaftes Handelshaus die an sich völlig belanglose Beförderung eines Familienmitglieds in der Firmenhierarchie zum Vorwand, um rückwirkend die Überweisung von zwei Prozent des Gesamtumsatzes zu fordern, den die Lieferanten mit diesem Unternehmen getätigt hatten. Das entspricht in etwa dem Gewinn des Lieferanten. Selbst «Multis» wie Nestlé oder Unilever sind – auch wenn sie es nicht gerne hören – für die Handelsketten genauso austauschbar wie ein Kotflügellieferant für einen Automobilkonzern.

Doch der Handel wäscht seine Hände in Unschuld. Er reicht den Schwarzen Peter reflexartig an den Kunden weiter. In den Medien gehört es schon längst zum guten Ton, vom Verbraucher zu fordern, er müsse mehr Geld für Lebensmittel ausgeben und alles werde wieder gut. Die «Geiz ist geil»-Mentalität des Kunden sei die wahre Ursache der Lebensmittelskandale. Der Verbraucher ist nicht schuld – er ist nur der arme Schlucker, der die Suppe auslöffeln darf, die ihm unter der Schirmherrschaft der Lebensmittelüberwachung eingebrockt wird. Der Verbraucher ist der einzige Marktteilnehmer, der – sofern er einen ehrlichen Beruf erlernt hat – keine Ahnung von der Lebensmittelproduktion hat und auch nicht haben kann.

Plappern gehört zum Handwerk

Da Essen etwas Alltägliches ist, fühlen sich andererseits immer mehr Menschen zu «Lebensmittel-Experten» berufen, ohne über die nötige Qualifikation zu verfügen. In Presse, Funk und Fernsehen werden auf Ernährungsthemen (aus Kostengründen) zunehmend junge, ehrgeizige Leute angesetzt. Sie sollen sich innerhalb weniger Stunden ein Spezialwissen aneignen, das ohne Grundkenntnisse nicht zu haben ist. Das sehen die Verantwortlichen aber nicht als Nachteil an, soll der Rechercheertrag doch so stark vereinfacht sein, dass «jeder» ihn begreifen kann. Fachwissen wäre da nur störend. Inhalte, die mehr als 30 Sekunden Erklärungszeit benötigen, schaffen es gar nicht erst ins Programm.

So verwandeln sich schnell pseudo-logische Botschaften in gesicherte Tatsachen: Je mehr Geld der Verbraucher für seine Lebensmittel ausgebe, desto ehrlicher würden Hersteller wie Handel. Heilige Einfalt! Natürlich weiß der Bürger, dass ein höherer Preis keine Garantie für bessere Qualität ist. Er ahnt, dass er damit wahrscheinlich nur die Taschen der Gammel-Dealer füllt. Im Gegensatz zu seinen «Verbraucheranwälten» hat der Verbraucher längst begriffen, dass er keine Ahnung hat, was da alles zusammengerührt wird. Sein einst blindes Vertrauen in die Lebensmittelqualität ist perdu. Was macht ein Mensch, der einer ganzen Branche misstraut, aber irgendetwas kaufen muss, weil er nicht umhinkommt, zu essen? Er kauft das, was am billigsten ist.

Dabei erfährt er jeden Tag aus plapperndem Expertenmund, dass Essen per se «ungesund» ist. Es fehle an «wertvollen» Spurenstoffen, dafür seien aber versteckte Dickmacher drin, sogenannte Kalorien, gefolgt von Ultragiften wie Cholesterin und Dioxin. Jedes Vitamindöschen, das die Kundin neben den Salat oder die Lakritzschnecken in den Einkaufswagen legt, besagt nicht mehr oder weniger, als dass die Nahrung aus ihrer Sicht mangelhaft ist, dass sie davon alt, krank und hässlich wird. Wer aber davon überzeugt ist, seine Nahrung sei mangelhaft – das ist ja eine der zentralen Botschaften unserer Ernährungsaufklärer –, der gibt dafür natürlich kein Geld mehr aus. Sein Vertrauen wird Tag für Tag aufs Neue von den Medien untergraben. Entsprechend sinkt die Preisbewilligungsbereitschaft. Wer Esssünden begeht und glaubt, dafür büßen zu müssen, ist schnell bereit, sich vor zu viel Dioxin im Fleisch zu fürchten. Das «Ultragift» ist die gerechte Strafe.

Das Geld, das der Deutsche beim Essen spart, landet mitnichten am Strand von Mallorca. Die Menschen geizen, weil ihr Vertrauen dahin ist. Warum soll ich mir ein edles Steak gönnen, wenn ich davon Schuldgefühle bekomme? Dann tut's auch was Günstigeres. Das eingesparte Geld entspricht – das legen zumindest die wenigen vorhandenen Daten nahe – in seiner Größenordnung den wachsenden Ausgaben für Nahrungsergänzungsmittel. Die werden im naiven Glauben geschluckt, man könne damit am Strand eine «gute Figur» machen, eine Figur, die sonst dem Verzehr von Wurstsemmeln oder Sahneschnittchen zum Opfer gefallen wäre.

Denn sie wissen nicht, was sie kaufen

Auf ihren Kongressen beklagen die Marketingfachleute, dass sie das Einkaufsverhalten des Verbrauchers nicht mehr verstünden, ja es sei inzwischen «völlig irrational». Ein wenig mehr Selbsterkenntnis stünde den Verantwortlichen gut zu Gesicht. Denn dieser Personenkreis sieht es als seine vornehmste Aufgabe an, durch Vortäuschung falscher Tatsachen die Preisbewilligungsbereitschaft der Kundschaft zu erhöhen. Man kann sich des Eindrucks nicht erwehren, dass die reflexartige Klage wohl eher jene Ursachen verschleiern soll, die das Marketing selbst zu verantworten hat. Die meisten Verbraucher kaufen exakt so ein wie ein handelsüblicher Werbefuzzi auch.

Inzwischen wissen beide Seiten, dass die Marketingbotschaften dummes Zeug sind; die Kunden haben kapiert, dass Käse nicht von Mönchen in Handarbeit gerollt und per Pferdedroschke in den Discounter geschaukelt wird, um sie als Schnäppchen ins

Kühlregal zu legen; sie ahnen, dass Rittersleut' keine Streichwurst herstellen und der Ort der Produktion schwerlich jene Windmühle sein kann, die als Markensymbol auf der Pelle prangt. Den Marketingexperten bleibt – so wie jedem anderen Kunden auch – als einziger Maßstab nur der Preis und die Hoffnung auf ein Schnäppchen. Denn auch sie wissen nicht, was sie kaufen.

Nun ist das alles andere als neu. 2001 erhielt George A. Akerlof zusammen mit seinen Kollegen A. Michael Spence und Joseph E. Stiglitz für diese Einsicht sogar den Nobelpreis für Wirtschaftswissenschaften. Die drei hatten herausgefunden, dass der Verbraucher umso weniger bezahlt, je weniger er über ein Produkt weiß. Ihr Beispiel: In Ländern, in denen Inserate für Gebrauchtwagen mit allerlei Details versehen wurden, zahlten die Kunden für ein gleichwertiges Auto deutlich mehr als dort, wo darauf verzichtet wurde. Was im ersten Moment eher belanglos wirkt, hat weitreichende Folgen für die Qualität. Denn wenn ein unfallfreies, gepflegtes Fahrzeug mit den gleichen Worten angeboten wird wie ein notdürftig geflickter, aber optisch unauffälliger Unfallwagen, dann wird der seriöse Anbieter in der Regel nur den Durchschnittspreis erzielen – und damit einen Verlust erleiden.[2]

Profitabler ist die Schrottkarre, denn auch deren Verkäufer kann sich berechtigte Hoffnungen machen, den Durchschnittspreis dafür abzugreifen. Da Schrottprodukte im Englischen «lemons» genannt werden, spricht man von «lemon markets». Wenn aber nur die Anbieter von Lemons auf ihre Kosten kommen, dann führt die Qualitätsspirale ständig nach unten. Nach einigen Jahrzehnten Praxis gelangt man dorthin, wo unsere Lebensmittelwirtschaft heute steht: Unsere Supermärkte sind «lemon markets» wie aus dem Lehrbuch.

Akerlof kam zum Schluss, dass ein Preisverfall unaufhaltsam

ist, wenn sich das ganze Knowhow in der Hand des Anbieters befindet. Ein Kunde, der den Wert der Ware nicht beurteilen kann, ist kein Kunde, der bereit ist, tief in die Tasche zu greifen. Das ist natürlich ein Schlag ins Kontor der populären Marketingstrategie, die inbrünstig verkündet, man müsse dem Verbraucher nur eine treuherzige Geschichte erzählen, um dann über seine erhöhte Preisbewilligungsbereitschaft ordentlich abzukassieren. Was im Supermarkt der Wundermittel à la «Antizellulitis-Joghurt» einige Zeit als Goldesel taugen mag, funktioniert nicht mehr auf Märkten, die ihren Heiligenschein eingebüßt haben. Auf dem Lebensmittelsektor verblassen die Märchen vom Öko-Schneewittchen, ihren Light-Zwergen und dem Apfel mit Regio-Qualitätssiegel – ja, im Märchen war die schöne Seite die giftige.

Zu dieser Situation hat auch die Politik – früher als Erfüllungsgehilfe der Wirtschaft, heute der Presse – ihr Scherflein beigetragen. Die deutsche Verbraucherschutzpolitik zielte seit jeher darauf ab, den Wähler im Dunkeln zu lassen; sie ließ Verbraucherinformationen auf Kindergartenniveau verbreiten und mühte sich, per Deklaration so viel wie möglich zu verschleiern. Inzwischen haben viele Kunden begriffen, dass Lebensmittel aus ebenso modernen Produktionsanlagen stammen wie ihr Auto. Jetzt rächt sich diese Art staatlicher Desinformation.

Wer höhere Preise will, der muss seine Kundschaft in die Lage versetzen, die Ware auch zu beurteilen. Sie muss «Billiges» von «Teurerem» unterscheiden können, und zwar anhand von nachvollziehbaren, objektiven Kriterien. Fehlen diese, rücken religiöse Marotten in den Vordergrund. Dann sind die Produkte «frei von Genen», «aus ökologischem Anbau», «aus fairem Handel», «ohne Kinderarbeit und Gluten» usw. Da ist dann alles an Schlagworten beisammen, wovon eine naive Wohlstandsgesellschaft träumt.

Die Wirklichkeit sieht oft genug bitter aus: «Ohne Kinderarbeit» heißt mancherorts, dass den Kindern die Hände abgehackt werden, damit sie wieder betteln können. Den schmerzlichen Job erledigen die Eltern gewöhnlich noch im ersten Lebensjahr, weil dann die Knochen noch leichter zu durchtrennen sind und die Wunde recht gut verheilt. Darüber gibt es keine Berichte im Internet, aber derartige Beispiele kennen viele Menschen, die in den ärmsten Ländern der Welt mit Fragen der Kinderarbeit zu tun hatten. «Am deutschen Wesen soll die Welt genesen», so hieß das früher. Ob die Welt wohl immer noch auf unsere Weltverbesserer wartet?

Sehhilfe für Justizia

Auf Probleme pflegt man in Deutschland gemeinhin mit dem Ruf nach einem «Verbot» und «schärferen Strafen» zu reagieren. Das beruhigt die Volksseele. Und schon können die Marktteilnehmer wieder ungestört ihren gewohnten krummen Geschäften nachgehen. Aber mit Strafen ist gegen strukturelle Missstände herzlich wenig auszurichten, im Gegenteil, Missetäter bleiben weiterhin ungeschoren, und redliche Produzenten stolpern über formaljuristische Fallstricke im Paragraphendschungel. Es stimmt schon: Die Höhe der Geldstrafen ist im Vergleich zu den illegal möglichen Gewinnen lächerlich. Doch die Lage ist weitaus verfahrener, als es nach außen scheint. Nicht nur der Verbraucher hat das Vertrauen in unser Lebensmittelrecht verloren, auch die Lebensmittelwirtschaft selbst.

Die Rechtsmaterie ist so kompliziert, dass die wenigen Fachjuristen, die es überhaupt gibt, sich auf einzelne Sachgebiete spezialisiert haben. Denn kaum jemand kann die Gesetzesflut und ihre verzwickten Änderungen überblicken. Dieses Recht gilt für einen Konzern mit juristischen Fachressorts genauso wie für eine Frittenbude. Ist dem Inhaber eines vietnamesischen Restaurants, der als hervorragender Koch dem Gast Spitzenprodukte serviert, das jeweils aktuelle Lebensmittelrecht ein Buch mit sieben Siegeln geblieben, hat er gute Chancen, vor dem Kadi zu landen. Da der «Kadi», gewöhnlich ein Amtsrichter, vom europäischen Lebensmittelrecht meist auch nicht mehr weiß (und wissen kann!) als ein Koch aus Vietnam, tut sich ein juristisches Minenfeld auf, das jeden ehrlichen Marktteilnehmer schnell die Existenz kosten kann.

Meist geht es in solchen Verfahren nicht um eine Dose verdorbenes Hundefutter im Kühlschrank, sondern um Fachfragen chemisch-mikrobiologischer Analytik, deren Verständnis ein Studium der Lebensmittelchemie, Mikrobiologie, Veterinärmedizin und der Lebensmitteltechnologie voraussetzt. Nur so bekommt der Richter eine Vorstellung davon, wie tatsächlich produziert wird. Ein professioneller Betrüger tut sich da viel leichter. Er kennt die Tricks, die Fallstricke, die billigen Ausreden: «war ein Versehen beim Nachfüllen der Etiketten»; er weiß, welches «Mietmaul» notfalls ein Gegengutachten schreiben würde, und er kann sogar einen befähigten Fachjuristen bezahlen. Das alles kostet ihn angesichts seines Profits nur ein mildes Lächeln.

Unsere Lebensmittelwirtschaft benötigt zuallererst Rechtssicherheit. Wenn es um den Strafrahmen geht, sind nicht «schärfere Strafen» angezeigt, sondern das Abschöpfen illegaler Gewinne, um sie dem Gemeinwohl zuzuführen. Das erfordert speziell ausgebildete Schwerpunktstaatsanwaltschaften und qualifizierte Fachrichter. Schließlich haben wir auch für das Verkehrsrecht Experten, auch wenn praktisch jeder Jurist sowohl einen Führerschein hat, der ihm erst nach einer Prüfung zuteilwurde, als auch die nötige Fahrpraxis, um zu wissen, was sich auf unseren Straßen abspielt. An ausgebildeten Juristen für Lebensmittelrecht führt kein Weg vorbei; ohne sie gibt es keine Lebensmittelsicherheit. Je länger wir damit warten, desto mehr drängen Handel und Medien die Wirtschaft zu Verhaltensweisen, die nicht mehr mit der Idee des Rechtsstaates, geschweige denn eines fairen Wettbewerbs vereinbar sind.

Ein Veterinär hat's schwer

Ebenso wichtig wie eine kompetente Justiz ist eine wirksame Kontrolle. Doch auch da hapert es. Denn die Lebensmittelüberwachung gilt der Politik als Wirtschaftsschädling. Je genauer kontrolliert wird, je riskanter Schlampereien für den Betrieb werden, desto teurer die Produktion. Und so wird von Amts wegen versucht, die Kontrolle auszuhebeln. Tierärzte, die vom Veterinäramt den Auftrag erhalten, mal schnell eine Fleischfabrik zu kontrollieren, beklagen sich, dass sie dafür keine angemessene Qualifizierung erhalten. Wer sich mit Rinderkrankheiten auskennt, ist noch lange kein Schlachthofveterinär.

Hier stehen vor allem die Veterinärbehörden in der Kritik: Es fehlen nicht nur schriftliche Leitlinien, es fehlen auch klare Regelungen der Kompetenzen bei einer Kontrolle. Ein Veterinär würde gerne einen Kühlhausbetrieb, der branchenintern keinen guten Ruf genießt, auf Gammelfleisch überprüfen. «Wie soll ich», fragt er, «krummen Touren inmitten von Hochregallagern mit Tiefkühlware auf die Spur kommen? Meine Formulare sagen nämlich dazu leider gar nichts.» «Bitte stattet die amtlichen Tierärzte mit Vollzugsbefugnissen aus, denn solange wir rein gutachterlich tätig sind, sind uns die Hände gebunden … Wenn ich Zweifel habe, möchte ich wenigstens eine Probe ziehen dürfen.»[3]

Für die Medien ist das meist kein Thema. Sie kämpfen ja nicht für besseres Fleisch, sondern für den Verzicht auf Fleisch. Und so ganz nebenbei wissen wir jetzt auch, warum die Skandale der Vergangenheit durch anonyme Anrufer, verschmähte Liebhaber, Zollfachleute, Pilzsammler (die im Unterholz verdächtige Akten fanden) oder aufmerksame Journalisten aufgedeckt wurden – und nicht durch die Veterinärbehörden.

General ohne Armee

Es ist unabdingbar, die deutsche Lebensmittelüberwachung neu zu strukturieren – egal ob sie Salat, Steaks oder Muscheln überwachen soll. Die Bundesagrarministerin Ilse Aigner ist in derselben Situation wie ein General ohne Armee, der tatenlos zusehen muss, wenn die «Kontrolle» versagt. Zu sagen hat die Ministerin eigentlich nichts, sie darf lediglich ihren Kopf für das Versagen ihrer Kollegen hinhalten. Lebensmittelüberwachung ist nun mal Ländersache. Das Berliner Verbraucherschutzministerium ist primär für die Sonntagsreden zuständig.

Das Vorgehen der EU, die Lebensmittelüberwachung in den einzelnen Staaten punktuell zu überprüfen, hat sich dagegen als segensreich erwiesen. Die Ergebnisse werden im Internet veröffentlicht – und sie können manchmal ziemlich derb ausfallen, trotz aller diplomatischen Formulierungen. Dabei mangelt es nicht an Kritik an der Lebensmittelkontrolle vor Ort sowie an der Verwaltung – das gilt auch und gerade für Deutschland. Dem Fachpersonal in den einschlägigen Labors bescheinigen die EU-Kontrolleure gewöhnlich eine vorbildliche Arbeit.

Worin besteht aber der Unterschied zwischen der Kontrolle und den Labors? Die Fachleute aus den Labors – meist Lebensmittelchemiker, die auch das Lebensmittelrecht kennen – sieht der Staat ungern bei Kontrollaufgaben vor Ort. Dies überlässt er lieber Personen, die mit dieser Materie eher weniger vertraut sind. So wurde in NRW für Zwecke der Lebensmittelüberwachung eine größere Anzahl von Hilfskräften, beispielsweise Waldarbeiter aus Forstbehörden, rekrutiert.[1] Noch Fragen?

Die Lebensmittelüberwachung gehört in die Hände von Fachkräften, die eine ebenso fundierte Ausbildung haben sollten wie die Mitarbeiter eines Unternehmens, die für die Produktion verantwortlich sind – gewöhnlich Lebensmitteltechnologen, -chemiker und -juristen. Zudem benötigen wir – in Zeiten des organisierten Panschens auf internationaler Ebene – nach dem neuesten Stand der Technik ausgestattete Labors mit vernetzter Datenerfassung. Bisher werden ob der verschiedenen Zuständigkeiten Akten vielfach über Monate hin und her verschickt, bis die Beanstandung erfolgt. Dann ist der ganze Gammel bereits verkauft, so vermied man bisher Rückrufaktionen.

Um einen Überblick über die Skandal-Baustellen zu erhalten, betreibt die EU ein Schnellwarnsystem («rapid alert system» RASFF), das den Behörden eine grenzüberschreitende Kontrolle von gesundheitlich riskanten Lebensmitteln ermöglichen soll.[4] Die Meldungen werden von den Mitgliedsstaaten ins Netz gestellt. In Deutschland ist dafür das Bundesamt für Verbraucherschutz und Lebensmittelsicherheit zuständig, das diese Meldungen auf seiner Homepage zur Verfügung stellt. Auf diese Weise erhält auch der Bürger einen Überblick über die quasi amtlichen Lebensmittelskandale.

Da könnten sich die Medien bei Bedarf nach Lust und Laune bedienen. Dennoch gibt es bisher praktisch keine Verbindung zwischen diesen durchaus realen Problemen und den «Lebensmittelskandalen» in Presse, Funk und Fernsehen. Natürlich soll so manches, was die Lebensmittelüberwachung aufdeckt, nicht an die große Glocke gehängt werden und fällt in dem System nicht unbedingt auf. Zudem ist nicht alles, was da gemeldet wird, auch tatsächlich relevant, und manches davon verleitet eher zum Schmunzeln. Dennoch ist das Ganze eine Fundgrube. 2011 wurden monatlich etwa 500 Meldungen eingestellt. Wenn man die Dopplungen weglässt, so bleiben immer noch 200 Skandale und Skandälchen. Zehn pro Werktag.

Schauen wir doch mal rein: Im Angebot ist britisches Bier mit Glasscherben drin, deutsche Heilerde mit Dioxin, Noroviren in Himbeeren aus Serbien, Bazillen in deutschem Geflügeldöner und in irischen Rinderhacksteaks, Hepatitis-A in Datteln aus Algerien, Cadmium in Pferdefleisch aus Polen – die Pferde wurden allerdings erst in Italien geschlachtet –, Heringswürmer in Tiefkühlfisch aus Marokko, Mittel gegen Würmer in vietnamesischen Pangasiusfilets, Chloramphenicol in indischem Tintenfisch, Quecksilber in chinesischen Karnickeln und spanischem Schwertfisch, Pestizide in tschechischem Blütenhonig, aber auch in Bio-Linsen, die illegale Einfuhr von Schwalbennesterextrakt, eine Charge radioaktiv bestrahlter Tofu, polnische Schnapsgläser, die zu viel Blei abgeben, und so weiter, und so fort.

Hinzu kommen krumme Gesundheitszertifikate, verbotene Färbemittel, hin und wieder mal ein nicht deklarierter Konservierungsstoff, ein Sack Gen-Reis, und zwischendrin flattert ein Schwarm Motten aus einer Lieferung Feigen. Am häufigsten wurden jedoch Lebensmittel wegen Schimmelpilzgiften beanstandet. Schimmelpilzgifte sind neben den Nahrungsergänzungsmitteln, in denen sich regelmäßig illegale Zutaten wie Appetitzügler oder Viagra finden, die wohl brisantesten Gesundheitsgefahren. Doch von ihnen hört man gewöhnlich nichts. Es handelt sich in beiden Fällen wohlgemerkt nicht um gefühlte Risiken, mit denen unsere Verbraucherorganisationen gerne hausieren gehen. Hier gibt es

Handlungsbedarf! Doch Nahrungsergänzungsmittel bedienen die Angst vor «falscher Ernährung». Und Schimmelpilzgifte stellen vor allem in Bio-Mais ein Problem dar. Und schon heißt es: «Das ist derzeit kein Thema». Da loben wir uns doch ein gut abgehangenes butterzartes «Gammelfleisch».

11 Krieg der Zimtsterne: Cumarin

Kaum war das herbstliche Gammelfleisch gegessen, da hielt mit dem anheimelnden Duft frisch gebackener Zimtsterne ein Hauch von Horror Einzug in die Vorweihnachtszeit: Hinter jeder Zacke lauerte jetzt «krebserregendes» Cumarin. Die Lebensmittelwirtschaft hat es sich diesmal nicht nehmen lassen, die Steilvorlage selbst zu liefern. Schon in der vorangegangenen Zimtsternsaison hatten die chemischen Untersuchungsämter Überschreitungen der Höchstmenge für Cumarin – zum Teil bis um das 40-Fache – beklagt. Doch das Problem war auch damals alles andere als neu: Zehn Jahre lang hatten die Lebensmittelchemiker die Branche auf die hohen Cumaringehalte im Cassiazimt hingewiesen.[9]

Cumarin gehört zu den natürlichen Aromastoffen des chinesischen Cassiazimtes (*Cinnamomum aromaticum*, Synonym: *C. cassia*). Der früher übliche Ceylonzimt (Kaneel) – gewonnen aus *C. zeylanicum*, Synonym: *C. verum* – ist dagegen praktisch frei davon. Da Kaneel ein feineres Aroma hat, war er schon immer deutlich teurer als der eher dumpf schmeckende chinesische Zimt, und darum wurde Kaneel vor allem als Pulverware seit jeher fleißig mit der Rinde kulinarisch wertloser Zimtarten und allerlei anderen Borken verfälscht.[15, 29, 30, 33] Wohl auch deswegen setzen die Keksfabriken gern den billigeren Cassiazimt ein, der in seinen Herkunftsländern allerdings weniger für Süßspeisen genutzt wird, sondern pikanten chinesischen Fleischgerichten sein unverwechselbares Aroma verleiht und auch Bestandteil des berühmten Fünf-Gewürze-Pulvers ist.

Weil der edle Ceylonzimt immer knapper und teurer wurde und Cassiaöl sich backtechnisch besser eignet, verwendeten die Unternehmen bald nur noch Chinaware bzw. die standardisierten, leicht dosierbaren Cassia-Extrakte. Aromamängel können dabei durch nachträgliche Bearbeitung problemlos ausgeglichen werden. Und so degenerierten die traditionellen Zimtsterne innerhalb weniger Jahre klammheimlich zu «Cassiaplätzchen». Denn Zimt ist schließlich Zimt, und welcher Kunde schmeckt da schon den Unterschied?

Kein Wunder, dass sich die Hersteller auch einen feuchten Kehricht um die Beanstandungen der Lebensmittelüberwachung kümmerten und lieber auf juristische Spitzfindigkeiten setzten. Denn der Grenzwert – einst aus Gründen des Gesundheitsschutzes erlassen – galt nur für Aromen, nicht für Gewürze. In Aromen liegen die Duft- und Geschmacksstoffe im Vergleich zu den Blättchen, Wurzeln oder Rinden der Würzpflanzen, aus denen sie gewonnen werden, in deutlich stärker konzentrierter Form vor. Nun mag man Zimt im Alltag als Gewürz ansehen und nicht als Aroma, aber die Backindustrie rührt vor allem Zimtextrakte in den Teig, und die fallen unter das Aromenrecht. Zu einer weiteren Spitzfindigkeit gab die Absicht der EU Anlass, den Grenzwert für Cumarin aufzuheben – aber allein die Absicht setzt diesen noch lange nicht außer Kraft. Das bestehende Recht gilt für alle – auch für Cassiaplätzchenbäcker und ihre Winkeladvokaten. Auch wer mit seinem Pkw über eine rote Ampel fährt, wird bestraft, selbst wenn er den Sinn dieser Verkehrsregel nicht begreifen will.

Der Meister des Waldes dankt ab

Korrekt hingegen ist der Einwand der Lebensmittelindustrie, dass die Schädlichkeit des Cumarins in der Vergangenheit übertrieben wurde – diesmal nicht von Verbraucherschützern oder Journalisten, sondern von deren Kollegen aus den Propagandaabteilungen der Chemieindustrie. Cumarin hat eine wechselvolle Geschichte. 1954 wurde Cumarin von der amerikanischen Lebensmittelbehörde FDA verboten, denn es entfaltet schädliche Wirkungen auf Hunde, die für diesen Stoff in der Tat besonders empfindlich sind. Als dann in den 1970er Jahren in anderen Tierversuchen auch noch eine krebserregende Wirkung beobachtet wurde, war der Skandal perfekt. Unter großem Medienrummel wurde das unrühmliche Ende der Maibowle sowie der bis dahin bei Kindern höchst beliebten Waldmeistersüßwaren und -getränke eingeläutet.

Doch das Verbot musste schon wenige Jahre später gelockert und durch einen Grenzwert ersetzt werden – auch deswegen, weil natürliches Cumarin nicht nur in Waldmeister, sondern auch in ziemlich vielen anderen beliebten Obstarten und Heilkräutern nachgewiesen werden konnte, als da sind Datteln, Brombeeren, Pfefferminze, Kamille, Lavendel, Erdbeeren oder Kirschen.[25, 32] Während der Cumaringehalt hier meist niedriger als im Waldmeister liegt, ist er im bisher unbeanstandeten Lavendelöl fast genauso hoch.[7] Selbst das Verfüttern von Gras oder Klee an Nutzvieh wäre ohne Grenzwert «bedenklich» gewesen, schon der Duft frisch gemähten Heus beruht ja vorwiegend auf Cumarin.

Als vor Jahrzehnten zaghafte Kritik an der Agrochemie laut wurde, insbesondere am unbekümmerten Einsatz von Pestiziden, kam der Chemiebranche die Sache mit dem Waldmeister sehr gelegen. Voller Emphase präsentierte sie der Öffentlichkeit das beliebte Würzkraut als naturgegebene Gesundheitsgefahr aus Wald und Wiese, um ihre hausgemachten Probleme mit synthetischen Giften wie DDT und Konsorten herunterzuspielen. Doch dass die chemische Industrie Cumarin weiterhin unbekümmert als optischen Aufheller und Duftstoff in Waschmittel, Kosmetika oder Tabak mengte, zeigt, dass die Nummer mit der

Maibowle wohl eher als politisches Manöver oder symbolischer Verbraucherschutz zu verstehen ist. Denn Cumarin wird mit den oben genannten Produkten sowohl eingeatmet als auch über die Haut resorbiert.[6, 13]

Zimtzicken

Bei ihrem Versuch, in Sachen Zimtstern das geltende Recht zu umgehen, spielte die Lebensmittelwirtschaft auf Zeit. Sie versprach den Behörden hoch und heilig, sich alsbald wieder an geltendes Recht zu halten. Im Gegenzug verzichteten diese auf eine Ahndung der Missetaten. Doch viele Hersteller kümmerten sich einen vorweihnachtlichen Dreck um ihre Zusage. Stattdessen wandten sie sich bei der Gelegenheit vertrauensvoll an die Politik. Und, Simsalabim, die Untersuchungsämter wurden zurückgepfiffen und veranlasst, Verstöße gegen geltendes Recht fürderhin nicht mehr zu verfolgen.[11] Wir dürfen vermuten, dass die ministerialen Verständnisträger identisch mit jenem Personenkreis sind, der stets den Verbraucherschutz in der Öffentlichkeit als höchstes Spruchgut lobt.

Statt die Hersteller nach Recht und Gesetz zu verdonnern, den schmackhafteren und zugleich cumarinfreien, aber teureren Ceylonzimt einzusetzen und die bereits ausgelieferten Cassiasterne zurückzurufen, wandten sich die Behörden an die Kunden und verkündeten ihnen frohbotschaftliche Verzehrsempfehlungen. Beispielsweise, dass ein Kind am Tag (gilt auch für die Weihnachtsfeiertage) vier Zimtplätzchen essen dürfe oder aber einen Lebkuchen. Oder einmal die Woche Milchreis mit Zimt. Oder, oder, oder … Seither liegt der Schwarze Peter beim Verbraucher. Die Idee ist ausbaufähig und öffnet dem vorbeugenden Gesundheitsschutz ganz neue Perspektiven: Zu viel Algengift in Muscheln? Essen Sie pro Mahlzeit nicht mehr als zwei Exemplare und diese auch nur einmal im Monat. Oder ersetzen Sie die Weichtiere durch softe belgische Muschelpralinen. Zu viel Pyrrolizidin in Rucola? Kein Problem: Betrachten Sie den Salat als Augenschmaus, aber lassen Sie die Finger davon! Bleibt die Frage· In welcher Zimtrepublik leben wir eigentlich?

Ist der Verzehr von Cassiazimt tatsächlich so riskant, wie Verbraucherschützer beteuern? Es stimmt schon: Cumarin wirkt in hoher Dosis bei Hunden und Ratten krebserregend. Bei vielen anderen Tierarten, einschließlich des Menschen, ist dies jedoch nicht der Fall.[2, 3, 34, 35] Damit verhält es sich mit Cumarin im Zimtplätzchen ähnlich wie mit Acrylamid in Bratkartoffeln. Außerdem beruhen die lebertoxischen Wirkungen, die man im Tierversuch beobachtet, auf der Bildung eines bestimmten Cumarin-Abbauprodukts. Und das entsteht beim *Homo sapiens* gewöhnlich nur in sehr geringer Menge.[23] Insofern ist die geplante Aufhebung der Höchstmenge durch die EU leicht nachvollziehbar.

Aber dann machte das deutsche Bundesinstitut für Risikoforschung (BfR) eine Lücke in der Sicherheitsbewertung aus: Es verwies auf Probleme bei der Verwendung von Cumarin als Medikament, zur Behandlung von «Venenschwäche». In Frankreich waren bei einigen Krebspatienten Leberprobleme beobachtet worden; auch aus Australien lagen mehrere Berichte von Leberschäden vor.[4] Offenbar gibt es einzelne Personen – mit vorgeschädigter Leber –, die empfindlich auf Cumarin reagieren.[1] Daneben kann der Stoff bei Nierenpatienten zu Hautnekrosen führen.[28] Aber wer Schwerkranke zum Maßstab für toxikologische Bewertungen erhebt, wird sich schlussendlich nur noch von Haferschleim ernähren dürfen.

Das BfR verweist darauf, dass die Cumarinmengen in Cassiazimt um den Faktor 10 über den Gehalten in Waldmeister oder Lavendelöl liegen können.[5] Insofern ist die defensive Haltung der Behörde durchaus nachvollziehbar; schließlich will sie sich in einer solch aufgeheizten Atmosphäre nicht «Verharmlosung» vorwerfen lassen. Doch sind diese Befunde für den Verbraucher wirklich relevant? Man fragt sich, warum die Leberprobleme nicht in all denjenigen Ländern besonders auffällig sind, wo Tag für Tag weitaus höhere Mengen an Cassiazimt verspeist werden – und zwar nicht nur zur Weihnachtszeit, sondern ganzjährig. Da wäre zuerst ganz Asien zu nennen, namentlich das Ursprungsland China, wo Cassiazimt ein Grundbestandteil zahlloser Alltagsgerichte ist, oder Indien, wo er in traditionellen Gewürzmischungen wie Garam Masala steckt. Oder die Vereinigten Staaten, wo seit jeher nur mit Cassia statt mit Ceylonzimt gebacken und gewürzt wird.[29, 30, 36]

Wenn die Behörde die Lebern der Bürger schützen möchte, wäre sie besser beraten, laut und deutlich vor Greiskraut im Rucolasalat oder vor Grapefruits zu warnen. Denn die enthalten wirklich brisante Lebergifte, nämlich die Pyrrolizidine oder Furocumarine (siehe das Kapitel über gebundene Rückstände). Letztere sind ziemlich giftige Verwandte des Duftstoffs Cumarin. Dann wäre die Position des BfR nicht allein ein taktisches Manöver, um der Kritik der Verbraucherschützer zu entgehen, sondern tatsächlich vorbeugender Gesundheitsschutz.

All diese Bewertungen haben also ihre Tücken, und die Übertragung von Ergebnissen aus Tierversuchen auf den Menschen ist ein heikles Geschäft. Vor allem dann, wenn man bedenkt, dass der Mensch sich in einem speziellen Detail von einer Laborratte unterscheidet: Der freilaufende *Homo sapiens* ist im Gegensatz zu einem genetisch einheitlichen Laborrattenstamm in der Regel eine Promenadenmischung. Jeder einzelne ist ein Unikat mit ganz unterschiedlichen Entgiftungskapazitäten. Da es für jedes Lebewesen überlebenswichtig ist, eine Giftaufnahme zu vermeiden, hat jeder von uns auch dafür ein biologisches Erkennungsprogramm mit auf den Lebensweg bekommen: Beim Verzehr von Nahrungsmitteln gibt es eine Rückkopplung über den Geschmack und Appetit. Wer ein Lebensmittel nicht verträgt, mag es meistens nach kurzer Zeit nicht mehr.

Nimmt man aber Zimtextrakte in Kapseln ein, ob als Medikament oder Nahrungsergänzungsmittel, ist eine derartige Rückkopplung über die Geschmacksknospen unmöglich. Insofern gehen nicht von Weihnachtsgebäck oder Milchreis mit Cassiaaroma besondere Risiken aus, sondern vor allem von undefinierbaren Zimtpillen – aus der Apotheke, dem Internet oder von einem Strukturvertrieb –, die Tag für Tag hochdosiert als vermeintlich gesundheitsförderlich konsumiert werden.

Gesunde Mittelmeerkost?

Wer nach Risiken fahndet, wird natürlich vor allem dort fündig, wo es hinreichend viele toxikologische Untersuchungen gibt. Vergleichen wir deshalb einmal das Cassiazimtrisiko mit der Gefahr, die theoretisch vom Kaffee ausgeht: Von den etwa 1000 Inhaltsstoffen – die meisten davon sind nicht natürlich, weil durch Röstung entstanden – sind bisher 30 auf ihre krebserzeugende Wirkung überprüft; 21 davon waren in mindestens einem Test krebserregend.[14] Mit jeder Tasse Kaffee schlucken wir etwa zehn Milligramm «Krebsgifte». Demnach müsste man bei notorischen Kaffeetanten eine erhöhte Krebsrate vorfinden. Pustekuchen! Die Krebsrate ist bei Kaffeeliebhabern nicht erhöht, ganz im Gegenteil: Je mehr Kaffee jemand trinkt, desto seltener erkrankt er an Leber-, Gallen- und Prostatakrebs.[24, 37]

Insgesamt steigt mit dem Kaffeetrinken die Lebenserwartung sogar.[8, 16, 26]

Wohin Spielchen mit solchen Risikoszenarien führen können, zeigt das Beispiel Basilikum (*Ocimum basilicum*), ein Kräutlein, das sich nicht nur unter Gesundköstlern großer Beliebtheit erfreut. Dieses typische Mittelmeergewürz enthält den Aromastoff Methyleugenol, und der ist wie Cumarin lebertoxisch. Im Gegensatz zum Cumarin verspeisen wir hier aber ein «hartes» Kanzerogen. Methyleugenol erzeugt bei allen geprüften Tierarten Krebs – und zwar in ziemlich vielen Organen gleichzeitig, und das sogar beim Verabreichen geringer Dosen. Das dafür verantwortliche Stoffwechselprodukt entsteht auch im menschlichen Organismus.[18, 19, 27] Hier gibt es also im Gegensatz zum Cumarin ein deutlich höheres Risiko für den Menschen.

Müssen wir Pesto jetzt verbieten? Sollten wir lieber freiwillig auf Tomaten mit Mozzarella und Basilikumblättern verzichten? Immerhin ist das Risiko, das von den üblichen Gehalten an Methyleugenol ausgeht, angesichts der Datenlage deutlich größer als das der meisten «Mediengifte». Aber es ist ein Unterschied, ob ein Einzelstoff an Käfignager verfüttert wird oder ob ein freilaufender Mensch Aromastoffgemische aus Gewürzpflanzen mit Zimtplätzchen, Pesto oder Bratkartoffeln nach Gusto verzehrt. Wäre Basilikum für den Durchschnittsmenschen genauso riskant wie für Versuchstiere, dann wären die Folgen bei italienischen Pestoliebhabern längst sichtbar geworden. Tierversuche können wertvolle Hinweise geben, entscheidend sind aber die Erfahrungen am Menschen – sofern man sie denn hat.

Natürlich gibt es auch hier empfindliche Zeitgenossen. Wer Cassia oder Pesto nicht verträgt – jeder Mensch reagiert auf irgendwelche Substanzen empfindlich, die der überwiegenden Mehrzahl seiner Artgenossen nicht das Geringste anhaben können –, dem wird die Lust am Verzehr in vielen Fällen von ganz alleine vergehen. Ausnahmen wie Greiskraut im Rucola bestätigen die Regel: Bei tückischen Langzeitgiften versagt das körpereigene Rückkopplungssystem schon einmal. Dafür ist es individuell auf den jeweiligen Menschen ausgelegt und damit auch «klüger» als allgemeiner Expertenrat, und sei er noch so gut gemeint.

Ein Anschlag auf unsere Esskultur

Zurück zum Cassiazimt: Onkologen schlagen ihn als Medikament gegen diverse Krebsarten vor.[3, 21, 22] Darüber hinaus befinden sich derzeit zahlreiche Cumarin-Derivate als Krebsmedikamente in der Entwicklung und Erprobung.[3, 10, 31, 35] Zimt bzw. Cumarin und sein Metabolit Hydroxycumarin lindert Schmerzen, senkt bei Diabetikern den Blutzuckerspiegel und wirkt antibakteriell. Wegen dieser Wirkung wird Zimt nicht nur für Weihnachtsplätzchen, sondern sogar zur Herstellung von Zimtlatschen verwendet. Sie sollen Schweißfüßen wie Fußpilzen den Garaus machen. Liebe Campaigner: Wäre das nicht ein Thema für die nächste Kampagne? «Krebsgefahr in Zimt-Sohlen». Das dürfte so manchen Pantoffelhelden aus den Latschen hauen.

Eine Risikobewertung von Nahrungsmitteln, die den potenziellen Nutzen negiert, ist ebenso fehl am Platz wie eine Risikobewertung, die nicht auf die möglichen Risiken der als «Alternative» empfohlenen Ersatzstoffe eingeht. Denn auch der teure Ceylonzimt enthält trotz seines edlen Geschmacks allerlei natürliche Inhaltsstoffe, die, für sich allein betrachtet, als «Risiko» gebrandmarkt werden könnten: Er bietet statt Cumarin das aus der Kunststoffindustrie bekannte Styrol sowie Eugenol, ein in der Zahnheilkunde populäres Betäubungsmittel in Füllungen.

Beide Stoffe firmieren auf dem Papier ebenfalls als «krebserregend». Auch Safrol, das bei Ratten Leberkrebs hervorruft, ist in der edlen Zimtsorte enthalten.[12, 15] Und nicht zu vergessen das Benzylbenzoat, ein Pestizid zur Bekämpfung von Milben – das allerdings gleichermaßen im Cassiazimt vertreten ist.[17, 20]

Würden wir die Bewertungsmaßstäbe, die unsere «Verbraucherschützer» in der Öffentlichkeit in Sachen Zimt auf ihre Fahnen schreiben, auch für alle anderen Gewürze anwenden – sei es Safran, Nelken oder Salbei –, dann wäre unser Essen fürderhin so fade wie Tapetenkleister. Denn ohne Ausnahme enthalten sie Stoffe, die aus Reagenzglas- oder Tierversuchen als «krebserregend», «erbgutschädigend» oder als «endocrine disrupters» bekannt sind, Letztere sind Stoffe, die in den Hormonhaushalt eingreifen. Dieser Befund ist nicht weiter erstaunlich, denn ätherische Öle und Aromastoffe sollten ja ursprünglich nicht die Nase des Menschen erfreuen oder Sterneköchen zum Umsatz verhelfen, sondern Fressfeinde davon abhalten, die Pflanzen mit Stumpf und Stiel zu verputzen.

Deswegen gelten viele davon auch als wirksame Arznei. Und darum werden Gewürze in der Küche überhaupt eingesetzt. Sie wirken antibiotisch, antiparasitär, regen Verdauungssäfte an, fördern die Aufnahme erwünschter oder die Ausscheidung unerwünschter Bestandteile der Lebensmittel, und, und, und. Genau deshalb werden sie aber auch sparsam eingesetzt, denn da macht bekanntlich die Dosis das Gift. So manch ein Gewürz ist für den Menschen sogar akut toxisch: Gerade einmal 15 Gramm Safran oder Muskat können bereits zum Tode führen. Sie sind damit giftiger als viele Pflanzenschutzmittel, über die so viel Aufregung herrscht, wenn sich Milligrammbruchteile als Rückstand in Paprikapulver finden.

Trotzdem ist die Gefahr, eine akute Gewürzvergiftung zu

erleiden, verschwindend gering: Denn wer von uns würde Kartoffelbrei mit 15 Gramm Muskat herunterwürgen? Wer könnte ein Risotto milanese mit 15 Gramm Safran überhaupt bezahlen, falls es ihm – was mehr als unwahrscheinlich ist – denn schmecken würde? Legte man die üblichen Verbraucherschutzmaßstäbe zugrunde, wären diese Gewürze dann genauso wie Zimt oder Basilikum nicht mehr als Lebensmittelwürzen tragbar. Die einzigen noch zulässigen Aromen wären dann im Tierversuch geprüfte, als unschädlich eingestufte Einzelstoffe aus der Retorte. Die sind dann aber nicht für den Menschen sicher, sondern nur für Ratten. Haben Sie auf dieses Retortenfutter wirklich Appetit?

Kurz gesagt ...

Wer also die vorweihnachtliche Phobie vor Zimtplätzchen schürt oder toxikologische Zwergenaufstände im Fernsehen inszeniert, der leistet einer vollsynthetischen Ernährung Vorschub. Unsere deutsche Angstgesellschaft würde aus ein wenig mehr Gelassenheit, Augenmaß und Vertrauen in die Signale des eigenen Körpers größere gesundheitliche Vorteile schöpfen als aus allen einschlägigen Aufklärungsschriften von Greenpeace, Foodwatch und Verbraucherzentralen zusammen. Und unsere Lebensmittelindustrie wäre gut beraten, diese Angstgesellschaft nicht dadurch zu fördern, dass sie geltendes Recht vorsätzlich missachtet.

12 Die Lebensmittelampel – das Ende der Esskultur

Das Vakuum, das Politik und staatliche Behörden erzeugt haben, füllen mittlerweile «Schützer» jeglicher Couleur. An Sendungsbewusstsein mangelt es ihnen nicht; immer häufiger treten sie auf, als würden sie hoheitliche Aufgaben erfüllen. Da zeigen TV-Programme abwechselnd Polizisten auf Streife und «Schützer» beim nächtlichen Herumschleichen auf dem Betriebsgelände von Landwirten. Die Aufgaben der Lebensmittel- und Veterinärüberwachung werden von den Medien wahrgenommen, die die Qualität von Lebensmitteln nach eigenem Gutdünken definieren und mit ihrem «gut» oder «mangelhaft» über das Wohl und Wehe eines Produkts entscheiden.

Die Kriterien gibt der Zeitgeist vor. Einmal wird die Bierqualität nach dem Innenleben des Kronkorkens definiert, ein andermal eine Packung Tiefkühlpizza abgewertet, weil da zwei Stück drin sind – und die enthalten zusammengenommen einfach zu viele Kalorien. Einmal werden Produkte gelobt, die in Recyclingkarton verpackt sind, ein andermal wird der Ökokarton untersucht und für mangelhaft befunden. Schließlich steckt in einem Ökokarton naturgemäß mehr «freilaufende» Chemie als in den meisten Kunststoffen, was vielfach zu einer deutlich höheren Rückstandsbelastung im Produkt führt. Was für die Hersteller ein Vabanquespiel ist, gibt den «Schützern» und «Testern» Gelegenheit, je nach Wahl der Maßstäbe zahlungskräftige Hersteller, also potenzielle Spender, vor sich hertreiben zu können.

Ein Husarenstück war die Idee mit der Lebensmittelampel. So wie kleine Kinder in der Verkehrserziehung lernen, «Bei Rot musst du stehn, bei Grün darfst du gehn», sollen wir im Supermarkt mittels Ampeln auf den Pfad der Tugend geleitet werden.

Ursprünglich stammt die Lebensmittelampel aus Großbritannien. Jenseits des Kanals werden Nahrungsmittel in «gesund» (natürlich grün), in «Obacht!» (gelb) und «gefährlich!!» (rot) eingeteilt. Waren die Briten bisher den kulinarischen Tücken ihrer Küche hilflos ausgeliefert und stolperten von einer Kalorienfalle in die nächste, tappten von einem Fettnäpfchen ins andere, wissen die Verbraucher nun dank der Farbenspiele endlich, was wirklich gut für sie ist. Genutzt hat es offenbar nichts.

Einfach, logisch – und falsch

Auch hierzulande ist die Kundschaft mittlerweile ziemlich angefressen. Auf nichts ist mehr Verlass. Die vielzitierte Zutatenliste hat sich als Flop erwiesen – weil für den Verbraucher nicht wirklich durchschaubar. Regelmäßig werden die vollmundigen Versprechungen als Täuschung entlarvt – als Etikettenschwindel und Mogelpackung. Der Bürger will Klarheit über sein Essen. Aber wie? Er sucht einfache Antworten auf komplexe Fragen, schließlich hat er im Alltag genug andere Sorgen. Und als ganz besonders praktische Antwort erscheint die Ampel.

Doch für diese «Ampel» gilt das alte Bonmot: Es gibt für jedes komplizierte Problem eine Lösung, die ist einfach, logisch – und falsch. Denn weniger Kalorien in der Tüte bedeuten nicht gesündere Ernährung, sondern einfach nur mehr Hunger. Der Körper zählt mit und fordert die fehlende Energie erst mit freundlichem Appetit und dann mit zwingendem Hunger wieder ein. Da gibt es nix zu «sparen».[3] Würden Lightprodukte schlank machen, die in den USA in unglaublichen Mengen nach Hause geschleppt werden, dann würde eine erhebliche Zahl von Amerikanerinnen bereits als ätherische Wesen über die Great Plains schweben. Doch je mehr Kalorien sie vermeintlich sparen, desto heftiger zieht sie die Schwerkraft wieder auf den Boden der Tatsachen herab.

Die Ampel ist nur ein weiterer Versuch, die gescheiterten Konzepte der Ernährungsberatung am Leben zu erhalten. Butter, Fleisch, Mehl, Eier, Zucker und Salz – alles traditionelle, wertgebende und noch dazu häufig regionale Zutaten – mutieren in der Vorstellungswelt der Kundinnen heute zu Hüftgold, Cellulitis und vorzeitigem Tod im Pflegeheim. Alles das, was früher eine gute Küche ausgezeichnet hat, ist heute nur noch gut genug, um Ängste zu bedienen. Wie viele werden sich wohl von den roten Lämpchen ins Bockshorn jagen lassen? Und wie wenige gedenken der simplen Tatsache, dass Essen nicht schöner und jünger macht, sondern satt, leistungsfähig und zufrieden – was auch nicht zu verachten ist? Um gezielt zu sozial geächteten Produkten zu greifen, braucht es nicht nur gesunden Menschenverstand, sondern mittlerweile auch Zivilcourage.

Verwirrspiele

Um der Ampel zuvorzukommen, setzen die Hersteller auf eine bewährte Methode, die Verwirrtechnik: «Freiwillig» drucken sie allerlei Angaben zum Energie-, Salz oder Zuckergehalt auf die Verpackung. Dabei weisen sie ihre Daten als prozentualen Anteil an den Richtlinien für den täglichen Bedarf (GDA-System – Guideline Daily Amount) aus, wobei «eine Portion» beliebiger Größe als Bezugsgröße gewählt wird. So kompliziert, wie es klingt, ist es auch. Als Matthias Horst, Professor für Lebensmittelrecht und Hauptgeschäftsführer des Spitzenverbandes der Lebensmittelindustrie (BLL – Bund für Lebensmittelrecht und Lebensmittelkunde) vor laufender Kamera ausrechnen sollte, wie viel Zucker denn nun wirklich in einem Becherchen Kinderquarkschmiere drin ist, endete der Versuch mit einer herben Blamage.[4]

Im Grunde muss man der Industrie für dieses durchsichtige Manöver dankbar sein. Wer mit den Verwirrspielen auf den Verpackungen nicht mehr zurechtkommt, lässt hoffentlich die Finger von dem Versuch, aus den Daten schlau zu werden. Ernährung nach Nährwerten hat leider eine fatale Wirkung auf Körper und Seele; vielfach ist sie der Einstieg in eine Essstörung. Der Körper ermittelt seinen Bedarf über die metabolischen Sinne, sprich «Bauchgefühl», und reguliert seinen Appetit über seine bisherigen Erfahrungen mit Speisen über die sogenannten somatischen Marker. Er interessiert sich dabei nicht für die von der herrschenden Denkart geprägten Vorstellungen von einer «gesunden Ernährung». Deshalb halten Speis und Trank Leib und Seele zusammen.

Verbindliche Empfehlungen zur Nährstoffzufuhr sind sinnlos. Selbst im Schweinestall mit seinen genetisch recht einheitlichen Ferkeln fallen die Mastergebnisse bei den einzelnen Tieren trotz identischen Futters und gleicher Umweltbedingungen unterschiedlich aus. Wie sollen da Empfehlungen für die bunte Vielfalt unter den Menschen funktionieren, die, genetisch betrachtet, als Promenadenmischung firmieren? Unsere Lebensweisen sind so unterschiedlich und individuell, dass sich jeder Mensch zwangsläufig anders ernährt, so wie ein Franzose anders frühstückt als eine Finnin. Bereits Sommer und Winter haben erhebliche Einflüsse auf den Nährstoffbedarf, die sich durch ganz unterschiedliche Speisenfolgen und -mengen in der Volksküche manifestieren.

Zudem errechnet die chemische Analytik, auf der unsere Nährwerttabellen beruhen, etwas völlig anderes als das, was unser Verdauungstrakt verwertet. Der Chemiker misst, was in einem Produkt enthalten ist, aber nicht das, was unser Körper davon aufnehmen kann. Nicht einmal der Kaloriengehalt unserer Lebensmittel ist bekannt – es handelt sich um Schätzungen oder, besser gesagt, um Phantasiezahlen, die Exaktheit vortäuschen sollen.

Schon allein deshalb, weil die Ausscheidungen ja wieder von der Zufuhr abgezogen werden müssten. Aber das ist nicht einmal theoretisch möglich, da die Fäzes nur zu einem unbedeutenden Teil aus unverdaulichen Speiseresten bestehen; den größten Prozentsatz machen Darmflora und abgeschilferte Darmzellen aus. Zudem findet ja im Körper gerade keine «Verbrennung» statt wie in einem Ofen. Stroh liefert beim Verbrennen im Labor im Kalorimeter reichlich Kalorien – nur nicht beim Verdauen.

Die Lebensmittelampel soll offenbar das Stroh in den Köpfen entflammen und die Vorstellung bedienen, der Erfolg eines Menschen lasse sich durch die Auswahl seiner Nahrung regeln. Sie ist allenfalls ein Grund, die roten Warnlampen aufblinken zu lassen, wenn wieder einmal ungebetene Ernährungstipps zuteilwerden.

Der Umstand, dass es der europäischen Lebensmittelindustrie gelang, durch ihre Lobbyarbeit in Brüssel die Einführung der Ampel zu verhindern, erfüllt die Branche zwar mit Befriedigung, aber das Lachen ist ihr mittlerweile vergangen. Denn den Medien ist die Meinung der EU egal – sie urteilen bei Warentests vielfach nach den Vorstellungen der Ampelanhänger. Das ist natürlich ihr gutes Recht, sättigende Mahlzeiten auf den Index zu setzen – ob dies auch legitim ist, steht auf einem anderen Blatt. Für den Hersteller bedeutet eine «Abwertung» bekanntlich Absatzeinbußen. Und die drohen nun, wenn die Salzbrezeln ordentlich mit Salz bestreut sind oder weil die Eiernudeln mit richtigen und damit cholesterinhaltigen Eiern hergestellt werden.

Aus diesen bitteren Erfahrungen haben die Hersteller mittlerweile die Konsequenzen gezogen. Sie überarbeiten ihre Rezepturen, um bei Tests bestehen zu können. Auch sie wissen, dass ein richtiges Cordon bleu vor roten Warnlämpchen strotzt: lauter Kalorien, Fett, Cholesterin, Salz. Soll man uns doch einen

Storch braten, wenn es nicht möglich wäre, das Ganze ergrünen zu lassen. Man nehme Hühnerklein und forme daraus mit viel Wasser, etwas Phosphat und ein klein wenig Transglutaminasen ein saftiges «Hähnchenschnitzel». Statt Schinken gibt's verwässerte «Vorderformfleisch»-Gebilde. Und der «Käse» ist ein echter Analog-Käse aus Caseinaten als Gerüstbildner, Hydrocolloiden, Wasser, Emulgatoren, Farbe und Aromen. Und ab mit dem Wunderwerk in die Tiefkühltruhen der Discounter.

Das Hähnchen-Cordon-bleu hat jetzt nur noch halb so viele Kalorien, ist praktisch frei von tierischen Fetten und Cholesterin, enthält nur wenig Salz, und der Eimer Wasser, den wir jeden Tag saufen sollen, ist auch schon drin. Für eine kalorienbewusste Kundin ist das Produkt einfach sexy: Es strotzt vor grünen Punkten.

Alles, was nahrhaft ist, wird durch chemische und physikalische Kunstgriffe, durch Wasser, Luft und Füllstoffe ersetzt. Als zusätzliches Plus ist das Machwerk deutlich billiger in der Herstellung. Mit der Lebensmittelampel hat sich die Idee vom geilen Geiz selbst übertroffen. Und damit sorgt man ein weiteres Mal für Extraumsatz. Denn der Körper des Menschen rechnet mit. Er zählt präzise die Kalorien oder auch den Fettgehalt. Je «gesünder» das Mittagsmenü, desto begehrter sind am Nachmittag die süßen Teilchen aus der Cafeteria. In den Espresso kommt dann zur Gewissensberuhigung ein wenig Süßstoff.

Die Essensverfälscher

Die Ampel verschafft auch den Zusatzstoff-Lieferanten Extraumsätze. Denn mit ihrem breiten Angebot an Aromen, Geschmacksverstärkern, Süßstoffen und Emulgatoren ist es heute möglich, die Sinnestäuschung auf die Spitze zu treiben und so ziemlich jede wertgebende Zutat durch schnittfestes Wasser und löffelfähige Luft zu ersetzen. Unsere Verbraucherschützer, allen voran *Foodwatch*, kämpfen nach eigenen Worten vehement gegen Essensfälscher, Etikettenschwindel und Zusatzstoffe, sind aber gleichzeitig ebenso entschieden für die Ampel. Ist denn keinem dieser «Essensretter», wie sich Foodwatch selbst nennt, dabei etwas aufgefallen? Vermutlich schon – aber bis das auch die Mitläufer merken, dauert es noch ein wenig.

Thilo Bode, ehemaliger Greenpeace-Chef, weiß was eine erfolgreiche Kampagne auszeichnet: «Ein klares Ziel, ein eindeutiger, populärer Konflikt mit einem geeigneten Gegner und die Konstellation David gegen Goliath.»[2] Damit geht es weniger um die Interessen des Verbrauchers – Aufklärung ist ein mühsames Geschäft, das zudem viel Fachwissen und Geduld erfordert –, sondern darum, populäre Konflikte auf die eigenen Mühlen zu lenken. Heute springt Foodwatch auf fahrende Züge auf und versucht, sich in die Position des Lokführers zu manövrieren. So kommt man zweifelsohne schneller voran.

Gesundes aus dem Schweinetrog

Die Idee von der gesunden Ernährung hatte stets etwas Surreales und Lustfeindliches. Begonnen hatte es mit Schweinefutter. In den 1980er Jahren hieß es, die schlauen Schweine bekämen die ach so gesunde Kleie zu fressen, während der unbedarfte Verbraucher mit dem gesundheitlich wertlosen Mehl in Form von Brötchen und Spaghetti abgespeist wird. Mit Parolen wie «Schwach durch Stärke» kam die Vollkornwelle ins Rollen. Seither sind Blähungen und Bauchweh Kennzeichen einer ernährungsbewussten Küche.

Nach den Körnern schwappte mit der Molke erneut Gesundes aus den Sauställen in unsere Mägen. Ihren Ruf als Heilmittel verdankt sie geschäftstüchtigen Schweizern. Vor über 100 Jahren kamen

Senner auf die Idee, das Abfallprodukt nicht mehr dem heimischen Borstenvieh, sondern ihren deutschen Gästen zu servieren. Von da gelangte die Molke als Wundermittel in die Tuberkulose-Sanatorien. Das änderte sich allerdings, als man feststellen musste, dass Molke auch Tuberkulose übertragen kann. Und so las man um 1900 in den medizinischen Lehrbüchern: «Molkenkuren, welche früher in hohem diätetischen Ansehen standen, sind jetzt fast ganz aus der Therapie verschwunden. Ihre Wirkung besteht lediglich in der Beförderung der Darmentleerung. Meist entsteht nach längerem Gebrauch größerer Mengen stärkerer Durchfall.»[1] Doch diese Einsicht ist mittlerweile vergessen, und die Eitlen und Schönen legen es erneut darauf an, Schweinchen zu spielen.

Als Nächstes gelang der Sojabohne der Sprung vom Trog auf den Teller. Wenn die Schweinezüchter für die Überreste der Ölmühlen nicht mehr genug blechen wollen, braucht man zahlungskräftigere Zielgruppen. Die erhalten statt der Pellets halt Bratlinge aufgetischt, und ein fernöstliches Ernährungsmärchen gibt's gratis dazu.

Schon macht sich der nächste Rohstoff aus den Ställen auf den Weg in die Küche – und diesmal gleich direkt in die Kindergarten- und Schulkantinen: Es ist der Weizenkleber, Abfall aus der Produktion von Stärke und Bioethanol. Um seine wahre Identität zu verschleiern, bekommt das Schweinefutter einen geheimnisvollen asiatischen Namen: Seitan, vegetarisches Nicht-Fleisch. Dass nicht fermentierter Weizenkleber, auch als Gluten bekannt, eine üble Darmentzündung namens Zöliakie verursacht, bereitet schon den nächsten Markt für «gesunde Ernährung» vor: Das glutenfreie Menü. Für einen saftigen Aufpreis, natürlich.

Die Ampel soll nach dem Wunsch der Verbraucherschützer nicht nur für Supermarktware gelten, sondern auch auf Kantinenessen oder Kochrezepte angewandt werden. Damit zielen sie geradewegs auf unsere Esskultur, denn nun stehen praktisch alle traditionell zubereiteten Gerichte zur Disposition. Kohlrouladen mit Salzkartoffeln, Bratwurst mit Sauerkraut, Linsen mit Speck, Schnitzel mit Pommes, Pizza mit Thun, Würstchen mit Kartoffelsalat, Spaghetti bolognese, Kaffee und Kuchen, Döner mit Reis, Kartoffelbrei mit Spiegelei, ja sogar das Butterbrot dürften mit roten Warnpunkten abgestraft werden. Bisher diente Essen der Sättigung. Jetzt soll es Hunger, Frust und Essstörungen erzeugen!

Cui bono?

Auch der Staat wird daraus seinen Nutzen zu ziehen wissen. Um Energiewende und Wahlgeschenke finanzieren zu können, braucht er neue Steuern. Stigmatisierte Lebensmittel werden nach dem Muster von Tabak und Alkohol mit einem Fett-, Junkfood-, Zucker- und Kalorien-Strafzoll versehen. Eine Verteuerung von sättigenden und appetitlichen Lebensmitteln hat aus der Sicht unserer Sozialingenieure «Lenkungscharakter».

Dänemark geht hier mit der Einführung einer Fettsteuer in Europa voran. Die Dänen besteuern nicht etwa Fett, nein, nur die gesättigten Fette, denn das sind die «ungesunden», die «bösen». So bleibt das Kunstprodukt Margarine ungeschoren, aber die Butter, die Dänemark in erheblicher Menge erzeugt, die wird verteuert. Nicht nur die Anbieter von «Kunstbutter», sondern auch von Panschkäse können sich die Hände reiben; wer echten Käse kauft, der zahlt drauf. Jetzt wird Geiz auch noch «gesund».

Jeder Däne dürfte schon aufgrund seiner stofflichen Zusammensetzung ein Fall fürs Finanzamt sein. Denn nicht nur die Wurst enthält reichlich gesättigte Fette, sondern auch der Mensch. Unser Fettgewebe – und das umfasst weit mehr als das berühmte Hüftgold, man denke nur ans Nierenfett, an das viele Fett im Nervengewebe, im Knochenmark usw. –, all dieses Fett ist pures tierisches Fett, egal wie viel Rapsöl man sich sein Leben lang über den Salat gegossen hat. Auch Muttermilch ist voller tierischer Fette; nach den Maßstäben unserer Verbraucherschützer müsste dies eigentlich reines Gift für den kindlichen Körper sein. Und das Stillen demnach ein steuerpflichtiges Vergnügen, ähnlich wie das Rauchen.

Wer der Prävention das Wort redet, fühlt sich hierzulande immer im Recht. Doch es geht nicht um «Vorbeugung», sondern um Macht über das Denken und Gefühlsleben des Bürgers. Und es wird nicht beim Essen bleiben. Sobald sich das Scheitern der Ernährungskampagnen abzeichnet, werden Forderungen laut werden, die Schraube des «gesunden Lebensstils» weiter anzuziehen: Da bietet sich doch der Schrittzähler in der Wohnung und auf dem Weg zur Arbeit an – die Daten ließen sich problemlos auf dem Krankenkassenchip erfassen und mit einem Bonus/Malus-System kombinieren. Wenn auch das keinen Erfolg zeigt, dann helfen wohl nur noch Essensmarken mit Kalorienzuteilung für Erwachsene, und Kasernierung für dicke Kinder, denen man nicht wie weiland vor Onanie (Rückenmarksschwund!), sondern vor Nutella & Co. tüchtig Angst macht.

Kaum haben wir mit Müh' und Not geschafft, die Moralapostel aus unseren Betten zu werfen, haben sich die Gesundheitsexperten häuslich an unserem Esstisch niedergelassen. Und statt uns dabei zu unterstützen, etwas Anständiges auf den Tisch zu bringen, spucken sie uns in die Suppe. Die Sorge um die Gesundheit ist dabei nur vorgeschoben – es geht dabei wie eigentlich immer um Macht. Und Angst ist seit eh und je ein probates Herrschaftsmittel. So kommen die vielen Nannys, die der Bevölkerung vorschreiben wollen, was sie zu essen und wie sie zu leben haben, mit ihrem nutzlosen Wissen», ach was, mit ihren durchgeknallten Ideologien, schneller in Lohn und Brot.

Ziel all dieser Kampagnen ist letztlich die Entmündigung des Bürgers unter dem Deckmantel von Schutz und Vorsorge. Sich davon nicht ins Bockshorn jagen zu lassen, ist nicht immer einfach. Bewährt hat sich die alte kriminalistische Frage: «Cui bono – wem nützt es?» Dabei kann es wie im Fall der Schweinegrippe direkt um klingende Münze für die Pharmaindustrie gehen, aber auch für eine «gemeinnützige» Schutzorganisation lohnen sich Kampagnen, denn ein Klima der Verunsicherung erhöht die «Spendenbewilligungsbereitschaft» enorm.

Die neuen Formen der Zensur

Aber warum «klappen» diese Angstkampagnen so gut, warum hauen alle Medien in dieselbe Kerbe und man hört so gut wie keine Gegenmeinungen? Warum kann die oberste Bundesbehörde, das BfR, frühzeitig vor EHEC-Keimen auf Bio-Sprossen warnen, und niemand auf weiter Flur gibt diese Warnung an die Leser oder Zuschauer weiter? Wieso bringen die Medien lange Berichte über den «Killerkeim», fragen zahlreiche Experten nach der Ursache und unterschlagen die einzig korrekte Antwort? Dies hat viele Menschen das Leben gekostet oder die Gesundheit ruiniert.

Früher wäre es kaum denkbar gewesen, dass nicht irgendeine Zeitung, irgendein Sender die BfR-Nachricht aufgegriffen hätte. Diesmal haben alle geschwiegen – dabei kann ihnen die BfR-Warnung im Internet nicht verborgen geblieben sein. Der Grund ist in einer grundlegenden Veränderung in unserer Gesellschaft zu suchen. Junge Menschen finden ihre Heimat nicht mehr in der Familie, sondern unter Gleichgesinnten – egal, ob das Klima gerettet, die Bahn entschleunigt, die Hühner befreit oder die Kinder verrohkostet werden sollen.

War früher die vertikale Hierarchie für die Arbeit in den Unternehmen prägend, so sind es bei der jüngeren Generation soziale Netzwerke im Internet, Twitter, Facebook und so weiter. Dort finden sie einen Sozialverband, eine Familie, eine Heimat mit Gleichgesinnten, dort stützen sie sich gegenseitig und bestätigen sich in ihren Ansichten. Ideologische Vorbilder dieser Netzwerke sind die NGOs, weshalb deren Positionen häufig vollkommen ungefiltert die Medienlandschaft dominieren. Gegenteilige Auffassungen werden als «Irrmeinungen» oder «Verschwörungstheorien» bekämpft. Ganze Berufsgruppen sind entsetzt, was über ihr Fachgebiet als «wissenschaftliche Erkenntnis» verbreitet wird, und können nicht verstehen, warum dieser Unsinn Tag für Tag ohne jede Gegenstimme unters Volk gebracht wird.

Wenn sich diese Netzwerke einig sind, dass Öko-Grünzeug und Sojasprossen gesund sind, dann wird eine Warnung vor Keimen auf Biokost einfach nicht mehr erwähnt. Bekommt die Meldung der Chefredakteur auf den Schreibtisch und reicht sie persönlich an die zuständigen Mitarbeiter weiter, erhält er als Antwort, man habe das zwischenzeitlich geprüft, es handele sich um eine Außenseiterposition, mit der man den Ruf des Blattes nicht beschädigen wolle. Das kollektive Unterschlagen von Meldungen ist auch kein Versehen oder Resultat einer nationalen Verschwörung – es ist der Zeitgeist, der durch die Netzwerke weht, und er ist wirksamer als jede Zensur. Dafür werden die Aktionen der Campaigner bedingungslos medial unterstützt, wie absurd sie auch immer sein mögen.

Es ist kaum mehr möglich, sich auf klassische Weise – drei Zeitungen, drei Meinungen – über ein Thema zu informieren. Das wirft natürlich die Frage auf, wie die Autoren dieses Buches zu ihren Aussagen gekommen sind. Wir haben nolens volens den mühsameren Weg über die Originalliteratur genommen, die Daten geprüft und bewertet. Wir bieten sie nicht umsonst in Buchform an. Denn in der Flut kostenloser «Information» im Internet gehen Ergebnisse, die konträr zum Mainstream ausfallen, einfach unter.

Im Netz entscheidet nicht Sachkenntnis, sondern die Masse – Google & Co. sch… gewöhnlich auf den größten Haufen. Dort lassen die Medien denken. Ist ja auch billiger. Entsprechend wird im Fernsehen noch weit mehr geschummelt als beim Discounter. Deshalb verdienen unsere Lebensmittel bei aller Kritik mehr Vertrauen als TV, Zeitung oder Foodwatch. Denn Nahrungsmittel werden immer noch besser kontrolliert als der Unsinn, der über sie verbreitet wird. Nicht die Medien, sondern Speis' und Trank halten Leib und Seele zusammen. Prost Mahlzeit!

Literatur

Schlank durch Pommes – Acrylamid: Viel Rauch um nichts

1. Ames, B. N. et al: Ranking possible carcinogenic hazards. In: Glickman, T. S., Gough, M.: Readings in Risk. Resources for the Future, Washington 1990: 76–92

2. Anon: DONALD-Studie: Acrylamid. Ernährungs-Umschau 2004; 51: 252

3. Bader, M. et al: Querschnittstudie zur ernährungs- und tabakrauchbedingten Belastung mit Acrylamid. Deutsches Ärzteblatt 2005; 102: 2640–2643

4. Blank, I.: Current status of acrylamide research in food: measurement, safety assessment, and formation. Annals of the New York Academy of Sciences 2005; 1043: 30–40

5. Bömer, A., Mattis, H.: Der Solaningehalt der Kartoffeln. Zeitschrift für Untersuchung der Nahrungs- und Genussmittel sowie der Gebrauchsgegenstände 1924; 47: 97–127

6. Botezatu, L. et al: Organic farming in the EU. Considering food safety and quality, animal welfare and environmental degradation. Fysisk Institut, Aarhus 2002

7. Cantwell, M.: A review of important facts about potato glycoalkaloids. Perishables Handling Newsletter Issue 1996; 87: 26–27

8. Carman, A. S. et al: Rapid high-performance liquid chromatographic determination of the potato glycoalkaloids α-solanine and α-chaconine. Journal of Agricultural and Food Chemistry 1986; 34: 279–282

9. Claus, A. et al: Pyrolytic acrylamide formation from purified wheat gluten and gluten-supplemented wheat bread rolls. Molecular Nutrition & Food Research 2006; 50: 87–93

10. Deutsche Forschungsgemeinschaft: Acrylamide. Occupational Toxicants 1992; 3: 11–21

11. Dinkins, C. L. P., Peterson, R. K. D.: A human dietary risk assessment associated with glycoalkaloid responses of potato to Colorado potato beetle defoliation. Food and Chemical Toxicology 2008; 46: 2837–2840

12. Fröhlich, E. (Hrsg.): Als die Erde brannte. Deutsche Schicksale in den letzten Kriegstagen. Droemer Knaur, München 2005

13. Fuhr, U. et al: Toxicokinetics of acrylamide in humans after ingestion of a defined dose in a test meal to improve risk assessment for acrylamide carcinogenicity. Cancer Epidemiology, Biomarkers & Prevention 2006; 15: 266–271

14. Gaffield, W., Keeler, R. F.: Introduction of terata in hamsters by solanidane alkaloids derived

from Solanum tuberosum. Chemical Research in Toxicology 1996; 9: 426–433

15. Gold, B. G., Schaumburg, H. H.: Acrylamide. In: Spencer, P. S., Schaumburg, H. H. (Eds): Experimental and Clinical Neurotoxicology. Oxford University Press, Oxford 2000: 124–132

16. Gold, L. S. et al: Pesticide residues in food and cancer risk: a critical analysis. In: Krieger, R. (Ed): Handbook of Pesticide-Toxicology. Academic Press, San Diego 2001: 799–843

17. Haase, N. U.: Glycoalkaloidgehalte in Kartoffelknollen – ein Risiko für den Konsumenten? VDLUFA-Schriftenreihe 1998; 49: 127–130

18. Habermeyer, M. et al: Einfluss von Maillard-Reaktionsprodukten auf das Wachstum humaner Tumorzellen. Lebensmittelchemie 2003; 57: 111

19. Hellenäs, K. E. et al: High levels of glycoalkaloids in the established Swedish potato variety Magnum bonum. Journal of the Science of Food and Agriculture 1995; 68: 249–255

20. Henderson, A.: Greening of Potatoes. In: State of Victoria, Department of Primary Industries (Ed): Agriculture Notes. Knoxfield, October 1999

21. Hogervorst, J. G. F. et al: Dietary acrylamide intake is not associated with gastrointestinal cancer risk. Journal of Nutrition 2008; 138: 2229–2236

22. Hogervorst. J. G. F. et al: Lung cancer risk in relation to dietary acrylamide intake. Journal of the National Cancer Institute 2009; 101: 651–662

23. Hamm, H.: Acrylamid: Keine Angst vor der Bratkartoffel. Natur & Kosmos 2003; H. 2: 20–22

24. JECFA: Toxicological Evaluation of Certain Food Additives and Naturally Occuring Toxicants. WHO Food Additives series 1993; 30: 339–372

25. Kjuus, H. et al: Chromosome aberrations in tunnel workers exposed to acrylamide and N-methylolacrylamide. Scandinavian Journal of Work, Environment & Health 2005; 31: 300–306

26. Korpan, Y. I. et al: Potato glycoalkaloids: true safety or false sense security? Trends in Biotechnology 2004; 22: 147–151

27. Kozukue, N. et al: Inheritance of morphological characters and glycoalkaloids in potatoes of somatic hybrids between dihaploid Solanum acaule and tetraploid Solanum tuberosum. Journal of Agricultural and Food Chemistry 1999; 47: 4478–4483

28. Lachman, J. et al: Potato glycoalkaloids and their significance in plant protection and human nutrition. Series Rostlinná výroba 2001; 47: 181–191

29. Larsson, S. C. et al: Long-term dietary acrylamide intake and breast cancer risk in a prospec-

tive co-hort of Swedish women. American Journal of Epidemiology 2009; 169: 376–381

30. Larsson, S. C. et al: Long-term dietary acrylamide intake and risk of endometrial cancer in a prospective cohort of Swedish women. International Journal of Cancer 2009; 124: 1196–1199

31. Matsui, K. et al: Toxic dose of unripe potato glycoalkaloids in children and measures against the food poisoning. Shokuhin Eisei Kenkyu 2001; 51: 99–107

32. Mensinga, T.T. et al: Potato glycoalkaloids and adverse effects in humans: an ascending dose study. Regulatory Toxicology and Pharmacology 2005; 41: 66–72

33. Mizukami, Y. et al: Analysis of acrylamide in green tea by gas chromatography-mass spectrometry. Journal of Agricultural and Food Chemistry 2006; 54: 7370–7377

34. Morris, S. C., Lee, T. H.: The toxicity and teratogenicity of Solanaceae glycoalkaloids, particulary those of the potato (Solanum tuberosum): a review. Food Technology in Australia 1984; 36: 118–124

35. Morrissey, J. P., Osbourn, A. E.: Fungal resistance to plant antibiotics as a mechanism of pathogenesis. Microbiology and Molecular Biology Reviews 1990; 63: 708–724

36. Mucci, L. A. et al: Acrylamide intake and breast cancer risk in Swedish women. Journal of the American Medical Association 2005; 293: 1326–1327

37. Mucci, L. A. et al: Dietary acrylamide and cancer of the large bowel, kidney, and bladder: Absence of an association in a population-based study in Sweden. British Journal of Cancer 2003; 88: 84–89

38. Mucci, L. A. et al: Dietary acrylamide and risk of renal cell cancer. International Journal of Cancer 2004; 109: 774–776

39. Mucci, L. A. et al: Prospective study of dietary acrylamide and risk of colorectal cancer among women. International Journal of Cancer 2006; 118: 169–173

40. Mun, A. M. et al: Teratogenic effects in early chick embryos of solanine and glycoalkaloids from potatoes infected with late-blight, Phytophthora infestans. Teratology 1975; 11: 73–78

41. Patel, B. et al: Potato glycoalkaloids adversely affect intestinal permeability and aggravate inflammatory bowel disease. Inflammatory Bowel Diseases 2002; 8: 340–346

42. Pelucchi, C. et al: Fried potatoes and human cancer. International Journal of Cancer 2003; 105: 558–560

43. Plhak, L. C., Sporns, P.: Biological activities of potato glycoalkaloids. In: Shahidi, F. (Ed): Antinutrients and Phytochemicals in Food. American Chemical Society, Washington, DC, 1997: 115–126

44. Prakash, C. S.: The genetically modified crop debate in the context of agricultural evolution. Plant Physiology 2001; 126: 8–15

45. Renwick, J. H.: Hypothesis: anencephaly and spina bifida are usually preventable by avoidance of a specific unidentified substance present in certain potato tubers. British Journal of Preventive & Social Medicine 1972; 26: 67–88

46. Rice, J. M.: The carcinogenicity of acrylamide. Mutation Research 2005; 580: 3–20

47. Ross, H. et al: Der Glycoalkaloidgehalt von Kartoffelsorten in seiner Abhängigkeit von Anbauort und -jahr und seiner Beziehung zum Geschmack. Zeitschrift für Pflanzenzüchtung 1978; 80: 64–79

48. Rytel, E. et al: Changes in glycoalkaloid and nitrate contents in potatoes during French fries processing. Journal of the Science of Food and Agriculture 2001; 85: 879–882

49. Sharma, R. P., Salunkhe, D. K. (Eds): Mycotoxins and Phytoalexins. CRC Press, Florida 1991

50. Sizer, C. E. et al: Total glycoalkaloids in potatoes and potato chips. Journal of Agricultural and Food Chemistry 1980; 28: 578–579

51. Slanina, P.: Solanine (glycoalkaloids) in potatoes: toxicological evaluation. Food and Chemical Toxicology 1990; 28: 759–761

52. Smith, D. B. et al: Potato glycoalkaloids: some unanswered questions. Trends in Food Science & Technology 1996; 7: 126–131

53. Stadler, R. H., Scholz, G.: Acrylamide: an update on current knowledge in analysis, levels in food, mechanisms of formation, and potential strategies of control. Nutrition Reviews 2004; 62: 449–467

54. Swinyard, C. A., Chaube, S.: Are potatoes teratogenic for experimental animals? Teratology 1973; 8: 349–358

55. Tareke, E. et al: Acrylamide: a cooking carcinogen? Chemical Research in Toxicology 2000; 13: 517–522

56. Tareke, E. et al: Acrylamide: a dietary carcinogen formed in vivo? Journal of Agricultural and Food Chemistry 2008; 56: 6020–6023

57. Thulesius, O., Waddell, W. J.: Human exposures to acrylamide are below the threshold for carcinogenesis. Human & Experimental Toxicology 2004; 23: 357–358

58. Wang, X. G.: Teratogenic effect of potato glycoalkaloids. Zhonghua Fu Chan Ke Za Zhi 1993; 28: 73–75, 121–122

59. Wilson, K. M. et al: Dietary acrylamide and cancer risk in humans: a review. Journal für Verbraucherschutz und Lebensmittelsicherheit 2006; 1: 19–27

60. Wink, M. et al: Handbuch der giftigen und psychoaktiven

Pflanzen. Wissenschaftliche Verlagsgesellschaft, Stuttgart 2008

61. Zorn, E., Lieberman, L. S.: Freeze-dried but always peeled: anthropological approaches to food processing, preparation, and consumption of the Andean potato. Proceedings of the Indigenous Knowledge Conference, Interinstitutional Consortium for Indigenous Knowledge, Pennsylvania State University 2004

Dioxin im Ei: Ultraschwindel mit Ultragift

1. Ahlers, M.: So lukrativ kann Spülwasser sein. Der Westen 13.12.2010

2. Berry, R. M. et al: Ubiquitous nature of dioxins: a comparison of the dioxins content of common everyday materials with that of pulps and papers. Environmental Science & Technology 1993; 27: 1164–1168

3. BfR: Fragen und Antworten zu Dioxinen in Lebensmitteln. 10.1.2011

4. Crump, K. S. et al: Meta-analysis of dioxin cancer dose response for three occupational cohorts. Environmental Health Perspectives 2003; 111: 681–687

5. Europäische Kommission: Verordnung (EU) Nr. 1259/2011 der Kommission vom 2. Dezember 2011 zur Änderung der Verordnung (EG) Nr. 1881/2006 hinsichtlich der Höchstgehalte für Dioxine, dioxinähnliche PCB und nicht dioxinähnliche PCB in Lebensmitteln. Amtsblatt der EU vom 3.12.2011, L320/18

6. Fingerhut, M. A. et al: Cancer mortality in workers exposed to 2,3,7,8-Tetrachlorodibenzo-p-dioxin. New England Journal of Medicine 1991; 324: 212–218

7. Gandras, A.: Professor Zoz eliminiert das Dioxin. Sauerland-Kurier 23.1.2011

8. Harles und Jentzsch GmbH: Futtermittelhersteller Harles & Jentzsch hat frühzeitig die Behörden informiert. Pressemitteilung 3.1.2011

9. Henck, J. M. et al: 2,3,7,8-Tetrachlorodibenzo-p-dioxin: acute oral toxicity in hamsters. Toxicology & Applied Pharmacology 1981; 59: 405–407

10. Holt, P. S. et al: The impact of different housing systems on egg safety and quality. Poultry Science 2011; 90: 251–262

11. Horstmann, M., McLachlan, M. S.: Textiles as a source of polychlorinated dibenzo-p-dioxins and dibenzofurans (PCDD/F) in human skin and sewage sludge. Environmental Science & Pollution Research 1994; 1: 15–20

12. Huwe, J. K. et al: An investigation of the in vivo formation of octachlorodibenzop-p-dioxin. Chemosphere 2000; 40: 957–962

13. Kaupp, G., Zoz, H.: Verfahren zur Dekontaminierung bzw. Detoxifizierung von Umweltgiften z.B. Dioxinen, Dibenzofuranen und Beiprodukten

(Congenere) oder dergleichen. DE 10261 204, 20. 12. 2002

14. Kaupp, G.: Waste-free large-scale syntheses without auxiliaries for sustainable production omitting purifying workup. CrystEng-Comm 2006; 8: 794–804

15. Kayajanian, G. M.: Application of 2,3,7,8-tetrachlorodibenzo-para-dioxin (TCDD) as a promoter blocker of cancer. US 6444 698, 3. 9. 2002

16. Kijlstra, A. et al: Effect of flock size on dioxin levels in eggs from chickens kept outside. Poultry Science 2007; 86: 2042–2048

17. Malisch, R. et al: Lime as a source for PCDD/F-contamination of Brazilian citrus pulp pellets (CPPs). Organohalogen Compounds 1999; 41: 51–53

18. Meharg, A. A., Killham, K.: A pre-industrial source of dioxins and furans. Nature 2003; 421: 909–910

19. Mezcua, M. et al: Evidence of 2,7,/2,8-dibenzodichloro-p-dioxin as a photogegradation product of triclosan in water and wastewater samples. Analytica Chimica Acta 2004; 524: 241–247

20. Oehme, M.: Handbuch Dioxine. Spektrum, Heidelberg 1998

21. Pearce, F.: Errors of emission. New Scientist 4. Oktober 1997: 21

22. Pollmer, U.: Die Wahrheit über Dioxin im Ei. Natur & Kosmos 1999; H. 8: 15–21

23. Safe, S. H.: Development validation and problems with the toxic equivalency factor approach for risk assessment of dioxins and related compounds. Journal of Animal Science 1998; 76: 134–141

24. Schrenk, D.: Der Dixoinskandal – toxikologisch betrachtet. BioSpektrum 2011; 17: 236–238

25. Shin, H. C. et al: Dibenzo-p-dioxin derivates for prevention and treatment of cancer. KR 794610, 14. 1. 2008

26. Sidlova, T. et al: Dioxin-like and endocrine disriptive activity of traffic-contaminated soil samples. Archives of Environmental Contamination and Toxicology 2009; 57: 639–650

27. Starr, T. B.: Significant issues raised by meta-analyses of cancer mortality and dioxine exposure. Environmental Health Perspectives 2003; 111: 1443–1447

28. Steenland, K. et al: Cancer, heart disease, and diabetes in workers exposed to 2,3,7,8-Tetrachlorodibenzo-p-dioxin. Journal of the National Cancer Institute 1999; 91: 779–786

29. Teleky, L.: Die Pernakrankheit (Chloracne). Klinische Wochenschrift 1927; 6: 845–848

30. Watson, J. S. et al: Oxygen-containing aromatic compounds in a late Permian sediment. Organic Geochemistry 2005; 36: 371–384

31. WDR-Fernsehen: Dioxin in Rindern, 19. 12. 2010; Westpol 20.00 Uhr

32. Wilker, C. et al: Effects of developmental exposure to indole-3-carbinol or 2,3,7,8-Tetrachlorodibenzo-p-dioxin on reproductive potential of male rat offspring. Toxicology and Applied Pharmacology 1996; 141: 68–75

33. Wittsiepe, J. et al: Myeloperoxidase-catalyzed formation of PCDD/F from chlorophenols. Chemosphere 2000; 40: 963–968

34. Young, A. L. et al: Serum TCDD levels and health effects from elevated exposure: medical and scientific evidence. Environmental Science & Pollution Research 2005; 12: 1–4

35. Zober, A. et al: Morbidity follow up study of BASF employees exposed to 2,3,7,8-tetrachlorodibenzo-p-dioxin (TCDD) after a 1953 chemical reactor incident. Occupational and Environmental Medicine 1994; 51: 479–486

Von Schwänen, Schweinen und Schützern: Die Grippegewinnler

1. Anon: A/H1N1-Impfstoff: Verträglichkeitsmythos und Empfehlungschaos. arznei-telegramm 2009; 40: 93–95

2. Anon: Die gesponserte Pandemie – die WHO und die Schweinegrippe. arznei-telegramm 2010; 41: 59–60

3. Anon: Fowl play – Falsches Spiel: Die zentrale Rolle der Geflügelindustrie in der Vogelgrippekrise. Grain Infobrief, Februar 2006. www.grain.org/go/birdflu

4. Anon: Kambodscha: Ratten und Hunde auf dem Speiseplan. Rundschau für Fleischhygiene und Lebensmittelüberwachung 2004; H. 7: 159

5. Anon: Narkolepsie nach Impfung gegen Schweinegrippe (Pandemrix)? arznei-telegramm 2010; 41: 100

6. Anon: Pandemrix-Verträge öffentlich gemacht. arznei-telegramm 2009; 40: 110

7. Anon: Schweinegrippe ... unterschiedliche Maßstäbe bei Todesfällen in Zusammenhang mit Infektion oder Impfung. arznei-telegramm 2009; 12: 103–104

8. Anon: Schweinegrippe: Alles im Griff? arznei-telegramm 2009; 40: 77–80

9. Anon: Schweinegrippe: Fehleinschätzungen, Haftungsfreistellung und viel Geld. arznei-telegramm 2009; 10: 85–86

10. Bartens, W.: Impfstoff ins Feuer. Süddeutsche Zeitung vom 18.8.2011

11. Barth, J., Bengel, J.: Prävention durch Angst? (Stand der Furchtappellforschung). Bundeszentrale für gesundheitliche Aufklärung, Forschung und Praxis in der Gesundheitsförderung. Bd. 4, Köln 1998

12. Claas, E. C. J. et al: Human influenza A H5N1 virus related to a highly pathogenic avian

influenza virus. Lancet 1998; 351: 472–477

13. Davis, M.: Vogelgrippe: Zur gesellschaftlichen Produktion von Epidemien. Verlag Assoziation A, Berlin 2005

14. Fischer, R.: Taubenfleisch in der Rindsroulade. VµE-Nachrichten 2008; H. 30: 4

15. Gorin, N.: Swine Flu Vaccine 1976. CBS «60 Minutes» Transcript. 4. November 1979. http://www.wanttoknow.info/health/1976_swine_flu_vaccine_60_minutes_transcript

16. HBU (Autorenkürzel): Einträgliches Tamiflu. Die Zeit vom 9.3.2006

17. Hein, T. A.: Vogelgrippe «Made in Germany». Depesche 05/2006. www.kent-depesche.com

18. Krüger, F.: Bush macht die Panik und Rumsfeld Profit. Saar-Echo (www.saar-echo.de) vom 3.11.2005

19. Lingenhöhl, D.: Zugvögel unter Verdacht. Spektrum der Wissenschaft 2006; H. 4: 32–34

20. Mackenzie, D.: Bird flu outruns the vaccines. New Scientist, 4.11.2006: 8–9

21. Melville, D. S., Shortridge, K. F.: Spread of h5N1 avian influenza virus: an ecological conundrum. Letters in Applied Microbiology 2006; 42: 435–437

22. Prasse, C. et al: Antiviral drugs in wastewater and surface waters: a new pharmaceutical class of environmental relevance? Environmental Science & Technology 2010; 44: 1728–1735

23. Randolph, A. G. et al: Critically ill children during the 2009–2010 influenza pandemic in the United States. Pediatrics 2011; 128: e1450

24. Regierung Mecklenburg-Vorpommern: Informationen zur Vogelgrippe in MV: Aktuelle Testergebnisse. www.mv-regierung.de/lm/pages/txt_aktuelles_vogelgrippe_testergebnisse.htm, Stand November 2006

25. Roth, S. J.: Das Tamiflu-Dilemma. Der Ordnungspolitische Kommentar des Instituts für Wirtschaftspolitik und des Offo-Wolff-Instituts für Wirtschaftsordnung 2006; Nr. 3

26. Scholtissek, V. et al: Genetic relatedness between the new 1977 epidemic strains (H1N1) of influenza and human influenza strains isolated between 1947 und 1957 (H1N1). Virology 1978; 89: 613–617

27. Songserm, T. et al: Fatal avian influenza A H5N1 in a dog. Emerging Infectious Diseases 2006; 12: 1744–1747

28. Waknine, Y.: Tamiflu may be linked to risk of self-injury and delirium. Medscape Medical News vom 14. November 2006

29. WHO: Cumulative Number of Confirmed Human Cases of Avian Influenza A/(H5N1) Reported to WHO. http://www.who.int/csr/disease/

avian_influenza/country/cases_
table_2011_04_21/en/index.html
30. Wiesner, E., Ribbeck, R.: Wörterbuch der Veterinärmedizin. G. Fischer, Jena 1991
31. Wink, M. (Lehrstuhl für Pharmazeutische Biologie, Universität Heidelberg), persönliche Mitteilung Mai 2011
32. Wutzler, P.: H1N1 – Virologische Grundlagen. Universität Mainz 2009. http://www.uni-mainz.de/downloads/H1N1_01_virologische_grundlagen.pdf

Nadel oder Keule? Die Impfkatastrophe bei der Maul- und Klauenseuche

1. Amadori, M. et al: Role of a distinct population of bovine γδT cells in the immune response to viral agents. Viral Immunology 1995; 8: 81–91
2. Anon.: Schweinepest: Impfen statt töten? Tierärztliche Hochschule Hannover, Pressemitteilung vom 2.10.2007
3. Anon: Beide Rotavirus-Impfstoffe verunreinigt. arznei-telegramm 2010; 41: 53
4. Arzt, J. et al: Agricultural diseases on the move early in the third millennium. Veterinary Pathology 2010; 47: 15–27
5. Blasiole, D. A. et al: Molecular analysis of Adenovirus isolates from vaccinated and unvaccinated young adults. Journal of Clinical Microbiology 2004; 42: 1686–1693
6. Cohen, J.: Vaccine theory of AIDS origins disputed at Royal Society. Science 2000, 289, 1850–1851
7. Crispin, M. et al: The 2001 foot and mouth disease epidemic in the United Kingdom: animal welfare perspectives. Revue scientifique et technique 2002; 21: 877–883
8. Day, A.: ‹An American tragedy›. The Cutter incident and its implications for the Salk polio vaccine in New Zealand 1955–1960. Health and History 2009; 11: 42–61
9. Denard, P.: Foot and Mouth – twelve months on. Mitteilung an das Komitee des Surrey County Council vom 23. Juli 2008
10. Drillich, M.: Die Impfproblematik bei der Maul- und Klauenseuche. Vetion.de – das Internetportal für Tiermedizin 2/2001
11. Ferber, D.: Creeping consensus on SV40 and polio vaccine. Science 2002; 298: 725–726
12. Ferber, D.: Monkey virus link to cancer grows stronger. Science 2002; 296: 1012–1015
13. Ferris, N. P. et al: Comparison of original laboratory results and retrospective analysis by real-time reverse transcriptase-pcr of virological samples collected from confirmed cases of foot-and-mouth disease in the UK in 2001. Veterinary Record 2006; 159: 373–378

14. Fox, C. H.: Possible origin of AIDS. Science 1992; 256: 1259–1260

15. Grubman, M. J., Bat, B.: Foot-and-mouth disease. Clinical Microbiology Reviews 2004; 17: 465–493

16. Kirst, E.: Meilensteine des gesundheitlichen Verbraucher-schutzes: Historischer Rückblick auf die Entwicklung des Tierseu-chen- und Lebensmittelrechts, Teil I. Deutsches Tierärzteblatt 2/2009, 187–189

17. Kreissl-Dörfler, W.: Arbeitsdoku-ment Nr. 4 zum politisch-recht-lichen Rahmen der Bekämpfung der Maul- und Klauenseuche. Veröffentlichung des Europäi-schen Parlaments vom 23. Mai 2002

18. Laurence, C. J.: Animal welfare consequences in England and Wales of the 2001 epidemic of foot and mouth disease. Revue scientifique et technique 2002; 21: 863–868

19. Li, R. et al: Molecular identifica-tion of SV40 infection in human subjects and possible association with kidney disease. Journal of the American Society of Neph-rology 2002; 13: 2320–2330

20. Marquardt, O.: Schutzimpfung gegen die Maul- und Klauen-seuche: Womit, wen, wo? Tierärztliche Umschau 2001; 56: 230–231

21. Mettenleiter, T. C.: Stellung-nahme der BFAV zur Frage der Impfung gegen Maul- und Klauenseuche. Tierärztliche Umschau 2001; 56: 227–228

22. Nathanson, N., Langmuir, A. D.: The Cutter Incident. Poliomyeli-tis following formaldehyde-inac-tivated poliovirus vaccination in the United States during the spring of 1955: I. Background. American Journal of Hygiene 1963; 78: 16–18

23. Nathanson, N., Langmuir, A. D.: II. Relationship of poliomyelitis to Cutter vaccine. American Journal of Hygiene 1963; 78: 29–60

24. Nathanson, N., Langmuir, A. D.: III. Comparison of the clinical character of vaccinated and contact cases occurring after use of the high rate lots of Cutter vaccine. American Journal of Hygiene 1963; 78: 61–81

25. Offit, P. A.: The Cutter Incident 50 years later. New England Journal of Medicine 2005; 352: 1411–1412

26. Paton, D. J. et al: Options for control of foot-and-mouth dis-ease: knowledge, capability and policy. Philosophical Transac-tions of the Royal Society of London B 2009; 364: 2657–2667

27. Straub, O. C.: Maul- und Klau-enseuche – Status quo: Kapi-tel 10: Tierschutzperspektiven. Tierärztliche Umschau 2004; 59: 293–296

28. Straub, O. C.: Reminiszenzen an die MKS-Ausbrüche in den zwanziger Jahren. Tierärztliche Umschau 2006; 61: 46–50

29. Strohmaier, K., Straub, O. C.:
Die Maul- und Klauenseuche –
was ist nach Einstellung der
Flächenimpfung zu erwarten?
Teil 1: Rückblick. Tierärztliche
Umschau 1995; 50: 3–8

30. Strohmaier, K., Straub, O. C.:
Teil 2: Folgerungen aus der
Flächenimpfung. Tierärztliche
Umschau 1995; 50: 93–102

31. Strohmaier, K., Straub, O. C.:
Teil 3: Die Wende in der
Bekämpfungsstrategie. Tierärztliche Umschau 1995;
50: 147–152

32. Strohmaier, K., Straub, O. C.:
Teil 4: Die Nichtimpfpolitik
der Europäischen Union.
Tierärztliche Umschau 1995;
50: 255–264

33. Strohmaier, K.: Maul- und
Klauenseuche: Impfen – Ja oder
Nein. (Offener Brief.) Tierärzt-
liche Umschau 56; 2001: 229

34. Verordnung zum Schutz gegen
die Maul- und Klauenseuche
(MKS-Verordnung). Bundes-
gesetzblatt 8. 12. 2009; I: 3939

35. Weiss, R. A., Wrangham, R. W.:
From Pan to pandemic. Nature
1999; 397: 385–386

36. Yeruham, I. et al: Case report:
Adverse reactions to FMD
vaccine. Veterinary Dermatology
2001; 12: 197–201

37. Rolle, M., Mayr, A.: Medizinische Mikrobiologie, Infek-
tions- und Seuchenlehre. Enke,
Stuttgart 2007

Gebundene Rückstände: Geheime Gifte in der Pflanze

1. Anastassiades, M., Scherbaum,
E.: Multimethode zur Bestim-
mung von Pflanzenschutz- und
Oberflächenbehandlungsmittel-
Rückständen in Zitrusfrüchten
mittels GC-MSD. Deutsche
Lebensmittel-Rundschau 1998;
94: 45–49

2. Anon: Saurer Beigeschmack.
Stiftung Warentest 2008; H. 9:
26–29

3. ARD-Brennpunkt v. 15. 3. 2011,
20:15 Uhr

4. Aschbacher, P. W. et al: Disposition of oral [14C] Sulfathiazole
in swine. Journal of Agricultural
and Food Chemistry 1995; 43:
2970–2973

5. Aureli, P. et al: Effect of
some proteolytic enzymes
on microbial detection levels
for tetracyclines and sulfon-
amides in milk serum. Archiv
für Lebensmittelhygiene 1999;
50: 115–118

6. Bakan, B. et al: Fungal growth
and Fursarium mycotoxin con-
tent in isogenic traditional maize
and genetically modified maize
grown in France and Spain.
Journal of Agricultural and Food
Chemistry 2002; 50: 728–731

7. Baldwin, B. C.: Xenobiotic
metabolism in plants. In: Parke,
D. V., Smith, R. L. (Hrsg.): Drug
metabolism – from microbe to
man. Taylor & Francis, London
1977

8. Berger, K. et al: Persistenz von Gülle-Arzneistoffen in der Nahrungskette. Archiv für Lebensmittelhygiene 1986; 37: 99–102

9. Bergner-Lang, B., Mikisch, E.: Zur Bedeutung der 4-Epimeren von Oxytetracyclin-, Tetracyclin- und Chlortetracyclin-Rückständen bei der HPLC-Bestimmung in Lebensmitteln tierischer Herkunft. Deutsche Lebensmittel-Rundschau 1994; 90: 39–41

10. BfR: Salatmischung mit Pyrrolizidinalkaloid-haltigem Greiskraut verunreinigt. Stellungnahme Nr. 028/2007 vom 10. Januar 2007

11. Blaschek, W. et al (Hrsg.): Hagers Enzyklopädie der Arzneistoffe und Drogen. WVG, Stuttgart 2007

12. BVL: http://www.bvl.bund.de/SharedDocs/Downloads/04_Pflanzenschutzmittel/hm_geb_rueckst.html

13. Dall'Asta, C. et al: Difficulties in fumonisin determination: the issue of hidden fumonisins. Analytical and Bioanalytical Chemistry 2009; 395: 1355–1345

14. Dall'Asta, C. et al: Free and bound fumonisins in gluten-free food products. Molecular Nutrition & Food Research 2009; 53: 492–499

15. De Castro, W.V. et al: Variation of flavonoids and furancoumarins in grapefruit juices: a potential source of variability in grapefruit juice-drug interaction studies. Journal of Agricultural and Food Chemistry 2006; 54: 249–255

16. Di Liguoro, M. et al: Use of oxytetracycline and tylosin in intensive calf farming: evaluation of transfer to manure and soil. Chemosphere 2003; 52: 203–212

17. Dupont, S., Khan, S.U.: Bound (nonextractable) 14C residues in soybean treated with [14C] Metribuzin. Journal of Agricultural and Food Chemistry 1992; 40: 890–893

18. El-Maghraby, S.: Bioavailability and toxicological potential to rats of bound 14C-chlorpyrifos residues in soybeans. Bulletin of the National Research Center 2000; 25: 259–268

19. EU-Richtlinie 97/57/EG des Rates vom 22. September 1997 zur Festlegung des Anhangs VI der Richtlinie 91/414/EWG über das Inverkehrbringen von Pflanzenschutzmitteln. Amtsblatt Nr. L 265 vom 27.9.1997: 0087–0109

20. EU-Verordnung über Höchstmengen an Rückständen von Pflanzenschutz- und Schädlingsbekämpfungsmitteln, Düngemitteln und sonstigen Mitteln in oder auf Lebensmitteln. Zweite Verordnung zur Änderung der Rückstands-Höchstmengenverordnung und zur Änderung der Futtermittelverordnung vom 30. September 2008. Bundesanzeiger 2008; 151, 3569

21. Fischer, L.J. et al: Sulfametha-

zine and its metabolites in pork: effects of cooking and gastrointestinal absorption of residues. Journal of Agricultural and Food Chemistry 1992; 40: 1677–1662

22. Fujisawa, T.: A new approach to the study of bound residues in plants: incorporation of tritium-labeled 3-Phenoxybenzoic acid into cell wall components of cypress. Journal of Pesticide Science 2002; 27: 136–140

23. Galaverna, G. et al: Masked mycotoxins and emerging issue for food safety. Czech Journal of Food Science 2009; 27: 89–92

24. Gallo-Torres, H. E.: The rat as a drug residue bioavailability model. Drug Metabolism Reviews 1990; 22: 707–751

25. Gottschall, D. W., Wang, R.: Depletion and bioavailability of [14C]Furazolidone residues in swine tissues. Journal of Agricultural and Food Chemistry 1995; 43: 2520–2525

26. Hänsel, R., Sticher, O. (Hrsg.): Pharmakognosie – Phytopharmazie. Springer, Heidelberg 2007

27. Holland, P. T. et al: Effects of storage and processing on pesticide residues in plant products. IUPAC Reports on Pesticides (31). Pure and Applied Chemistry 1994; 66: 335–356

28. Homberg, E.: Vermischungen und Verfälschungen von Fetten. Forschungsreport 1990; H. 5: 10–12

29. Hrenn, H. et al: Untersuchungen zur Bildung proteingebundener Chlortalonilrückstände in Tomaten. Lebensmittelchemie 2000; 54: 70–71

30. Ilichmann, A., Pribilla, O.: Zur Problematik der Antabus-Alkoholreaktion unter besonderer Berücksichtigung der tödlichen Zwischenfälle. Archives of Toxicology 1953; 14: 406–435

31. Jahn, C., Schwack, W.: Determination of cutin-bound residues of Chlorothalonil by immunoassay. Journal of Agricultural and Food Chemistry 2001; 49: 1233–1238

32. Kacew, S. et al: Bioavailability of bound pesticide residues and potential toxicologic consequences – an update. Proceedings of the Society of Experimental Biology and Medicine 1996; 211: 62–68

33. Kane, G. C., Lipsky, J. J.: Drug-grapefruit juice interactions. Mayo Clinic Proceedings 2000; 75: 933–942

34. Khan, S. U. et al: Bound 14C residues in stored wheat treated with [14C] Deltamethrin and their bioavailability in rats. Journal of Agricultural and Food Chemistry 1990; 38: 1077–1082

35. Kirsch, R. et al: Structural and functional studies of ligandin, a major renal organic anion-binding protein. Journal of Clinical Investigation 1975; 55: 1009–1019

36. Kühne, M., Mitzscherlin, A. T.: Zum Eintrag von gebundenen

Tetracyclin-Rückständen in die Nahrungskette – ein Beitrag zur Gefahrenidentifikation. Berliner Münchener Tierärztliche Wochenschrift 2004; 117: 201–206

37. Langhammer, J. P. et al: Chemotherapeutika-Rückstände und -Resistenzverhalten bei der Bestandsbehandlung von Sauen post partum. Tierärztliche Umschau 1988; 43: 375–382

38. Laurent, F., Scalla, R.: Phenoxyacetic acid residue incorporation in cell walls of soybean (Glycine max). Journal of Agricultural and Food Chemistry 2000; 48: 4389–4398

39. Lee, J. K., Kyung, K. S.: Rice plant uptake of fresh and aged residues of carbofuran from soil. Journal of Agricultural and Food Chemistry 1991; 39: 588–593

40. Lu, A. Y. H. et al: Development of a unified approach to evaluate the toxicological potential of bound residues. Drug Metabolism Reviews 1990; 22: 891–904

41. Luckner, M.: Secondary Metabolism in Microorganisms, Plants, and Animals. Gustav Fischer, Jena 1990

42. Ministerium für Klimaschutz, Umwelt, Landwirtschaft, Natur- und Verbraucherschutz des Landes Nordrhein-Westfalen: Pestizidreport Nordrhein-Westfalen 2010

43. Moghaddam, M. F. et al: An LC/MS/MS method for improved quantitation of the bound residues in the tissues of animals orally dosed with [14C] Benomyl. Journal of Agricultural and Food Chemistry 2000; 48: 5195–5199

44. Müller, H.: Vitamine in Lebensmitteln. Forschungsreport 1994; H. 9: 22–25

45. Pillai, U. et al: Grapefruit juice and verapamil: a toxic cocktail. Southern Medical Journal 2009; 102: 308–309

46. Reichl, F. X.: Taschenatlas der Toxikologie. Thieme, Stutttgart 2002

47. Remesar, X. et al: Estrone in food: a facto influencing the development of obesity? European Journal of Nutrition 1999; 38: 247–253

48. Rosal, R. et al: Ecotoxicity assessment of lipid regulators in water and biologically treated wastewater using three aquatic organisms. Environmental Science & Pollution Research 2010; 17: 135–144

49. Sandermann, H. et al: Animal bioavailability of defined xenobiotic lignin metabolites. Journal of Agricultural and Food Chemistry 1990; 38: 1877–1880

50. Sandermann, H. et al: Animal bioavailability of 3,4-dichloroaniline-lignine metabolite fraction from wheat. Journal of Agricultural and Food Chemistry 1992; 40: 2001–2007

51. Sandermann, H.: Bound and unextractable pesticidal plant residues: chemical characterization and consumer exposure. Pest Management Science 2004; 60: 613–623

52. Schwedt, G.: Analysendaten – richtig oder falsch? LaborPraxis 1993; Mai: 44–46

53. Seefelder, W. et al: Bound fumonisin B1: analysis of fumonisin-B1 glyco and amino acid conjugates by liquid chromatography-electrospray ionization-tandem mass spectrometry. Journal of Agricultural and Food Chemistry 2003; 51: 5567–5573

54. Shier, W.T. et al: Current research on mycotoxins: fumonisins. ACS Symposium Series 2000; 745: 54–66

55. Siebers, J. et al: Untersuchungen zum Übergang von Pflanzen-schutzmittelrückständen aus Getreidestroh in Pilzen. Nach-richtenblatt des Deutschen Pflanzenschutzdienstes 1991; 43: 95–97

56. Skidmore, M.W. et al: Bound xenobiotic residues in food com-modities of plant and animal ori-gin. Pure & Applied Chemistry 1998; 70: 1423–1447

57. Teuscher, E., Lindequist, U.: Biogene Gifte. Fischer, Stuttgart 1994

58. Wegmann, S.: Vorkommen von Tetracyclin-Rückständen in Kno-chen von Schlachtschweinen. Rundschau für Fleischhygiene und Lebensmittelüberwachung 1996; 48: 169–192

59. Wiedenfeld, H.: Plants contain-ing pyrrolizidine alkaloids: toxicity and problems. Food Additives and Contaminants 2011; 28: 282–292

60. Wink, M. et al: Handbuch der giftigen und psychoaktiven Pflanzen. WVG, Stuttgart 2008

61. Zayed, S.M.A.D. et al: Bioavail-ability to rats and toxicological potential in mice of bound residues of malathion in beans. Journal of Environmental Sciences & Health 1992; B27: 341–346

62. Zylka-Menhorn, V.: Ringen um die Arzneimittelsicherheit. Deutsches Ärzteblatt 2001; 98: A2076–A20

Eine Nation sieht rot: Grüne Gentechnik

1. Anon: Rust in the bread basket. The Economist 3. Juli 2010

2. Bakan, B. et al: Fungal growth and Fusarium mycotoxin con-tent in isogenic traditional maize and genetically modified maize grown in France and Spain. Journal of Agricultural Food and Chemistry 2002; 50: 728–731

3. Bartels, G., Rodemann, B.: Strategien zur Vermeidung von Mykotoxinen im Getreide. Gesunde Pflanzen 2003; 55: 125–135

4. BASF Pressemitteilung:

EU-Kommission genehmigt Stärkekartoffel Amflora 2010

5. Bundesministerium für Justiz: Sortenschutzgesetz 1985

6. Davis, C. C. et al: Gene transfer from a parasitic flowering plant to fern. Proceedings of the Royal Society B 2005; 272: 2237–2242

7. Deus-Neumann, B.: Schwarzrost bedroht den Weizenanbau. Naturwissenschaftliche Rundschau 2007; 60: 601–602

8. Fraunhofer-Gesellschaft: Turbo-Züchtung schafft Super-Kartoffel. Presseinformation 8.12.2009

9. Frühschütz, L.: Hybrid-Saatgut passt nicht zu Bio – und ist trotzdem weitverbreitet. Biohandel 2008; H. 8: 24–27

10. Hampel, J.: Die Akzeptanz gentechnisch veränderter Lebensmittel in Europa. Stuttgarter Beiträge zur Risiko- und Nachhaltigkeitsforschung 2004

11. Harrison, J. F. et al: Environmental physiology of the invasion of the Americas by africanized honeybees. Integrative and Comparative Biology 2006; 46: 1110–1122

12. Hartmuth, P.: Der Westliche Maiswurzelbohrer, eine Gefahr für den Maisanbau in Baden-Württemberg. Festschrift 50 Jahre Landesanstalt für Pflanzenschutz Stuttgart. Stuttgart 2005

13. Hottmann, J.: Mach dich vom Acker! Deutsche Verbraucher wollen keine Gen-Kartoffel. Greenpeace 2010

14. Julius-Kühn-Institut: Schaden in Millionenhöhe: http://www.biosicherheit.de/basisinfo/126.raffinierter-schaedling.html

15. Keenan, R. J., Stemmer, W. P. C.: Nontransgenic crops from transgenic plants. Nature Biotechnology 2002; 20: 215–216

16. Liu, L. et al: Officially released mutant varieties in China. Mutation Breeding Review 2004; No. 14

17. Margulis, L., Sagan, S.: Acquiring Genomes. Wheat killer detected in Iran. FAO Newsroom 5. März 2008

18. Northoff, E.: Wheat killer detected in Iran. FAO Newsroom 5. März 2008

19. Novak, F. J., Brunner, H.: Plant breeding: induced mutation technology for crop improvement. IAEA Bulletin 1992; H. 4: 25–38

20. Pilz, C. et al: Comparative efficiacy assessment of fungi, nematodes and insecticides to control western corn rootworm larvae in maize. BioControl 2009; 54: 671–684

21. Pistorius, J. et al: Bienenvergiftungen durch Wirkstoffabrieb von Saatgutbehandlungsmitteln während der Maisaussaat im Frühjahr 2008. Journal für Kulturpflanzen 2009; 61: 9–14

22. Regnat, R.: Sorten aus Protoplastenfusion/CMS-Sorten; http://www.naturland.de/fileadmin/MDB/documents/Erzeuger/Richtlinien/2011_02_08_CMS_Liste.pdf

23. Sanders, I. R.: Rapid disease emergence through horizontal gene transfer between eukaryotes. Trends in Ecology & Evolution 2006; 21: 656–658

24. Singh, R. P. et al: The emergence of Ug99 races of stem rust fungus is a threat to world wheat production. Annual Reviews of Phytopathology 2011; 49: 465–481

25. Singh, R. P. et al: Will stem rust destroy the world's wheat crop? Advances in Agronomy 2008; 98: 271–309

26. Stadler, L. J.: Genetic effects of x-rays in maize. PNAS 1928; 14: 69–75

27. Stadler, L. J.: Mutations in barley induced by x-rays and radium. Science 1928; 68: 186–187

28. Stokstad, E.: The famine fighter's last battle. Science 2009; 324: 710–712

29. Ulfkotte, U.: Getreide aus dem Atomreaktor, Bundesverband Deutscher Landwirte (VDL), Pressemitteilung vom 17. 5. 2001

30. Van Harten, A. M.: Mutation Breeding. Cambridge University Press 1998

31. Wilbois, K. P.: Zellfusion und die Prinzipien des Bio-Land-baus. Ökologie & Landbau 2006; H. 138: 17–19

32. Witzke, H. von: Hohe Weizen-preise lösen Hungerrevolten aus. Welt Online 14. Sept. 2010

Biologische Landwirtschaft – der gescheiterte Traum

1. Anon: 1000 Gramm und mehr am Tag. DLG Mitteilungen 2001; H. 5: 12

2. Australia New Zealand Food Authority: A Toxicological Review and Risk Assessment. Technical Report Series No 2; 2001

3. Behrens, G. et al: Der unbe-kannte Aussteiger. Ökologie & Landbau 2011; H. 159: 43–46

4. Betteridge, K. et al: Improved method for Extraction and LC-MS analysis of pyrrolizidin alkaloids and their N-oxides in honey: application to Echium vulgare honeys. Journal of Agri-cultural and Food Chemistry 2005; 53: 1894–1902

5. Boehncke, E.: Tiergesundheit fällt nicht vom Himmel. Öko-logie & Landbau 2005; H. 136: 14–16

6. Conraths, F. J. et al: Kon-ventionelle und alternative Haltungssysteme für Geflügel – Infektionsmedizinische Gesichtspunkte. Berliner und Münchener Tierärztliche Wochenschrift 2005; 118: 186–204

7. Deinzer, M. L. et al: Pyr-rolizidine alkaloids: their occurence in honey from tansy ragwort (Senecio jacobaea L.). Science 1977; 195: 497–499

8. Edgar, J. A. et al: Honey from plants containing pyrrolizidine alkaloids: a potential threat to health. Journal of Agricultural

and Food Chemistry 2002;
50: 2719–2730

9. Egler, F. E.: Roadside ragweed
control knowledge, and its com-
munication between science,
industry, and society. Recent
Advances in Botany 1961;
2: 1430–1435

10. Europäischer Rat (Hrsg.): E G -
Öko-Verordnung. Verordnung
(EG) Nr. 2092/91 des Rates vom
24. Juni 1991, Anhang I

11. Europäischer Rat (Hrsg.): E G -
Öko-Verordnung. Verordnung
(EG) Nr. 2092/91 des Rates vom
24. Juni 1991, Anhang II

12. Frederiksen, K. et al: Occurence
of natural Bacillus thuringiensis
contaminants and residues of
Bacillus thuringiensis-based
insecticides on fresh fruits and
vegetables. Applied and Environmental Microbiology 2006; 72:
3435–3440

13. Gaw, S. K. et al: Preliminary
evidence that copper inhibits the
degradation of DDT to DDE in
pip and stonefruit orchard soils
in the Auckland region, New
Zealand. Environmental Polluta-
tion 2003; 122: 1–5.

14. Greim, H. (Ed): Copper and its
inorganic compounds. M A K
Value Documentations 2006;
22: 43–72

15. Hanenberg, T.: Ökologischer
Gemüsebau: Stickstofffreiset-
zung aus organischen Düngern
zu niedrig. aid Infodienst
24. 10. 2002

16. Häseli, A. et al: Überdachungen

helfen erfolgreich gegen Pilz-
krankheiten. Ökologie & Landbau 2005; H. 3: 39–40

17. Häseli, A. et al: Aufbruch-
stimmung im Biokirschenanbau.
Bioaktuell 2007; H. 5: 4–7

18. Helgason, E. et al: Bacillus
anthracis, Bacillus cereus, and
Bacillus thuringiensis – one
species on the basis of genetic
evidence. Applied and Environmental Microbiology 2000;
66: 2627–2630

19. Helling, B. et al: Effects of
fungicide copper oxychloride
on growth and reproduction of
Eisenia fetida (Oligochaeta).
Ecotoxicology & Environmental
Safety 2000; 46: 108–116

20. Hüttich, U.: Jakobskreuzkraut,
die gelbe Gefahr. Hessisches
Ärzteblatt 2011; H. 5: 273–276

21. Jänsch, S., Römbke, J.: Einsatz
von Kupfer als Pflanzenschutz-
mittel-Wirkstoff: Ökologische
Auswirkungen der Akkumu-
lation von Kupfer im Boden.
U B A-Texte 10 2009

22. Knierim, U.: Tierschutzlabel:
Alles spricht dafür. Ökologie &
Landbau 2011; H.˙159: 34–36

23. Lukkari, T., Haimi, J.: Avoidance
of Cu- and Zn-contaminated soil
by three ecologically different
earthworm species. Ecotoxicology & Environmental Safety
2005; 62: S. 35–41

24. Morgner, M.: Kupfer ade?:
Vinasse gegen Apfelschorf im
biologischen Obstbau. aid Infodienst. Nr. 10 vom 7. 3. 2007

25. Mühlendahl, K.E. von, Lange, H.: Copper and childhood cirrhosis. Lancet 1994; 344: 1515–1516

26. Müller, T. et al: Endemic Tyrolean infantile cirrhosis: an ecogenetic disorder. Lancet 1996; 347: 877–881

27. Neitzke, A., Berendonk, C.: Jakobskreuzkraut (Senecio jacobaea). Eine Giftpflanze auf dem Vormarsch. Landwirtschaftskammer Nordrhein-Westfalen, Münster 2011; www.landwirtschaftskammer.de

28. Neuendorff, J.: Bio – mit Sicherheit! Ökologie & Landbau 2009; H. 151: 41–43

29. Niggli, U.: Mythos «Bio». Kommentare zum ebenso überschriebenen Artikel von Michael Miersch in der Wochenzeitung «Die Weltwoche» vom 20. September 2007. FiBL, Frick 2007

30. Oppermann, R.: Mut zur politischen Debatte. Ökologie & Landbau 2011; H. 159: 50–52

31. Pinnekamp, J. et al: Rückgewinnung eines schadstofffreien mineralischen Kombinationsdüngers «Magnesiumammoniumphosphat – MAP» aus Abwasser und Klärschlamm. UBA-Texte 2007; 25

32. Pöppel, M.: Erfahrungen mit alternativen Legehennenhaltungssystemen aus tierärztlicher Sicht. Rundschau für Fleischhygiene und Lebensmittelüberwachung 2005; H. 4: 88–89

33. Poppendieck, H.H.: Die Gattungen Ambrosia und Iva (Compositae) in Hamburg, mit einem Hinweis zur Problematik der Ambrosia-Bekämpfung. Berichte des Botanischen Vereins zu Hamburg, H. 23; 2007: 53–70

34. Proplanta: Biokirschen: eine Kultur mit Ausbaupotential. Pressemeldung, Frick 22. Juni 2010

35. Reschke, M.: Pflanzenschutzprobleme im ökologischen Obstbau und Suche nach sachgerechten Lösungen. Nachrichtenblatt des Deutschen Pflanzenschutzdienstes 2000; 52: 178–179

36. Römer, W.: Das Phosphorproblem – neue Lösung in Sicht? Ökologie & Landbau 2006; H. 139: 39–41

37. Sächsische Landesanstalt für Landwirtschaft (Hrsg.): Evaluierung alternativer Haltungsformen für Legehennen. Schriftenreihe der Sächsischen Landesanstalt für Landwirtschaft 2004; H. 8

38. Schäfer, S.G., Schümann, K.: Zur Toxikologie des Kupfers. Bundesgesundheitsblatt 1991; 34: 323–327

39. Schiller, H. et al: Fruchtbarkeitsstörungen im Zusammenhang mit Düngung, Flora und Mineralstoffgehalt des Wiesenfutters. Veröffentlichungen der Landwirtschaftlich-chemischen Bundesversuchsanstalt Linz 1967; Bd. 7

40. Stein, M.: Welternährung:

Mehr als nur eine Schale Reis. EU.L.E.n-Spiegel 1997; H. 7: 7–14

41. Strumpf, T. et al: Nachrichtenblatt des Deutschen Pflanzenschutzdienstes 2002; 54: 161–168

42. Teevs, C.: Wie der Bio-Pfusch funktioniert. SpiegelOnline 7.12.2011

43. Thielen, C.: Fütterungspraxis bei alternativ gehaltenen Mastschweinen. Dissertation, Hannover 1993

EHEC: Die angekündigte Krise

1. Bayerische Landesanstalt für Landwirtschaft (LfL): Mit Sprossen fit ins Frühjahr. München o. J.

2. Beuchat, L. R.: Food Safety Issues: Surface decontamination of fruits and vegetables eaten raw: a review. Food Safety Unit, WHO 1998

3. BfR: Wildfleisch als Quelle für EHEC-Infektionen unterschätzt. Presseinformation 16/2007

4. BfR: Hohe Keimbelastung in Sprossen und küchenfertigen Salatmischungen. Aktualisierte Stellungnahme Nr. 017/2011 des BfR vom 9. Mai 2011

5. BfR: Fragen und Antworten zur Herkunft des Enterohämorrhagischen E. coli O104:H4; FAQ des BfR vom 9. Juni 2011

6. Bofetta, P. et al: Fruit and vegetable intake and overall cancer risk in the European Prospective

44. Trewavas, A.: A critical assessment of organic farming-and-food assertions with particular respect to the UK and the potential environmental benefits of no-till agriculture. Crop Protection 2004; 23: 757–781

45. Van Zwieten, L. et al: Influence of copper fungicide residues on occurence of earthworms in avocado orchard soils. Science of the Total Environment 2004; 329: 29–41

Investigation Into Cancer and Nutrition (EPIC). Journal of the National Cancer Institute 2010; 102: 529–537

7. Ingham, S. C. et al: Escherichia coli contamination of vegetables grown in soils fertilized with noncomposted bovine manure: garden-scale studies. Applied and Environmental Microbiology 2004; 70: 6420–6427

8. Islam, M. et al: Fate of Salmonella enterica serovar Typhimurium on carrots and radishes grown in fields treated with contaminated manure composts or irrigation water. Applied and Environmental Microbiology 2004; 70: 2497–2502

9. Islam, M. et al: Persistence of enterohemorrhagic Escherichia coli O157:H7 in soil and on leaf lettuce and parsley grown in fields treated with contaminated manure composts or irrigation

water. Journal of Food Protection 2004; 67: 1365–1370

10. Lindsay, A. et al: Microbial survey of selected Ontario-grown fresh fruits and vegetables. Journal of Food Protection 2007/ epub

11. MacKenzie, D.: Bean sprouts to blame for ‹decade-old› E. coli. New Scientist 18 June 2011: 6

12. Møller Nielsen, E., Scheutz, B.: Characterisation of Escherichia coli O157 isolates from Danish cattle and human patients by genotyping and presence and variants of virulence genes. Veterinary Microbiology 2002; 88: 259–273

13. Reinstein, S. et al: Prevalence of Escherichia coli O157:H7 in organically and naturally raised beef cattle. Applied and Environmental Microbiology 2009; 75: 5421–5423

14. RKI: Abschließende Darstellung und Bewertung der epidemiologischen Erkenntnisse im EHEC O104:H4 Ausbruch, Deutschland 2011. Berlin 2011

15. Scallan, E. et al: Foodborne illness acquired in the United States – major pathogens. Emerging Infectious Diseases 2011; 17: 7–15

16. Schikora, A. et al: The dark side of the salad: Salmonella typhimurium overcomes the innate immune response of Arabidopsis thaliana and shows an endopathogenic lifestyle. PLoS ONE 2008; 3: e2279

17. Smith DeWaal, C., Bhuiya, F.: Outbreaks by the numbers: Fruits and Vegetables 1990–2005. Center for Science in the Public Interest; Washington 2007

18. Solomon, E. B. et al: Transmission of Escherichia coli O157:H7 from contaminated manure and irrigation water to lettuce plant tissue and its subsequent internalization. Applied and Environmental Microbiology 2002; 68: 397–400

19. Tschape, H. et al: Verotoxinogenic Citrobacter freundii associated with severe gastroenteritis and cases of haemolytic uraemic syndrome in a nursery school: green butter as the infection source. Epidemiology and Infection 1995; 114: 441–450

Super-GAU des Wahnsinns: Die BSE-Krise

1. Anon: Lückenhaftes Mosaik. Der Spiegel 1997; H. 42: 318

2. Adelman, G. (Ed): Encyclopedia of Neuroscience. Birkhäuser, Boston 1987

3. Adlard, P., Preece, M. A.: Safety of pituitary growth hormone. Lancet 1994; 344: 612–613

4. Aldhous, P.: French officials panic over rare brain disease outbreak. Science 1992; 258: 1571–1572

5. Alter, M.: Creutzfeldt-Jakob disease: Hypothesis for high incidence in Lybian Jews in Israel. Science 1974; 186: 848–849

6. Barron, R. M. et al: High titres of tse infectivity associated with extremely low levels of PrPSc in vivo. Journal of Biological Chemistry 2007; 282: 35878–35886

7. Bastian, F. O.: Treatment. In: Bastian, F. O. (Ed): Creutzfeldt-Jakob Disease and Other Transmissible Spongiform Encephalopathies. St. Louis 1991; 213–223

8. Beekes, M.: Die variante Creutzfeldt-Jakob-Krankheit (vCJK). Bundesgesundheitsblatt 2010; 53: 597–605

9. Berger, J. R.: Creutzfeldt-Jakob disease and eating squirrel brains. Lancet 1997; 350: 642

10. Bobowick, A. R. et al: Creutzfeldt-Jakob disease: a case-control study. American Journal of Epidemiology 1973; 98: 381–394

11. Breuer, G.: Schafe und Hirsche als Raubtiere. Naturwissenschaftliche Rundschau 1989; 42: 454

12. Brown, P. et al: Iatrogenic Creutzfeldt-Jakob disease. Neurology 2006; 67: 389–393

13. Bruce, M. et al: Transmission of bovine spongiform encephalopathy and scrapie to mice: strain variation and the species barrier. Philosophical Transactions of the Royal Society, London B, Biological Science 1994; 343: 405–411

14. Butler, D.: Did UK ‹dump› contaminated feed after ban? Nature 1996; 381: 544–545

15. Carel, J. C. et al: Adult height after long term treatment with recombinant growth hormone for idiopathic isolated growth hormone deficiency: observational follow up study of the French population based registry. BMJ 2002; 325: e70

16. Carp, R. I. et al: The nature of the scrapie agent. Annals New York Academy of Sciences 1994; 724: 221–234

17. Carp, R. I. et al: An endogenous retrovirus and exogenous scrapie in a mouse model of aging. Trends in Microbiology 2000; 8: 39–42

18. Casassus, B.: Acquittals in CJD trial divide French scientists. Science 2009; 323: 446

19. Chesebro, B.: Human TSE disease – viral or protein only? Nature Medicine 1997; 3: 491–492

20. Cutlip, R. C. et al: Intracerebral transmission of scrapie to cattle. Journal of Infectious Diseases 1994; 169: 814–820

21. Cutlip, R. C. et al: Second passage of a US scrapie agent in cattle. Journal of Comparative Pathology 1997; 117: 271–275

22. Day, M.: BSE protein could help fight disease. New Scientist 11. 1. 1997: 15

23. Dickinson, A. G. H. et al: Extraneural competition between different scrapie agents leading to loss of infectivity. Nature 1975; 253: 556

24. Diringer, H. et al: The nature

of the scrapie agent: the virus theory. Annals of the New York Academy of Sciences 1994; 724: 246–258

25. Diringer, H.: Proposed link between transmissible spongiform encephalopathies of man and animals. Lancet 1995; 346: 1208–1210

26. Dorozynski, A.: Hormone scandal hits France. British Medical Journal 1997; 314: 165

27. Ehlers, B. et al: The reticuloendothelial system in scrapie pathogenesis. Journal of General Virology 1984; 65: 423–428

28. Enders, M. et al: BSE und die neue Variante der Creutzfeldt-Jakob-Krankheit. Deutsche Medizinische Wochenschrift 2001; 126: A55–A56

29. Estibeiro, J. P.: Multiple roles for PrP in the prion diseases. Trends in Neurosciences 1996; 19: 257–258

30. Frigg, R. et al: The prion protein is neuroprotective against retinal degeneration in vivo. Experimental Eye Research 2006; 83: 1350–1358

31. Gebhardt, U.: Offene Fragen bei BSE & Co. Naturwissenschaftliche Rundschau 2006; 59: 331–332

32. Georgsson, G. et al: Infectious agent of sheep scrapie may persist in the environment for at least 16 years. Journal of General Virology 2006; 87: 3737–3740

33. Gilch, S. et al: Chronic wasting disease. Topics in Current Chemistry. 2011/epub ahead of print

34. Griffith, J. S.: Self-replication and scrapie. Nature 1967; 215: 1043–1044

35. Grunert, E., Berchtold, M.: Fertilitätsstörungen beim weiblichen Rind. Parey, Berlin 1982

36. Institute of Food Science & Technology: Bovine Spongiform Encephalopathy (BSE): Part 1/2. London 1999

37. Kamin, M., Patten, B. M.: Creutzfeldt-Jakob disease. Possible transmission to humans by consumption of wild animal brains. American Journal of Medicine 1984; 76: 142–145

38. Kamphues, J. et al: Futtermittel tierischer Herkunft als mögliche Verbreitungsursache für die bovine spongiforme Enzephalopathie (BSE) in Deutschland. Deutsche Tierärztliche Wochenschrift 2001; 108: 283–290

39. Kirkwood, J. K., Cunningham, A. A.: Epidemiological observations on spongiform encephalopathies in captive wild animals in the British Isles. Veterinary Record 1994; 135: 296–303

40. Lansbury, P. T.: Yeast prions: bungee cord domains' balancing act. Current Biology 1999; 9: R845–R847

41. Lasmézas, C. I. et al: Transmission of the BSE agent to mice in the absence of detectable abnormal prion protein. Science 1997; 275: 402–405

42. Legname, G. et al: Strain-spec-

ified characteristics of mouse synthetic prions. PNAS 2005; 102: 2168

43. Lunenfeld, B.: Historical perspectives on gonadotrophin therapy. Human Reproduction 2004; 10: 453–467

44. MacDiarmid, S. C.: Aspects of scrapie and bovine spongiform encephalopathy. Surveillance 1989; 16: 11–13

45. MacKenzie, D.: Vets may have spread mad cow disease. New Scientist 14. 8. 1999: 24

46. MacKenzie, D.: Tomorrow the world. Have contaminated feed exports spread BSE across the globe? New Scientist 10. 2. 2001: 10–11

47. Maddocks, A.: The BSE Inquiry /Witness Statement 467 vom 16. 6. 1999. http://www. bseinquiry.gov.uk/files/ws/s467. pdf, Stand November 2006

48. Maddocks, A.: The BSE Inquiry / Statement 467A Suppl. vom 17. 7. 1999

49. Maddocks, A.: The BSE Inquiry / Statement 467B vom 5. 11. 1999

50. Maddocks, A.: The BSE Inquiry / Statement 467C vom 19. 1. 2000

51. Manuelidis, L.: Dementias, neurodegeneration, and viral mechanisms of disease from the perspective of human transmissible encephalopathies. Annals New York Academy of Sciences 1994; 724: 259–281

52. Manuelidis, L.: A 25 nm virion is the likely cause of transmissible spongiform encephalopathies. Journal of Cellular Biochemistry 2007; 100: 897–915

53. Manuelidis, L. et al: Cells infected with srapie and Creutzfeldt-Jakob disease agents produce intracellular 25-nm virus-like particles. PNAS 2007; 104: 1965–1970

54. Manuelidis, L.: Transmissible encephalopathy agents: Virulence, geography and clockwork. Virulence 2010; 1: 101–104

55. Meyne, F. et al: Total prion protein levels in the cerebrospinal fluid are reduced in patients with various neurological disorders. Journal of Alzheimer's Disease 2009; 17: 863–873

56. Miller, M.W. et al: Environmental sources of prion transmission in mule deer. Emerging Infectious Diseases 2004; 10: 1003–1006

57. Miyazawa, K. et al: High CJD infectivity remains after prion protein is destroyed. Journal of Cellular Biochemistry 2011; 112: 3630–3637

58. Müller, W. K.: Experimental studies on several aspects of multiple sclerosis in Iceland. Research Institute Nedri As, Bulletin 31, Hveragerdi 1979

59. Narang, H.: The nature of the scrapie agent. Proceedings of the Society for Experimental Biology Medicine 1996; 212: 208–224

60. Nishida, N. et al: Reciprocal

interference between specific CJD and scrapie agents in neural cell cultures. Science 2005; 310: 493–496

61. Nonno, R. et al: Molecular analysis of cases of Italian sheep scrapie and comparison with cases of bovine spongiform encephalopathy (BSE) and experimental BSE in sheep. Journal of Clinical Microbiology 2003; 41: 4127–4133

62. Noteborn et al (Eds): Emerging Risks Identification in Food and Feed for Human Health. Voedsel en waren autoriteit, Den Haag 2005

63. Ockerman, H.W., Hansen, C.L.: Animal By-Product Processing. VCH, Weinheim 1988

64. Palsson, P.A.: Dr. Björn Sigurdsson (1913–1959) – a memorial tribute. Annals of the New York Academy of Sciences 1994; 724: 1–5

65. Petrausch, R.: Lexikon der Tierarzneimittel. Delta medizinische Verlagsgesellschaft, Berlin 1990

66. Pinel, G. et al: Discrimination of recombinant and pituitary-derived bovine and porcine growth hormones by peptide mass mapping. Journal of Agricultural and Food Chemistry 2004; 52: 407–414

67. Purdey, M.: Are organophosphate pesticides involved in the causation of bovine spongiform encephalopathy (BSE)? Journal of Nutritional Medicine 1994; 4: 43–82

68. Ragg, M.: Australian human pituitary hormone and CJD injury. Lancet 1994; 344: 531–532

69. RKI, BgVV, PEI, BfArM: Die bovine spongiforme Enzephalopathie (BSE) des Rindes und deren Übertragbarkeit auf den Menschen. Bundesgesundheitsblatt 2001; 44: 421–431

70. Schäfers, M.: Zerlegen, Zermahlen, Zerlassen. FAZ vom 27.1.2001

71. Schlote, W.: Creutzfeldt, Jakob und die Prionen. Forschung Frankfurt 2001; 3: 13–19

72. Schneider-Schaulies, J. et al: Establishment and control of viral infections of the central nervous system. In: Keane, R.W., Hickey, W.F. (Eds): Immunology of the Nervous System. Oxford 1997: 576–610

73. Schreuder, B.E.C.: Animal spongiform encephalopathies – an update. Veterinary Quarterly 1994; 16: 174–192

74. Somerville, R.A.: Is there more to TSE diseases than PrP? Trends in Microbiology 2000; 8: 157–158

75. Steinacker, P. et al: Neuroprotective function of cellular prion protein in a mouse model of amyotrophic lateral sclerosis. American Journal of Pathology 2010; 176: 1409–1420

76. Swerdlow, A.J. et al: Creutzfeldt-Jakob disease in United Kingdom patients treated with human pituitary growth

hormone. Neurology 2003; 61: 783–791

77. Tobler, I. et al: Altered circadian activity rhythms and sleep in mice devoid of prion protein. Nature 1996; 380: 639–642

78. Touzeau, S. et al: Modelling the spread of scrapie in a sheep flock: evidence for increased transmission during lambing seasons. Archives of Virology 2006; 151: 735–751

79. Tuite, M. F.: Yeast prions and their prion-forming domain. Cell 2000; 100: 289–292

80. Vogel, G., Casassus, B.: Legal threat. Science 2002; 296: 1587

81. Weissmann, C. et al: PrP-defi-

cient mice are resistant to scrapie. Annals New York Academy of Sciences 1994; 724: 235–240

82. Wernsdorfer, G.: Welle der Hysterie macht mehr Menschen akut psychisch krank als BSE. Tierärztliche Umschau 2001; 56: 184

83. Wickelgren, I.: Long-term memory: a positive role for a prion? Science 2004; 303: 28–29

84. Wisniewski, H. M. et al: Mites as vectors for scrapie. Lancet 1996; 347: 1114

85. Zerr, I., Poser, S.: Spongiforme Enzephalopathien des Menschen. Bundesgesundheitsblatt 2001; 44: 341–349

Fleisch mit G'schmäckle: Es ist was faul im Gammelstaat

1. Anon: Mit «Billig-Prüfern» gegen Gammelfleisch. Spiegel 2007; 43: 21

2. Akerlof, G. A.: The market for ‹Lemons›: quality uncertainty and the market mechanism. Quarterly Journal of Economics 1970; 84: 488–500

3. Anon: Wundersame weihnachtliche Wunschzettelgeschichte. An die praktischen Tierärzte in Bayern, Baden-Württemberg, Rheinland-Pfalz, Saarland und Thüringen 2006; 4: 6–8

4. Bundesamt für Verbraucherschutz und Lebensmittelsicherheit: Schnellwarnungen RASFF: Lebensmittelsicherheit / Stand: Februar 2011 gesamt. http:// www.bvl.bund.de/DE/01_ Lebensmittel/01_Aufgaben/04_

Schnellwarnsystem/01_ aktuelle_rasff_meldungen/ lm_schnellwarnsystem_aktuelle_ rasff_meldungen_node.html

5. Chavarro, J. E. et al: Soy food and isoflavone intake in relation to semen quality parameters among men from an infertility clinic. Human Reproduction 2008; 23: 2584–2590

6. Hogervorst, E. et al: High tofu intake is associated with worse memory in elderly Indonesian men and women. Dementia and Geriatric Cognitive Disorders 2008; 26: 50–57

7. Schlüter, R.: Auswirkungen des Einsatzes von einem Flüssigfutter aus thermisch vorbehandelten Speiseresten und Kartoffeln auf die Mastleistungen, Gesund-

heitsstatus, Schlachtkörper-qualität und Ökonomie in der Schweinemast. Dissertation, Hannover 2002

8. Simon, N. G. et al: Increased aggressive behavior and decreased affiliative behavior in adult male monkeys after long-term consumption of diets rich in soy protein and isoflavones. Hormones & Behavior 2004; 45: 278–284

9. White, L. R. et al: Brain aging and midlife tofu consumption.

10. Yellayi, S. et al: The phytoestrogen genistein induces thymic and immune changes: a human health concern? PNAS 2002; 99: 7616–7621

11. Youssef, I. M. I.: Experimental studies on effects of the diet composition and litter quality on development and severity of foot pad dermatitis in growing turkeys. Dissertation, Hannover 2011

Krieg der Zimtsterne: Cumarin

1. Abraham, K. et al: Toxicology and risk assessment of coumarin: focus on human data. Molecular Nutrition & Food Research 2010; 54: 228–239

2. Andrejal, M. et al: French pharmacovigilance survey evaluating the hepatic toxicity of coumarin. Pharmacoepidemiology and Drug Safety 1998; 7: 45–50

3. Angerer, E. von et al: Antitumor activity of coumarin in prostate and mammary cancer models. Journal of Cancer Research and Clinical Oncology 1994; 120: 14–16

4. Anon: Frankreich/Belgien: Aus für «Venenmittel» Cumarin. Arzneitelegramm 1997; H. 3: 27

5. BfR: Verbraucher, die viel Zimt verzehren, sind derzeit zu hoch mit Cumarin belastet. Gesundheitliche Bewertung 2006; 043

6. BfR: Kosmetika können wesentlich zur Gesamtaufnahme von Cumarin beitragen. Stellungnahme 49/2007

7. BfR: Zimt und Cumarin: eine Klarstellung aus wissenschaftlich-behördlicher Sicht. Deutsche Lebensmittel-Rundschau 2007; 103: 480–487

8. Bidel, S. et al: Coffee consumption and risk of total and cardiovascular mortality among patients with type 2 diabetes. Diabetologia 2006; 49: 2618–2126

9. Ehlers, D. et al: Hochdruckflüssigchromatographische Untersuchung von Zimt-CO_2-Hochdruckextrakten im Vergleich mit Zimtölen. Zeitschrift für Lebensmitteluntersuchung und -Forschung 1995; 200: 282–288

10. Elinos-Báez, C. M. et al: Effects of coumarin and 7OH-coumarin on bcl-2 and Bax expression in two human lung cancer cell lines

in vitro. Cell Biology International 2005; 29: 703–708

11. Foodwatch: Cumarin in Zimt: Rechtsbruch von Amts wegen. Foodwatch Cumarin Chronologie. 2006

12. Fragnière, C. et al: A short study on the formation of styrene in cinnamon. Mitteilungen aus Lebensmitteluntersuchung und Hygiene 2003; 94: 609–620

13. Givel, M.: A comparison of US and Norwegian regulation of coumarin in tobacco products. Tobacco Control 2003; 12: 401–405

14. Gold, L. S. et al: Pesticide residues in food and cancer risk: a critical analysis. In: Krieger, R. (Ed): Handbook of Pesticide Toxicology. Academic Press, San Diego 2001: 799–843

15. Hänsel, R., Sticher, O.: Pharmakologie – Phytopharmazie. Springer, Heidelberg 2007

16. Happonen, P. et al: Coffee consumption and mortality in a 14-year follow-up of an elderly northern Finnish population. British Journal of Nutrition 2008; 99: 1354–1361

17. Harju, A. T. K. et al: The efficacy of benzyl benzoate sprays in killing the storage mite Tyrophagus putrescentiae. Annals of Agricultural and Environmental Medicine 2004; 11: 115–119

18. Jeurissen, S. M. F. et al: Human cytochrome P450 enzymes of importance for the bioactivation of methyleugenol to the proximate carcinogen 1-hydroxymethyleugenol. Chemical Research in Toxicology 2006; 19: 111–116

19. Johnson, J. D. et al: Two-year toxicity and carcinogenicity study of methyleugenol in F344/N rats and B6C3F1 mice. Journal of Agricultural and Food Chemistry 2000; 48: 3620–3632

20. Kim, S. I. et al: Toxicity of spray and fumigant products containing cassia oil to Dermatophagoides farinae and Dermatophagoides pteronyssinus. Pesticide Management Science 2006; 62: 768–774

21. Kwon, H. K. et al: Cinnamon extract induces tumor cell death through inhibition of NFKB and AP1. BMC Cancer 2010; 10: e392

22. Kwon, H. K. et al: Cinnamon extract suppresses tumor progression by modulating angiogenesis and the effector function of CD8+ T cells. Cancer Letters 2009; 278: 174–182

23. Lake, B. G.: Coumarin metabolism, toxicity and carcinogenicity: relevance for human risk assessment. Food and Chemical Toxicology 1999; 37: 423–453

24. Larsson, S. C., Wolk, A.: Coffee consumption and risk of liver cancer: a meta-analysis. Gastroenterology 2007; 132: 1740–1745

25. Lindner, E.: Toxikologie der Nahrungsmittel. Thieme, Stuttgart 1990

26. Lopez-Garcia, E. et al: The relationship of coffee consumption with mortality. Annals of Internal Medicine 2008; 148: 904–914

27. Miele, M. et al: Methyleugenol in Ocimum basilicum L. cv. Genovese gigante. Journal of Agricultural and Food Chemistry 2001; 49: 517–521

28. Muniesa, C. et al: Coumarin necrosis induced by renal insufficiency. British Journal of Dermatology 2004; 151: 502–504.

29. Peter, K.V.: Handbook of Herbs and Spices. CRC, Boca Raton 2000

30. Ravindran, P. N. et al (Eds): Cinnamon and Cassia. The genus Cinnamomum. CRC, Boca Raton 2004

31. Riveiro, M. E. et al: Coumarins: old compounds with novel promising therapeutic perspectives. Current Medicinal Chemistry 2010; 17: 1325–1338.

32. Rychlik, M.: Quantification of free coumarin and its liberation from glucosylated precursors by stable isotope dilution assays based on liquid chromatography-tandem mass spectrometric detection. Journal of Agricultural and Food Chemistry 2008; 56: 796–801

33. Teuscher, E.: Gewürzdrogen. WVG, Stuttgart 2003

34. Vijayan, K. K., Ajithan Thampuran RV: Pharmacology and toxicology of cinnamon and cassia. In: Ravindran, P. N. et al (Eds): Cinnamon and Cassia. The genus Cinnamomum. Boca Raton, CRC 2004: 259–284

35. Weber, U. S. et al: Antitumor-activities of coumarin, 7-hydroxy-coumarin and its glucuronide in several human tumor cell lines. Research Communications in Molecular Pathology and Pharmacology 1998; 99: 193–206

36. Weiss, E. S.: Spice Crops. CABI, Wallingford 2002

37. Wilson, K. M.: Coffee consumption and prostate cancer risk and progression in the Health Professionals Follow-up Study. Journal of the National Cancer Institute 2011; 103: 876–884

Die Lebensmittelampel – das Ende der Esskultur

1. Abu, A.: Grundzüge der Ernährungstherapie. Enke, Stuttgart 1908

2. Bölsche, J.: Die Schlacht der Schnecken. Spiegel 2006; H. 1: 36–40

3. Pollmer, U. et al: Prost Mahlzeit! Krank durch gesunde Ernährung. Kiepenheuer & Witsch, Köln 2000

4. ZDF: Frontal 21 vom 13. Mai 2008 (http://www.youtube.com/watch?v=D0_OuNrY-oU&playnext=1&list=-PL1F8B776131AAB440)

Register

Zu den Autoren

Andrea Fock wurde 1961 in Hamburg geboren, wo sie Biologie mit dem Schwerpunkt Sekundärstoffwechsel bei Pflanzen und Pharmazeutische Biologie studierte. 1993 landete sie beim NDR-Fernsehen und realisiert dort seitdem zahlreiche Magazinbeiträge (z. B. für den Ratgeber Technik) und Dokumentarfilme im In- und Ausland. Einige Jahre (1997–2001) war sie Redakteurin beim NDR-Naturfilm, um dann ab 2002 wieder als freie Journalistin zu arbeiten. Zwischenzeitlich veröffentlichte sie mit Udo Pollmer *Prost Mahlzeit – krank durch gesunde Ernährung* (1993) und *Liebe geht durch die Nase* (1997). Seit 2009 ist sie Chefredakteurin des EU.L.E.n.-Spiegels.

Jutta Muth ist Diplom-Oecotrophologin und Wissenschaftsjournalistin. Seit 1997 ist sie beim EU.L.E. e. V. tätig – Arbeitsschwerpunkte: Kinderernährung, Geschmacksprägung, Landwirtschaft, Ernährungsökologie und alles, was gängige Lehrmeinungen in Frage stellt. Sie liebt Musik und Bücher, ist gern in der Natur unterwegs und begeistert sich für gutes Essen.

Monika Niehaus, Diplom in Biologie, Promotion in Neuro- und Sinnesphysiologie, ist freiberuflich als Autorin (SF, Krimi, Sachbücher), Journalistin und naturwissenschaftliche Übersetzerin (Englisch / Französisch) tätig. Mag Katzen, kocht und isst gern in geselliger Runde.

Udo Pollmer, geboren 1954, studierte Lebensmittelchemie an der Universität München. Seit 1981 arbeitet er als selbständiger Wissenschaftsjournalist. Er war mehrere Jahre lang Lehrbeauftragter für Haushalts- und Ernährungswissenschaften an der Fachhochschule Fulda sowie an der Universität Oldenburg. Seit 1995 ist er Gründer und wissenschaftlicher Leiter des Europäischen Instituts für Lebensmittel- und Ernährungswissenschaften e. V. (EU.L.E.) in München. Er ist Autor einer Reihe von Bestsellern, u. a. *Iß und stirb. Chemie in unserer Nahrung* (mit Eva Kapfelsperger) 1992; *Vorsicht Geschmack. Was ist drin in Lebensmitteln?* (mit Cornelia Hoicke, Hans-Ulrich Grimm) 1998, 2000; *Food-Design: Panschen erlaubt. Wie unsere Nahrung ihre Unschuld verliert* (mit Monika Niehaus) 2007, 2010; *Wer gesund isst, stirbt früher. Tatsachen und Trugschlüsse über unser Essen* (mit Monika Niehaus) 2008; *Pillen, Pulver, Powerstoffe. Die falschen Versprechen der Nahrungsergänzungsmittel* (mit Susanne Warmuth) 2008; *Wer gesund lebt, ist selber schuld. Was uns die Gesundheitsapostel verschweigen* (mit Monika Niehaus) 2010.

Ein ebenso geist-
reiches wie provo-
zierendes Buch

Niemand in Deutschland vermag es, die linken Lebenswelten so boshaft-elegant zu sezieren wie Jan Fleischhauer. Diesmal nimmt er sich einige der wichtigsten Themen der aktuellen Politik vor: Plagiatsaffären und Eurokrise, Gleichstellung und Jugendgewalt, Datenschutz und Atomausstieg. Pointiert und mit viel Witz wendet er sich dabei gegen die Mehrheitsmeinung in den Medien, deckt Illusionen, falsche Prämissen und innere Widersprüche auf.

rororo 62975